S.23 unten Einheit Mensch - Universum
       Kosmos = Ordnung
S.29 Dynamik der Veränderung
S.33 Tyr = Gott
S.37 Übergang H → ≈
S.39 2. Abs. Federkraft des S-Zeichens
S.43 zu Weltenwende

S.93 ff Worte → Gesundheit
S.100 Paradigmenwechsel
S.105 Krebs
S.118 Bachblüten
| S.142 Kap. Des Tröpflus grüne Apotheke
   S. Zeugungspunkt
| S.160 Kap. Deutsame Freunde
| S.174 Kap. Vom Essen, Trinken + Fasten
   S.194 ff ,Tischgebet, Eiweißverdauung...

S. 248 ff geistige Wandlung, Intuition

Von Menschen, Pflanzen, Steinen und Sternen

Die vergessene Botschaft der Heilkunst Gottes

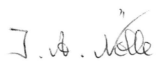

Jens-J. Schlegel

Von Menschen, Pflanzen, Steinen und Sternen

Die vergessene Botschaft der Heilkunst Gottes

Alles, was Natur und Kunst hervorbringt, wird von den himmlischen Kräften bewegt. Die Figuren der Himmel und himmlischen Körper waren vor allen übrigen erschaffenen Dingen da, und eben deshalb haben sie einen Einfluß über alles, was nach ihnen entstanden ist.

Albertus Magnus (1194 - 1289)
Bischof zu Regensburg

1. Auflage August 1993
2. Auflage April 1994
© beim Licht- Quell Verlag Regensburg
Postfach 10 10 20
93010 Regensburg
Telefon 0941/ 7 49 15 und 79 38 42
Telefax 0941/ 79 49 10

ISBN 3-926563-13-3

Inhaltsangaben

Inhaltsangaben 5
Prolog 6
Ein Blick zurück 17
Die kosmischen Rhythmen 27
Sonne, Mond und Sterne 46
Frühling, Sommer, Herbst und Winter 55
Druiden, Priester, Tempelheiler 65
Der heilende Geist 77
Die Macht der Gewohnheit 90
Lebensenergie des Kosmos 98
Licht und Schatten 109
Alle Farben dieser Welt 121
Der Stempel Gottes 131
Des Schöpfers grüne Apotheke 142
Versteinerte Freunde 160
Vom Essen, Trinken und Fasten 174
Astronomie, Astrologie, Astrodynamik 198
Die kosmische Evolutionsspirale 209
Das planetare Kräftespiel 222
Der siebenfache Mond 234
Kosmo-Sanitas, das vergessene Erbe 245
Epilog 256
Praktischer Anhang 266
Die Sternzeichen und ihre Entsprechungen 276
Anhang "Krebs" 359
Quellennachweis 361

Prolog

> Kein Mensch beginnt zu sein,
> bevor er seine Vision empfangen
> hat.
>
> Spruch der Ojibwa-Indianer

Welche Vision haben die Menschen dieses zu Ende gehenden großen *Weltenjahres*, dessen letzter *Weltenmonat* als Symbol das Zeichen der Fische trägt? Wo ist die allgewaltige *Heilige Imaginatio,* jene unbezwingbare und allmächtige Imagination oder Vorstellungskraft, von der Paracelsus immer wieder sprach, weil sie allein in der Lage sei *Berge zu versetzen?* Wer von den heute lebenden Erdenmenschen verfügt noch über jenen unerschütterlichen Glauben an einen in allen Welten und Universen waltenden und wirkenden Schöpfer, dessen wahres Wesen die Liebe ist und sich in einer allumfassenden, überall gültigen Ordnung Ausdruck verleiht? Eine Ordnung, die in ihrer wunderbaren Präzision den wachen Geist fasziniert.

Wie oben, so unten, sagte ebenfalls Paracelsus und weiter: Der Mensch ist das genaue Abbild des Kosmos in zweifacher Sicht. Er hat eine Doppelnatur und besteht aus zwei Teilen. Der eine Teil ist terrestrisch, also von der Erde genommen, sein anderer Teil aber ist siderisch, vom Himmel gekommen. Dieser siderische, also himmlische Teil des Menschen ist geistiger Natur und beherrscht den schweren Erdenkörper ganz nach der *göttlichen Ordnung.*

Daher ist es wichtig, daß der Mensch sich bemüht, in dieser Ordnung zu leben. Gelingt ihm dies weitestgehend, steht seinem Wohlergehen fast nichts mehr im Wege, denn dann wird Gott im Menschen offenbar.

Auch die große Mystikerin Hildegard von Bingen drückte sich ähnlich aus, wenn sie sagte: Gott ist ein tätiges, wirkendes Feuer. Wenn der Mensch sich vom Lichte göttlicher Weisheit und Liebe erfüllen läßt, erhebt er sich über all seine Mitgeschöpfe. Er ist dann wie die Weite der Erde, weil er die Sehnsucht nach der Weisheit und Liebe Gottes in sich trägt Was er dann ersehnt, das beglückt ihn, und wünscht er es im rechten Maße, dann wird er seinem Wunsche gemäß Hilfe finden. Denn wenn der Mensch sich Gott zuwendet und ihn anruft, dann wird ihm von Gott geholfen.

Hildegard von Bingen war es auch, die einmal sagte: *Der Mensch lebt in der Mitte Gottes und Gott in der Mitte des Menschen!* Sie wußte, daß der innerste Wesenskern selbst des kleinsten Bausteines aller Universen von Gott beseelt und belebt ist. Wie alle großen Geister der Menschheitsgeschichte zweifelte sie keinen Augenblick am Wahrheitsgehalt dieser Erkenntnis und war ihr ganzes Leben lang bemüht, sich dementsprechend zu verhalten. Zögerte sie, dieser *inneren Stimme* zu folgen, und dies kam auch bei ihr immer wieder einmal vor, *dann schlug er mich jedesmal mit einer Krankheit, bis ich in seinem Sinne tätig wurde.*

Es wird nun sicher jedem Leser dieses Buches klar sein, worauf er sich eingelassen hat. Denn unsere heutige Welt hat Gott veräußerlicht, in Kirche und Staat. Gottes Ordnung scheint gründlich aus den Fugen geraten zu sein.

Wenige Jahrhunderte haben genügt, um die alten Werte scheinbar umzukehren und diesen schönen Planeten Erde vermittels neuester wissenschaftlicher Erkenntnisse und wunderbarer chemischer Formeln an den Rand des Abgrundes zu manövrieren. Daher ist für viele Menschen der Blick in eine lichtere Zukunft hinter einem düsteren Angstschleier verborgen, der ihnen auch gleichzeitig den Blick auf die wahrhaftige Existenz Gottes verstellt.

Das kartesianische Weltbild eines Descartes, oder die Newtonsche Weltmaschine haben Einzug gehalten in den menschlichen Geist und sein Denken. Alles ist rein äußerlich erklärbar und meßbar. Scheinbar nichts bleibt einer übermächtig forschenden Naturwissenschaft verborgen, und doch hat sie bei aller anerkennenswerten Bemühung den wichtigsten Faktor in der gesamten Schöpfung übersehen. Denn wer nur im Stoff denkt und daran glaubt, wer von einer unersättlichen materiellen Wissensgier erfüllt ist, wer in seinem innersten Wesen nur sein Dogma kennt, wer jede Herzenswärme und dankbare Liebesempfindung der Schöpfung Gottes gegenüber um ihrer selbst Willen seiner materialistischen Weltsicht opfert, wer sein Augenmerk nur ständig nach außen richtet, ohne das Licht in seinem Innern zu bemerken, der kommt einem lebendigen Leichnam gleich und liegt geistig im Grabe der Materie gefangen. *Wer Gott nicht hat, löscht die Sonne aus und glaubt, er könne mit einer Laterne leben,* sagt eine alte Volksweisheit aus dem Bayrischen Wald.

Wer aber mit offenen Sinnen das Treiben dieser Welt beobachtet und in stiller Zurückhaltung die Schatten der geräuschvollen Oberfläche zu durchdringen sucht, wer sich nicht von der hektischen Betriebsamkeit der Menschen betören läßt, wer der Schöpfung und all seinen Mitgeschöpfen in mitfühlender Achtung und Liebe gegenübertritt und in dankbarer Anerkennung der gemeinsamen Bestimmung nachspürt und sein Leben dementsprechend ausrichtet, dem werden schon bald die ersten Ansätze einer neuen geistigen Auferstehung des Erdenmenschengeschlechtes offenbar und zur sicheren Gewißheit.

Überall beginnt es sich zu regen. Geistige Quellen, die über Jahrhunderte verschüttet schienen, beginnen in scheinbar wunderbarer Weise wieder zu fließen. Scheinbar längst vergessenes, unter einer zähen Schicht materiellen Schutts begrabenes geistiges Kulturgut bricht wieder zur Oberfläche des menschlichen Bewußtseins durch, ähnlich den Pflanzen, die nach den langen Wintermonaten durch die noch frostige Kruste der Erde hindurch dem Lichte der Sonne entgegenstreben.

Mit großem Staunen nimmt der Mensch heute wahr, daß sich hinter allem äußerem Glanz ein millionenmal heller strahlender innerer Lichtkern verbirgt, wie dies schon zu allen Zeiten von den Mystikern der vergangenen Menschengeschlechter geschildert wurde. Und überall finden sich Mitmenschen, deren geistiges Erwachen nicht mehr zu übersehen ist, die in aller Welt mit großer Herzenswärme und Zuversicht dem heraufdämmernden neuen *Weltenmonat* entgegensehen, ihrem Dasein neue Inhalte geben und tatkräftig am Gelingen dieser zukunftsträchtigen kosmischen Entwicklung mitarbeiten.

Die alten statischen Strukturen des rein naturwissenschaftlich ausgerichteten Weltgebäudes sind auf breitester Front ins Wanken geraten. Sie fallen ihrer eigenen Unbeweglichkeit zum Opfer, um neuen, in Wahrheit aber *uralten* dynamischen, evolutionären Daseinsregeln das Feld zu überlassen. Wir erleben in dieser Zeit die Abkehr vom rein materiellen Stoffglauben hin zum geistigen Urgrund aller Schöpfung: zu Gott.

Es ist nicht zufällig, daß dieses göttliche Walten in der Weltenordnung, diese große Verwandlung, die durch dramatische Weltereignisse eingeleitete Abkehr vom rein materialistischen Glauben hin zu den geistigen Inhalten allen Seins sich gerade jetzt in diesen Tagen vollzieht. In einer Zeit also, die geprägt ist von der Erforschung und scheinbaren Nutzbarmachung des kleinsten Energiebündels das wir kennen, des Atoms. Die wissenschaftlichen Erkenntnisse um diesen kleinsten Baustein aller Materie haben in Wahrheit das alte Weltbild bereits zerschlagen.

Denn dieses kleinste Teilchen, das in seiner Abmessung den zehnmillionsten Teil eines Millimeters ausmacht, ist in Wahrheit nichts anderes als reine Energie. Es gab namhafte Leute, die in diesem Zusammenhang von *geronnenem Licht* sprachen, obwohl auch diese Darstellung nicht den Kern der Sache trifft, denn eigentlich besteht ein Atom aus einer ganzen Menge *leerem Raum.* Wie anders kann man die Struktur dieses scheinbar kleinsten Weltkörpers bezeichnen, mit dem Kern und den um diesen kreisenden Elektronen, denn er ist ja das genaue Abbild eines Sonnensystems, das nach unseren Begriffen auch aus riesigen *leeren Räumen* besteht.

So zeigt sich der Aufbau der gesamten Schöpfung unseren staunenden Augen als immer gleichbleibende Ineinanderfügung von fast gleichen Strukturen, in für unser Begriffsvermögen wachsenden Dimensionen, die sich bis in die *ewige Unendlichkeit* fortsetzen. Vom Atom zum Planetensystem, vom Planetensystem zur Sonnenfamilie, von der Sonnenfamilie zur Galaxie, von der Galaxie zum Kosmos, vom Kosmos zum Universum..........! Und alles steht mit allem in einer ständigen, nach festgefügten Regeln oder Gesetzen ablaufenden Kommunikation.

Es wird immer deutlicher, daß Materie, wie wir sie als Grundlage der *geschaffenen Dinge* ansehen, überhaupt nicht existiert. Viel richtiger wäre es, in diesem Zusammenhang von *geronnenem Licht,* oder *gerichteter Energie* zu sprechen. Da es aber beides aus sich selbst heraus nicht geben kann, ist es unumgänglich, hinter und in allem einen mit unendlicher Weisheit und Liebe waltenden Schöpfergeist anzuerkennen, den vor Jahrzehnten bei einem Kongreß in Florenz der große Physiker und Atomforscher

Geheimrat Professor Planck ohne große Umschreibungen beim Namen nannte: GOTT.

Fraglos führen alle ausschließlich auf die äußeren Erscheinungsformen gerichteten Erkenntnisse und ihre aus deren Anwendung hervorgehenden chaotischen Zustände dieser Zeit ganz zwangsläufig zu einem völlig neuen Verständnis der Schöpfung schlechthin. *Auf dem Umfang des Kreises fallen Anfang und Ende zusammen,* sagten schon die alten Griechen. Sie wollten damit verdeutlichen, daß sich alles Geschehen in exakt festgelegten Rhythmen wiederholt, lediglich die Bewußtseinsebene unterliegt einer nach oben gerichteten Veränderung.

So werden sich die kommenden Erdenmenschengenerationen auf der Basis aller materialistisch-naturwissenschaftlich gesammelten Erkenntnisse und Erfahrungen jetzt auch die geistig-kosmischen Dimensionen der Schöpfung erschließen. Im läuternden Feuer einer mächtigen geistigen Flamme muß der *Homo sapiens* unserer Gegenwart zum *Homo Universalis* zukünftiger Zeitalter mutieren, und kann damit in die *kosmische Völkergemeinschaft* der Bewohner anderer Sternensysteme aufgenommen werden. Der Planet Erde wird sich als *ein* bewohnter Weltenkörper unter unzähligen herausstellen, die zwar ihrer jeweiligen Situation entsprechend in ihren äußeren Formen unterschiedlich sein mögen, ihrem inneren, geistigen Wesen nach aber alle den gleichen geistig-kosmischen Gesetzmäßikeiten unterworfen sind. Gesetzmäßig- keiten deren einziges Ziel die wahre geistige Evolution ist, der die gesamte Schöpfung, mit allem was sie beinhaltet, ohne Ausnahme bis in alle Ewigkeiten folgt.

Die große Umwandlung, die der Planet Erde mit all seinen ihn bewohnenden Existenzen zum gegenwärtigen Zeitpunkt und in der folgenden nahen Zukunft erfährt, ist nichts weiter als die Errichtung einer neuen und wahrhaftigen *kosmischen Religion* im Sinne Gottes. Es ist die Geburtsstunde des *irdisch-kosmischen Menschen.* Und wie bei jeder Geburt müssen, bevor der erste tiefe Atemzug mit dem darauffolgenden befreienden Schrei des neugeborenen Wesens erfolgen kann, die Geburtswehen durchgestanden werden.

Bereits heute zeigt sich am Horizont die Morgendämmerung eines neuen *Weltenmonats*, der die irdische Menschheit in ein strahlendes Licht geistiger Potenzen taucht. Ein Licht, das neue Dimensionen eröffnet und längst verlorengeglaubtes Wissen früherer Kulturen in neuem Glanze wiederauferstehen lassen wird. Ein Licht, das den Menschen in allen Bereichen ihres Daseins eine alte und dennoch neue Erkenntnis vermittelt und damit den Blick freigibt für ein helleres und lichteres Zukunftsbild.

Wir, die wir heute inmitten dieser großen *Weltenwende* stehen und die Geburt der neuen Zeit miterleben dürfen, sind aufgefordert, an diesem epochalen evolutionären Geschehen mit *Sinnen* und *Taten* mitzuwirken. Dieses Wort *mit*(zu)*wirken* zeigt uns deutlich das Gebot der Stunde. Es ist uns also aufgetragen am Gelingen des großen Werkes zu Wirken, tätig zu werden. Nicht durch festhalten an den alten verhärteten Strukturen, sondern indem wir mit Beharrlichkeit und Entschlossenheit den sich uns aufzeigenden geistig-kosmischen Weg beschreiten und unseren Mitmenschen durch unser Denken und Tun Mut machen, uns zu folgen.

Dann werden die Geburtswehen des neuen geistigen *Weltenmonats* schnell vergessen sein und im wahrsten Sinne des Wortes ein *neuer Himmel* und eine *neue Erde* entstehen. Denn unter dem Begriff *neuer Himmel* und *neue Erde* sind unser *Denken* und *Handeln* zu verstehen. Nur so können wir letztlich heil sein und wahrhaft geheiligt die *heilig-geistigen Dimensionen* aller Schöpfung betreten.

Der große griechische Philosoph Heraklit sagte einmal: *Nichts ist dauerhaft, außer die Veränderung!* Diese Erkenntnis hat vom Anfang aller Schöpfung über den heutigen Tag hinaus bis in alle Ewigkeiten Bestand. Denn nichts steht still, alles ist im Fluß und *jedes Vorgehen unter der Sonne Runde hat seine Zeit und seine Stunde.* Es gibt im göttlichen Weltenplan keine starre Stagnation, sondern nur die dynamische Evolution. Ein Blick in die Geschichte der irdischen Menschheit hält uns deutlich diese Gesetzmäßigkeit vor Augen.

Die Veränderungen der nahen Zukunft auf unserem schönen Planeten Erde werden global sein und unzweifelhaft alle Lebensbereiche erfassen, so auch den Bereich der Medizin. Schon heute ist deutlich erkennbar, daß das Vertrauen in die uneingeschränkte Vorherrschaft der schulmedizinischen Behandlungsmethoden in immer stärkerem Maße schwindet. Dafür wendet man sich mehr und mehr den Praktiken der Erfahrungsheilkunde oder der Naturmedizin zu. In den Praxen der nach naturheilkundlichen Prinzipien arbeitenden Ärzte und Heilpraktiker herrscht zunehmend Hochbetrieb, die kranken Menschen weigern sich nachdrücklich alle Risiken einer chemischen Langzeitbehandlung auf sich zu nehmen und ziehen die sogenannten *sanften* Naturarzneien den chemischen Keulen vor, selbst dann, wenn diese von den Krankenkassen nicht erstattet werden. Der ewig junge Streit zwischen Ärzten und Heilpraktikern eskaliert, und die Fronten verhärten sich zusehends zum Nachteil der kranken Menschen, denn auf deren Rücken wird dieser *unheilige Kampf* ausgetragen, der letztendlich im Verlaufe der großen Veränderungen und in der Ordnung des bevorstehenden neuen *Weltenmonats* in einer Ganzheitsmedizin aufgehen wird. Einem ganzheitlichen Gesundheitswesen, das die positiven Aspekte beider Richtungen zu einer, ins Gefüge der kosmischen Ordnung eingebetteten strahlenden Symbiose vereint.

In diesem Sinne will dieses Buch verstanden sein. Es soll nicht anklagen und keine neuen Dogmen errichten, sondern Brücken bauen von einem Ufer zum anderen, einen Bogen schlagen aus der Vergangenheit über die Gegenwart in eine lichtere, *heilvollere* Zukunft des Erdenmenschengeschlechtes. Es will Verbindungen schaffen zwischen Erkenntnissen längst versunkener Kulturen und den drängenden Bedürfnissen unserer Tage. Erkenntnisse, die in ihrer zum großen Teil bruchstückhaften Überlieferung für die heute lebenden Menschen geheimnisvoll und verworren scheinen, in ihrer Aktualität aber keine Fragen offen lassen, wenn diese sie nur *sehen* und *hören* wollen.

Für die *Sehenden* und *Hörenden* aber wird es so zu einer geradezu faszinierenden Reise in die *kosmomedizinische* Frühgeschichte der Erdenmenschheit, deren schon heute deutlich sichtbares, *ganzheitliches* Ziel als unabdingbare Konsequenz in der nahen *Zukunft* heraufschimmert.

Dieses Buch will nichts anderes sein, als Anstoß und praktikabler Beitrag dazu, im morgendlichen Dämmerschein der großen kosmischen Weltenwende, das scheinbar längst vergessene *geistige Erbe* der irdischen Menschheit in strahlendem Glanze *wiederauferstehen* zu lassen. Es soll allen, die *guten Willens* sind, Mut machen zur *Umkehr* und *Heimkehr* in Gedanke und Tat, damit jeder seine ganz persönliche *Position* und *Aufgabe* im Rahmen der *unsterblichen Evolution* allen Lebens erkennt und im Sinne dieser *ewigen Schöpfungsgesetze* wahrnehmen kann.

So, wie es der Apostel Paulus in seinem ersten Brief an die Korinther, Kap. 10, Vers 17, sagt: *Weil es ein Brot ist, sind wir ein Leib, denn wir alle haben an diesem einen Brot teil!*

Ein Blick zurück

> Allen Edlen gebiete ich Andacht,
> Hohen und Niedern aus Heimdalls
> Geschlecht. Ich will Walvaters
> Wirken künden, die ältesten Sagen,
> der ich mich entsinne.
>
> Edda Wöluspa

Als die ersten Astro- und Kosmonauten unseres Zeitalters in ihren Raumkapseln um den Planeten Erde kreisten, machten sie eine erstaunliche Beobachtung, deren Bedeutung für die Erdenmenschen von derart immenser Tragweite ist, daß man sie unter dem Siegel der Geheimhaltung einer breiten Öffentlichkeit vorenthalten hat und erst in diesen Tagen zu publizieren beginnt.

Dieser, aus dem All in seiner ganzen Herrlichkeit anzusehende belebte Himmelskörper Terra, dehnt sich in exakt aufeinanderfolgenden Rhythmen aus, um anschließend wieder seine ursprüngliche Form anzunehmen. Die gute *Mutter Erde*, wie sie von den Indianern liebevoll genannt wird, *atmet* im wahrsten Sinne des Wortes, genau wie jeder andere lebende Organismus den wir kennen. Eine Tatsache, von der uns bereits der große Mystiker *Jakob Lorber* in seinen Schriften berichtet, und wie sie offenkundig auch den frühen Kulturvölkern unseres Planeten bekannt war. Die Erde ist kein toter, aus einem reinen Zufall entstandener Haufen aus Staub, Stein und Geröll, sondern in Wahrheit ein lebendiges, fühlendes und liebendes Wesen. Aus dieser Erkenntnis heraus liegt natürlich der Gedanke nicht mehr fern, daß diese Tatsache nicht nur für unseren Heimatplaneten zutreffend sein könnte, sondern, aufgrund der überall gleichermaßen geltenden Gesetzmäßigkeiten, für alle Himmelskörper, ja für das ganze unendliche Universum seine unumstößliche Gültigkeit hat.

In den Frühzeiten der Menschheit fühlten die Völker die Lebendigkeit der Erde und des Himmels. Sie spürten den kosmischen Atem in Mikro- und Makrokosmos und erkannten die göttliche Weisheit in der gesamten Schöpfung. Und so, wie sich ihnen die untrennbar miteinander verbundenen Rhythmen von Himmel und Erde offenbarten, so fühlten und sahen sie die Unsterblichkeit des Lebens in allem Geschaffenen. In Menschen, Tieren, Pflanzen, Steinen und Sternen, ja in der gesamten erhabenen *Ganzheit* kosmischer Weiten, als für den vordergründig Beobachtenden zwar geheimnisvolle und unverständliche, gleichermaßen aber für den nach Innen Schauenden logische Abfolge der göttlich-geistigen Evolution alles Lebendigen.

Eingebettet in Natur und Himmel, wurzelten die frühen Völker völlig im *geistigen Urgrund* der Schöpfung. Ihre tiefe Verbundenheit mit dieser *spirituellen Dimension* des Daseins verlieh ihnen eine seelisch-geistige Sensibilität, wie *s*ie in unseren Tagen nur noch der Kreatur zu eigen ist. Sie fühlten sich als *Teil* und gleichzeitig *Eins* mit allem, und aus diesem Lebensgefühl heraus erwuchs ihnen die Erkenntnis um DEN der hinter allem stand, als Architekt, Lenker und Erhalter des Ganzen: GOTT!

Alle Bereiche ihres Lebens waren durchdrungen und geprägt von diesem Wissen. Jedes Denken und Tun war darauf ausgerichtet in Harmonie und Eintracht mit der Schöpfung und dem Schöpfer zu leben. So wurden die Tätigkeiten des täglichen Lebens in Haushalt, Ackerbau, Wissenschaft und Kunst zur sakralen Handlung und waren somit in umfassender Weise Ausdruck einer wahrhaft *kosmischen Religion*, die nur eines wollte, Gott zu dienen, denn die Menschen fühlten sich als *Kinder Gottes*.

In jenen Zeiten weilte Gott mitten unter seinen Geschöpfen, und diese erblickten in den äußeren Daseinsformen sein inneres Licht. Sie erkannten, daß alles Stoffliche nur eine Veräußerlichung der geistigen Potenz des Schöpfers ist. So suchten sie nach Möglichkeiten, dieses Wissen zu erhalten und für nachfolgende Menschengeschlechter aufzubewahren, damit nichts verlorengehe. Denn sie wußten aus ihrer Beobachtung heraus, daß der Evolutionsweg alles Geschaffen über zwölf Hauptstufen führte, deren jede eine tiefe Bedeutung für die Wesen hatte und in ihrer *Signatur* oder *Symbolik* den zwölf Ständen der Sonne am Himmel entsprach. Und sie erkannten, daß dieser *kosmische Rhythmus* in allen Lebensbereichen wirkte und unverändert blieb, alle irdischen und kosmischen Ereignisse überdauerte und unbeeinflußt seine bestimmende Gültigkeit behielt vom *Anfang* bis zum *Ende* aller Zeiten.

Die Gewißheit dieser festgefügten göttlichen Ordnung und das Eingebettetsein eines jeglichen Wesens der Schöpfung in die *himmlische Mathematik*, führten dazu, daß die frühen Völker damit begannen, dieses *universelle Schöpfungsgesetz* in der symbolträchtigen Sprache des großen *kosmischen Tyrkreises* an den Himmel zu schreiben. Denn was lag wohl näher, als dieses fundamentale Wissen dort aufzubewahren, wo es für den Eingeweihten deutlich sichtbar und unauslöschlich bis in alle Ewigkeiten festgeschrieben blieb: Am Himmelsgewölbe selbst.

Natürlich wurden auch immer wieder und völlig unabhängig voneinander in allen Teilen der damaligen Welt schriftliche Dokumente verfertigt, um das alte Wissen festzuhalten und weiterzutragen. So zum Beispiel die Upanishaden der indischen Veden, das Gilgamesch-Epos, der persische Zend-Avesta, das ägyptische Totenbuch, die nordische Edda mit ihren geheimnisvollen Runen und viele mehr, die zum großen Teil heute nicht mehr vorliegen, oder nur noch in verstümmelter Form. Einige dieser großartigen Zeugnisse des umfassenden Wissens der alten Völker sind untergegangen im Sturm der vergangenen Jahrtausende, wurden Opfer von Naturkatastrophen, ein Raub der Flammen oder fielen sinnloser menschlicher Zerstörungswut zum Opfer. Manches überdauerte die Zeiten, faßt vollständig oder in Bruchstücken, anderes wurde bis in unsere Tage mündlich weitergetragen, lebt noch heute unerkannt und in seinem Sinngehalt fast völlig vergessen in den Riten von Naturvölkern, im Brauchtum der

Landbevölkerung und kündet von den weitreichenden Kenntnissen unserer Vorfahren um die Geheimnisse der Schöpfung.

In *Sagen, Oden, Mythen* und *Märchen* wurde das alte Wissen verborgen und versteckt, um es zu schützen und nur eingeweihten Menschen verständlich werden zu lassen, damit kein Mißbrauch damit getrieben werden konnte. Man hat es *verkahlt*. Kahla oder verkahlen bedeutet verheimlichen, verhehlen, geheimhalten. Die Begriffe *Kalauer* und *verkohlen* sind noch heute geläufige Redewendungen die man gebraucht, um einen Menschen in die Irre zu führen.

Aus Dantes Göttlicher Komödie, Goethes Faust und Wagners Parsifal strahlt uns die göttliche Weisheit entgegen, ohne in der heutigen Zeit erkannt zu werden. Hildegard von Bingen, Jakob Böhme, Kepler, Franz von Assisi, Theophrastus Bombastus von Hohenheim (Paracelsus), Meister Eckehart, Nostradamus, Tauler, Giordano Bruno, Jakob Lorber und viele mehr waren vom *Heiligen Gotteslichte* erfüllt und vertraten offen ihr glühendes Bekenntnis.

Die Gralssage und das Lied der Nibelungen sind inhaltlich auf dem kosmischen Urwissen gegründet und werden heute kaum noch in ihrem wahren Sinngehalt verstanden. In den stillen Tälern des *Odenwaldes*, einem kleinen Mittelgebirge im Herzen Deutschlands, lebt das Nibelungenlied immer noch in Namensgebungen für Orte und Menschen. Hier gibt es die Nibelungen- und Siegfriedstraße und den Siegfriedbrunnen; hier werden Menschen bei der Taufe mit den Namen Brunhilde, Reinhilde, Sigrun, Balder, Gunther, Hagen, Siegfried und Walfried bedacht; hier erzählen in abendlicher, vertrauter Runde manchmal die Alten dieses meist schweigsamen Menschenschlages von wundersamer *Mär* und *Mythe* aus längst vergangener Zeit, als die Götter noch unter den Erdenmenschen weilten. Und in dem zerfallenen Gemäuer der Burg Rodenstein bei Fränkisch-Crumbach im Gersprenztal *raunen* die *Runen* noch heute vom Geheimnis der *Oden* und *Sagen* um den Junker Hans von Rodenstein. Jährlich kommen unzählige Besucher in diese Gegend, durchwandern das Rodensteiner Land und finden sich schließlich in stiller, sicher kaum bewußter Andacht in der alten Ruine wieder, um dem *stummen Raunen* an diesem *Ort der Kraft* in tiefer innerer Ergriffenheit zu lauschen.

Nach Weissagung des berühmten französischen Sehers Nostradamus sollen sich in den Tagen der großen Weltenwende die alten Schatzkammern öffnen und vom Himmel die Edelsteine des göttlichen Wissens auf die Menschen des *neuen Zeitalters* herabregnen. Mit diesem Wissen wird es aber sein wie mit allem, das auf der Straße liegt und nur der es findet, der sich danach bückt. Aus der Edda ist zu erfahren, daß der wahrhaft Weise seinen Rücken beugt, um die auf seinem Wege liegende Weisheit zu erfassen. Den daneben liegenden goldenen Ring aber läßt er unbeeindruckt liegen und geht seines Weges.

Wir werden uns also bücken müssen, um die alten Werte wiederzufinden. Es gilt *tätig* zu werden und nicht darauf zu warten, daß ein *Wunder* geschieht und alles sich von ganz allein richtet. Die *Tat macht den Mann*, sagte Goethe, der ja selbst einen tiefen Einblick hatte in das alte Wissen der irdischen Menschheit, wie sein gesamtes Werk unzweifelhaft verrät.

Und in der Tat beginnen in unseren Tagen die alten esoterischen Weisheiten weltweit wieder Fuß zu fassen. Lange Zeit sind die *Eingeweihten* in allen Teilen der Erde verfolgt worden, als *Zauberer* und *Hexen* verschrien und geächtet. Mit dem Heraufdämmern des neuen *Weltenmonates* jedoch treten die alten Lehren und Überlieferungen immer mehr in das Bewußtsein einer breiten Mehrheit der irdischen Menschheit. Zunehmend beginnen sich nun auch die Naturwissenschaften einer Thematik zu widmen, die sie vor wenigen Jahren noch mit größter Skepsis betrachtet und bekämpft haben; und sind damit bereits auf dem Wege, zu ihrem eigentlichen *geistigen Ursprung* zurückzukehren. Nach Jahrhunderten der *Verirrung,* mit aller auf diesem *steinigen Pfad* gemachten Erfahrung ausgestattet, werden *Naturwissenschaft* und *Theosophie* wieder jene Einheit bilden, aus der beide einmal hervorgegangen sind und aufgehen in einer einzigen, für alle Erdenmenschen gültigen, wahrhaft *kosmischen Religion*.

Druiden, Schamanen, Zauberer, Hexen, weiße Frauen, sie alle wußten um die Einheit von Mensch und Natur, ja von Mensch und Universum. Alles Denken, Fühlen und Handeln ist von den *kosmischen Rhythmen* und *Energien* in wechselseitiger Beziehung zueinander bedingt und beeinflußt. In jahrzehntelanger *esoterischer Schulung* von Körper, Seele und Geist wurden sie zu *Eingeweihten* ihrer Völker und genossen nicht nur hohes Ansehen, sondern verfügten auch über eine große Macht, die gleichzeitig eine enorme Verantwortung darstellte. Denn die Ausübung dieser Macht ohne ein ausgeprägtes Verantwortungsbewußtsein und die erforderliche *geistige Reife* mußte ganz zwangsläufig schlimme Folgen für die einzelnen Völker, ja die ganze Welt nach sich ziehen. Die Folgen von verantwortungslosem Handeln im Verein mit großer *äußerer Macht* für unseren Lebensraum Erde werden den Menschen ja gerade jetzt, nach einer langen *Weltennacht* im Dämmerschein eines neuen *Weltenmonates* in ihrer ganzen Tragweite bewußt.

Die *Eingeweihten* vergangener Jahrtausende der Menschheitsgeschichte wußten um ihre Verantwortung. Daher führten sie in der Regel auch ein zurückgezogenes und bescheidenes Leben, ganz ihrem innersten Wissen und Gott geweiht. Ihre Lehren gaben sie meist nur mündlich weiter. Erst vereinzelt und oft sehr viel später, im Mittelalter, begann man die Weisheiten aufzuschreiben, um sie zu erhalten. Bruchstückhaft und unvollständig sind viele der Überlieferungen, aber äußerst aufschlußreich für den, der sich der Dinge in aller Ernsthaftigkeit und mit offenem Geiste annimmt. So fügt sich im Verlaufe der Zeit das Eine zum Anderen und ergibt schließlich ein deutlich erkennbares Mosaik von grandioser Schönheit und Einfachheit, das in seiner Klarheit den, der guten Willens ist, zum wahrhaft *Sehenden* werden läßt.

Nichts bleibt in der gesamten Schöpfung dem Zufall überlassen. Alles geschieht im rechten Augenblick, wenn die *Zeit reif geworden ist*, wie der Volksmund sagt. Es gilt also, auf das rechte Wirken des Schöpfers in Geduld zu vertrauen, dann wird uns Menschen alles, wessen wir benötigen zum richtigen Zeitpunkt *zu-fallen*, so wie es im Buche Hiob am Anfang des Kapitels sechsunddreißig zu lesen steht: *Harre mir noch ein wenig, ich will dirs zeigen und mein Wissen von weither holen und beweisen, daß der Schöpfer recht habe.*

Der Anfang aller Weisheit liegt im Schweigen, und die zweite Stufe im Zuhören, sagen die hebräischen Weisen. Schweigen, Zuhören, Erkennen, und im Sinne der Erkenntnis tätig werden, heißt das Gebot der Stunde, um der gemeinsamen Forderung und Bestimmung gerecht zu werden. Denn wir sind aufgerufen, Gottes Stimme zu lauschen und zu lernen, das ist der *Sinn* unseres irdischen Daseins.

Ein *Eingeweihter* der Eskimos unserer Tage drückte dies mit seinen Worten so aus: *Wer Augen und Ohren öffnet und sich erinnert, was die Alten erzählen, der hat noch das eine oder andere Wissen, das die Leere unserer Gedanken ausfüllen kann. Darum lauschen wir gerne dem, der Kunde bringt von der Erfahrung vergangener Geschlechter. Und all die alten Mythen, die wir von unseren Vorvätern erhielten, sind die Reden der Toten. Wir spre-*

chen in den Erzählungen mit allen, die einst vor langer Zeit weise waren. Und wir, die wir heute so wenig wissen, lauschen ihnen gerne!

Die kosmischen Rhythmen

> Weißt du des Himmels Ordnungen,
> oder bestimmst du ihre Herrschaft
> über die Erde?
> Buch Hiob, Kap. 38, Vers 33

Aus ältesten indischen Überlieferungen kündet folgende Sage: *Als Rama, der Ahnherr aller Aryas alt wurde, zog er sich ins Gebirge zurück, um sein Testament niederzuschreiben.*

Es wurde ein äußerst sonderbares Dokument, denn es war mit *Sternenschrift* in die Unendlichkeit des Himmels geschrieben und wurde von seinem Urheber *kosmischer Tyrkreis* genannt, der alles Wissen um die Geheimnisse der gesamten Schöpfung enthielt.

"Hütet dieses *göttliche Feuer*", trug Rama den Erdenmenschen auf. "Denn wenn es jemals verlöschen sollte, dann will ich als Richter und furchtbarer Rächer wieder unter euch erscheinen!"

Der Sternenkalender des greisen Fürsten Rama, dieses *göttliche Wissen*, wurde von seinen Getreuen als größtes *Heiligtum* verehrt und bewahrt. Sie trugen es zu den Völkern in die ganze Welt hinaus und hüteten es sorgsam, so, wie ihnen aufgetragen war. Alle Kulturen und Religionen, die bis zum heutigen Tage auf diesem Planeten erstanden, waren getragen von dieser *heiligen Weisheit* der Götter. Auch die in den heutigen Tagen vorherrschenden großen

Weltkonfessionen haben dort ihren Ursprung. Insbesondere das Urchristentum.

Jener *kosmische Tyrkreis* des indischen Fürsten Rama wurde zum tragenden Fundament der gesamten irdischen Menschheit. Aus ihm erblühten die großen *Hochkulturen* vergangener Jahrtausende, deren in der Geschichte versunkener Glanz im einstigen *Sonnenstaat* Perus noch heute schemenhaft zu uns herüberweht. Und solange dieses ursprüngliche Wissen in den alten Völkern *lebendig* blieb, stand ihr gesamtes Staatssystem auf dem festen Grund *göttlichen Wohlwollens*. Sie wußten sich als organische Einheit in die Gesamtheit des Kosmos, die göttliche Ordnung eingebettet, denn das Wort *Kosmos* bedeutet ja nichts weiter als *Ordnung*.

Diese Ordnung aber ist unverrückbar festgelegt in exakt ablaufenden und sich in allen Dimensionen ständig wiederholenden *kosmischen Rhythmen*, die von den Astronomen unserer Tage eindeutig nachgewiesen wurden, und deren Existenz in den Frühzeiten der Erdenmenschheit längst bekannt war. Aber erst die Vereinigung des *Urwissens* der Menschheit mit den Erkenntnissen moderner Naturwissenschaft eröffnet einen freien Blick auf das faszinierende Weltgebäude der universellen Schöpferkraft, die allein als *geistiges Prinzip* Ursache allen *Werdens*, *Wachsens* und *Vergehens* in den unendlichen Räumen des Universums ist.

Die *göttliche Schöpfung* kennt keine endgültige *Vernichtung*, sondern nur die *Verwandlung*, und diese ist beständig, wie wir weiter oben erfahren haben. Denn sie ist der *Motor* aller *Evolution.* Die *Dynamik* der Veränderung bestimmt den Ablauf jeder Entwicklung und ihren *Fortschritt* oder *Untergang.* Daher lassen sich aus der nachweisbaren geschichtlichen Vergangenheit des Planeten Erde, den Überlieferungen früher Kulturen und den Erkenntnissen moderner Naturwissenschaft die *kosmischen Rhythmen* in aller Deutlichkeit erkennen und verstehen.

Es würde den Rahmen dieses Buches weit überschreiten, hier nun eine detaillierte und in allen Einzelheiten aufgegliederte Abhandlung über den *geistigen Urgrund* des Universums und der *kosmischen Rhythmen* folgen zu lassen. Dies sei einem späteren Werk belassen. Zum Verständnis der weiteren Ausführungen aber ist es unerläßlich, zumindest eine gestraffte, sich auf das Wesentliche beziehende Darstellung des Gesamtbildes aufzuzeigen.

Die Geschichte der großen Kulturepochen der irdischen Menschheit kann bis auf etwa zehntausend Jahre vor unserer Zeitrechnung zurückverfolgt werden. Davor verlieren sich alle nachweisbaren Spuren in einem dichten Nebel der Frühgeschichte unseres Planeten, sieht man einmal von den Überlieferungen in den Mythen und Sagen der alten Völker ab. Dieser relativ kurze, durch Aufzeichnungen und Funde nachvollziehbare Zeitraum irdischer und Menscheitsgeschichte, umfaßt also demgemäß etwa zwölftausend Jahre, da ja vor zweitausend Jahren mit *Null* neu begonnen wurde. Dennoch genügt allein dieser erdgeschichtlich gesehen kurze Zeitraum, um exakte Rückschlüsse auf die Abläufe der *kosmischen Rhythmen* zu ziehen, die ja in allen Bereichen der gesamten Schöpfung ihre unumstößliche Gültigkeit haben.

Im Verlaufe der vergangenen zwölftausend Jahre lassen sich in genauer Reihenfolge sechs große Kulturepochen der menschlichen Geschichte nachweisen, von denen jede für etwa zweitausend Jahre die *geistige Basis* aller Entwicklung darstellte. In genauen Zahlen ausgedrückt sind es jeweils ca. zweitausendeinhundert Jahre, in denen eine Menschheitskultur aufblühte, um schließlich wieder im Verlauf des *evolutionären Geschehens* bis auf unbedeutende Reste in der Geschichte zu versinken.

Aus naturwissenschaftlicher Sicht gesehen ist der äußere Aufbau des Universums hinreichend erklärbar. Man kennt erstaunliche Gebilde, die wiederum als Teil von größeren Anordnungen anzusehen sind. Es gibt Sonnen, Planeten, Monde, Sonnensysteme, Doppel- und Mehrsonnenreiche, rote Riesen, weiße Zwerge, unsichtbare Sterne, Nebel, Sternenhaufen und Galaxien. Sie alle bilden in ihrer für den menschlichen Verstand kaum erfassbaren Zahl die *Unendlichkeit* aller Universen. Es ist längst nicht mehr Legende, daß alle diese *universellen Existenzen* auf scheinbar geheimnisvolle Weise in Beziehung zueinander und untereinander stehen und eine seit Urzeiten *ununterbrochene Kommunikation* miteinander stattfindet, deren Bedeutung für die Evolution des Lebens erst in unseren Tagen langsam wieder begreifbar wird.

In allem aber, und dies ist keine wissenschaftliche Hypothese, sondern exakt nachweisbar, *atmet* der große *Schöpfergeist* vom Anbeginn aller Zeiten in deutlichen Rhythmen, denn das uns bekannte Universum dehnt sich ununterbrochen aus. Es expandiert in die unendlichen Weiten des Raumes mit zunehmender Geschwindigkeit und folgt so den *ewigen Gesetzen* der Evolution. Gleichzeitig ist die Existenz von sogenannten *Novae* und *Supernovae* bekannt. Wobei eine Novae das Aufleuchten eines neu entstandenen Sternes signalisiert, während die Supernovae eine kosmische Sternenexplosion darstellt, die ihre Energie in die Weiten des Raumes verstrahlt und solcherart die Grundlagen für die Entstehung neuer Welten legt. So ist auch das Gesetz von Werden und Vergehen, die evolutionäre Tatsache der *Unsterblichkeit* allen Lebens, in unauslöschlicher Sternenschrift auf das die Erde umspannende Firmament geschrieben.

Die Kenntnis der universellen Expansion brachte die naturwissenschaftliche *Urknallthorie* hervor. Man nimmt an, daß das Universum zum Zeitpunkt seiner Entstehung die Größe *Null* hatte und unendlich heiß gewesen sein soll. Diese unvorstellbare Hitze wiederum brachte die *Null* zur Explosion, was dem Beginn der Schöpfung gleichkäme. Somit wäre also *Alles* aus *Nichts* entstanden und *Nichts* aus *Allem*? Damit belegt die Naturwissenschaft in aller Klarheit, daß es Materie nicht gibt und alle sich uns Menschen sichtbar darstellende Existenz in Wahrheit eine Verschleierung, eine *Verkahlung* des darin verborgenen

Schöpfergeistes ist. Bei einer Konferenz über Kosmologie, die unter Teilnahme namhafter Wissenschaftler aus allen Ländern der Erde im Vatikan abgehalten wurde, erklärte der Papst: *Es bleibe den Wissenschaftlern belassen, sich mit der Entwicklung des Universums nach dem Urknall zu beschäftigen, die Erforschung des Urknalles selbst aber sollten sie tunlichst unterlassen, denn er sei der Augenblick der Schöpfung gewesen und somit das Werk Gottes!*

Hinter der naturwissenschaftlichen *überhitzten Null* steht also, nach Darstellung der katholischen Kirche, Gott. Dieser Gott ist aber nach Aussagen der Bibel *reiner Geist*. Denn zu Beginn der heiligen Schrift, in den ersten beiden Versen des ersten Kapitels im ersten Buch Mose heißt es: *Am Anfang schuf Gott Himmel und Erde. Und die Erde war wüst und leer, und es war finster auf der Tiefe; und der Geist Gottes schwebte auf dem Wasser!*

In Wahrheit ist die Schöpfung bis zum heutigen Tage nicht abgeschlossen und wird es auch niemals sein. Sie hat auch zu keinem festlegbaren Zeitpunkt begonnen und kann daher an einem solchen nicht enden. Denn der Geist Gottes ist *zeitlos ewig*, die sich ständig in den überall sichtbaren *kosmischen Rhythmen* darstellende, erneuernde und erweiternde schöpferische Potenz des großen Weltengeistes. So kann die naturwissenschaftlich nachgewiesene Tatsache der ständigen *Expansion* des Universums nur eine folgerichtige Bedeutung haben: *Bewußtsein und Gedächtnis des Schöpfers müssen den eigenen ursächlichen Gesetzmäßigkeiten ebenso folgen wie das des Menschen und befinden sich daher ebenfalls in einem niemals endenden evolutionären Wachstumsprozeß!*

Aus dem Griechischen stammt das Wort *Atomos*, das *Unteilbare*. Schwingt darin nicht auch das Wort *Atem* zu uns herüber, und heißt es nicht in der Bibel, daß Gott dem ersten Menschen *seinen lebendigen Odem* in die Nase blies, so, daß aus ihm eine *lebendige Seele* wurde? Es ist offenkundig, daß hier der *göttliche Geist* gemeint ist, der in jedem Menschen, ja in der gesamten Schöpfung webt und wirkt.

Im Hebräerbrief steht zu lesen, daß Gott durch seinen Sohn, den er zum Erben über alle Dinge eingesetzt hat, zu den Menschen redet, und weiter unten: *Durch den Glauben haben viele begriffen, daß die Wunder der Schöpfung durch Gottes Wort geordnet wurden!* Jedes Wort muß aber zuerst im *Geiste* geboren sein, bevor es ausgesprochen werden kann.

Der Glaube wird die Menschen also dazu befähigen, die Wunder der Schöpfung erkennen und verstehen zu lernen. Erst dann können ihre Gesetzmäßigkeiten auch sinnvoll angewendet werden. Dies setzt vor allen Dingen aber voraus, daß sich die irdische Menschheit das Wissen um den Sternenkalender des indischen Fürsten Rama neu erschließt. Jene Weisheit des *kosmischen Tyrkreises*, den man im Verlaufe der Zeit fälschlicherweise in *Tierkreis* umbenannte. Das Wort *Tyr* stammt aus dem Sprachgebrauch der frühen nordischen Völker und bedeutet *Gott*. Somit wird deutlich erkennbar, daß es sich bei dem *kosmi-*

schen Tyrkreis des alten Inders in Wahrheit inhaltlich um das *Schöpfungsgesetz Gottes* handelt. In geschickter Form *verschleiert,* hat es die Jahrtausende überdauert und tritt heute, im Dämmerschein eines neuen *Weltenmonates* aus den Nebeln der Vergangenheit dem sich in den Geburtswehen eines neuen *Weltzeitalters* befindlichen *kosmischen Erdenmenschengeschlecht* in strahlendem Glanze entgegen.

Durch die großartigen technischen Möglichkeiten des modernen Zeitalters läßt sich heute nachweisen, was die Urväter der Erdenbewohner längst wußten und der Grieche Demokrit später vermutete: Das Sonnensystem mit dem Planeten Erde ist Teil der Milchstraße, die in klaren Nächten deutlich zu erkennen ist. Diese Milchstraße oder Galaxie aber besteht aus unzähligen *Sonnenfamilien*, und zu einer dieser *Sonnenfamilien* gehört das Sonnensystem mit dem Planeten Erde und den anderen Begleitern.

Sie alle drehen sich in ganz bestimmten *Rhythmen* um sich selbst und um den Mittelpunkt der Galaxie. Die *Sonnenfamilie,* zu der die Erdensonne gehört, benötigt ca. 220 Millionen Jahre um eine Runde zu vollenden. Sie bewegt sich dabei mit einer Geschwindigkeit von 240 Km je Sekunde. Die Galaxie in ihrer Gesamtheit aber bewegt sich noch sehr viel schneller in Richtung eines Bereiches im All, in welchem sich das Sternbild des Steinbock befindet. In Wahrheit aber dreht sich auch diese Galaxie wieder im Verein einer *Galaxienfamilie* um einen unendlichen fernen Mittelpunkt.

So wie die Planeten des Erdensonnensystemes in ganz bestimmten Zeiträumen um ihr *Sonnenzentrum* kreisen, so kreist es auch als Gesamtheit im Verein mit der dazugehörigen *Sonnenfamilie* um eine *Zentralsonne*. Um dieses Zentrum einmal zu umrunden, benötigt unser Sonnensystem 25.920 Jahre, oder zwölf mal 2.160 Jahre. Dies ist genau die Zeit, welche die noch nachweisbaren sechs großen Kulturepochen der irdischen Menschheit jeweils brauchten, sich zur Hochblüte zu entwickeln, um schließlich der eigenen inneren und äußeren *Erstarrung* zum Opfer zu fallen.

Sechs mal 2.160 Jahre nachweisbarer Kulturgeschichte dieses Planeten Erde, dies ergibt einen Zeitraum von 12.960 Jahren. Vor nunmehr ca. 13.000 Jahren also versinkt das Wissen der Menschen in den Schatten des Vergessens, denn es gibt von vor dieser Zeit keine authentischen Überlieferungen mehr. Und doch genügt die Aufhellung dieses relativ kurzen Zeitraumes, um dem Geheimnis der *kosmischen Rhythmen* auf die Spur zu kommen und bedeutsame Rückschlüsse zu ziehen.

Denn der greise indische Fürst Rama hat die sich vom Anbeginn der Zeiten in einer nach oben offenen Spirale wiederholende, 25.920 Jahre dauernde Sonnenrunde des Erdensonnensystemes um die Zentralsonne das große *Sonnenjahr* genannt, in die zwölf Felder seines *Tyrkreises* eingeteilt und deren jedes einzelne mit einem symbolträchtigen Namen versehen: Wassermann, Steinbock, Schütze, Skorpion, Waage, Jungfrau, Löwe, Krebs,

Zwilling, Stier, Widder und Fische. Gleichzeitig zeichnete er die den Namen entsprechenden Sternbilder der Reihenfolge des Sonnendurchlaufes nach an das kosmische Firmament. Damit war sein Sternenkalender vollendet, der die Schöpfungsgesetze für alle Zeiten unauslöschlich enthielt, sie gleichzeitig aber nur dem *Eingeweihten* offenbarte.

Es handelt sich dabei nicht um physikalisch mess- oder nachweisbare Ströme und Strahlungen, die in den einzelnen Feldern zur Wirkung gelangen, so wie der elektrische Strom in den heute bekannten elektrischen Geräten. Sondern es sind *geistig-kosmische Kraftfelder* deren *symbolhaft-gesetzmäßige Verknüpfung* die gesamte Schöpfung an den *Tyrkreis* bindet. *Göttlich-geistige Urkraftzentren*, die den *Sternenvölkern* ihren gegenwärtigen *Evolutionszustand* und möglichen zukünftigen *Evolutionsweg* gleichnishaft aufzeigen und gleichzeitig von der *Unsterblichkeit* des *inneren Wesens* alles Geschaffenen künden. Sie sind die *kosmisch-geistigen Signaturen* oder *Prägungen* der einzelnen *Weltenmonate*, und in ihrem Sinngehalte vergleichbar mit dem Verlauf der *Monate* und *Jahreszeiten* auf dem Planeten Erde. Denn bei genauer Betrachtung der überprüfbaren Hochkulturen des Altertums läßt sich deutlich der *kosmisch-geistige Rhythmus* von *Frühling, Sommer, Herbst* und *Winter* erkennen. So ergibt sich der Zeitablauf des großen *kosmischen Sonnenjahres* für unser Planetensystem von 25.920 Jahren aus zwölf *Weltenmonaten* mit jeweils 2.160 Jahren (12 x 2.160 = 25.920), oder vier *Weltjahreszeiten,* bestehend aus je drei *Weltenmonaten* (3 x 2.160 = 6.480), mit jeweils 6.480 Jahren (4 x 6.480 = 25.920).

Entsprechend der Rhythmik des *kosmischen Tyrkreises,* befindet sich die heute lebende Erdenmenschheit im geistigen Einflußbereich einer *zweifachen Zeitenwende,* deren Auswirkungen inzwischen in dramatischer Weise den gesamten Planeten erfaßt haben und in allen Teilen der Welt nicht mehr übersehbare Folgen für alle Erdenbewohner aufzeigen. Denn die heutige *kosmische Position* unseres Planetensystemes befindet sich exakt in der Übergangsphase vom Feld der *Fische* in das des *Wassermannes,* also im Wechsel von einem *Weltenmonat* zum anderen. Gleichzeitig aber auch, da mit dem Fischefeld ein großes *Weltsonnenjahr* beendet ist, im Übergang in ein neues großes *Sonnenjahr,* das jeweils mit dem Wassermannfeld auf der nach oben offenen *kosmischen Evolutionsspirale* beginnt. Dieser *kosmische Ablauf* ist das unveränderliche fundamentale *innere* Prinzip aller Schöpfung und gewährleistet auf diese Weise die niemals endende *evolutionäre Erweiterung* oder *Erhöhung* der *geistigen Potenz* allen Lebens. Wobei diese *geistige Potenz* nichts anderes als die *Bewußtseinsebene* der einzelnen Wesen darstellt.

Sind die Übergänge von einem *Weltenmonat* zum anderen in der Regel zwar fließend und mit weniger Erschütterungen verbunden, sieht man einmal davon ab, daß die jeweils herrschende Menschheitskultur im Verlaufe von wenigen hundert Jahren bis auf kümmerliche Reste einer neuen Hochkultur weichen muß, so gestaltet sich der Wechsel von einem *Sonnen-* oder *Weltenjahr* in ein anderes weitaus dramatischer. Ähnlich dem unaufhaltsamen Vordringen des irdischen Frühlings nach langen Monaten der eisigen Winterkälte. Denn die Erdenmenschheit befindet sich zum gegenwärtigen Zeitpunkt am Ende der *geistigen Erstarrung* des *kosmischen Winters*.

Ein neuer *Weltenfrühling* dämmert herauf. Alle scheinbar unlösbaren Probleme, die diesen schönen Planeten *Terra* im Augenblick erschüttern und deren Ausmaß sich sicher noch für relativ *kurze Zeit* steigern wird, sind nichts anderes als die Auswirkungen des neu aufbrechenden *geistig-kosmischen Bewußtseins* von *Mutter Erde* und der von ihr behüteten Wesen. Symbolisch festgeschrieben und für jeden der *sehen* will deutlich sichtbar auf dem großen *kosmischen Tyrkreis* des Universums.

Vor nunmehr 12.960 Jahren befand sich die Erdenmenschheit im *kosmischen Hochsommer*. Es war der Beginn des *Weltenmonats* der dem Zeichen *Löwe* und dem Planeten *Sonne* zugeordnet ist. Die große chinesische Hochkultur nahm für 2.160 Jahre ihren Anfang, und noch heute ist die *Signatur* dieser Zeit tief im chinesischen Volke verankert. Denn man verehrt im religiösen Kult noch immer den stilisierten *Drachen-Löwen*.

Von der vorangegangenen *Jungfrauzeit* unter dem Planeten *Merkur* sind keine sichtbaren Nachweise erhalten. Es muß eine große planetarische Katastrophe stattgefunden haben, die alle Spuren verwischte, bis auf phantastische Überlieferungen, die sich auf die einstige *atlantische Hochkultur* beziehen. Da der Planet Merkur traditionell das Denken oder Bewußtsein repräsentiert, liegt die Vermutung nahe, daß zu jener Zeit tatsächlich dieses *sagenumwobene Atlantis* als Kulturstaat auf der Erde existiert hat und schließlich nach einer *Sündflut* in der biblischen *Sintflut* untergegangen ist. Denn es gibt deutliche wissenschaftliche Beweise dafür, daß diese große Überflutung des Planeten Erde zum damaligen Zeitpunkt stattgefunden haben muß.

Die chinesische Hochkultur wurde abgelöst von der *Vedisch-indischen* im *Weltenmonat* der dem *Zeichen Krebs* mit dem Planeten *Mond* zugeordnet ist. Auch hier spricht die *Signatur* bis in unsere Tage eine deutliche Sprache. Denn die *vedisch-indische Hochkultur* spürte bereits die ersten Anzeichen des herannahenden *Weltenherbstes* mit dem drohenden *geistigen Abstieg* in den *Materialismus*. Daher war das Bemühen groß, die alten *spirituellen Werte* zu erhalten und suchte die Harmonie und den Ausgleich in den Vordergrund alles Schaffens zu stellen. So hatte man von der vorausgegangenen chinesischen Hochkultur das gerade heute wieder so populär gewordene Symbol für absoluten Ausgleich und Harmonie *Yin* und *Yang* übernommen, und diese *Signatur* lebt bis in die heutige Zeit in geringfügiger Abwandlung als das astrologische Symbol des Zeichens *Krebs* weiter. Die *vedisch-indische Hochkultur* nahm ihren Anfang vor ca.

10.800 Jahren. Aus ihr gingen die *indischen Veden* in den *Upanishaden* hervor, das älteste erhaltene Wissen der irdischen Menschheit.

Der *vedisch-indischen* Kulturepoche folgte die der *Perser* vor nunmehr 8.640 Jahren. Die *kosmische Entsprechung* fand sich im Zeichen *Zwilling*, mit dem Planeten Merkur wieder. Jetzt wurde den damaligen Menschengeschlechtern der unaufhaltsame Abstieg aus den *geistigen Höhen* des *kosmischen Wissens* in die *Niederungen* des reinen *Stoff-Glaubens,* den *Materialismus* verkündet. *Zarathustra*, der *doppelgesichtige Seher,* verlieh dem kosmischen Geschehen in seiner Dichtung, dem *Zend-Avesta* Ausdruck. So war die persische Religion auf den *Geist-Gott Ormuz* und gleichzeitig den *Stoff-Gott Ahriman* ausgerichtet. Den Überlieferungen nach soll er es auch gewesen sein, der die Erdenmenschen das Fleischessen lehrte. Noch heute wird im Hindukuschgebirge Afghanistans diesem *Gott Ahriman* jährlich anläßlich eines *zwölf* Tage dauernden Festes um Neujahr das Blut hunderter bedauernswerter Ziegen geopfert und deren Fleisch anschließend verspeist.

Jetzt folgte der *Weltenmonat* im Zeichen des *Stier*, unter dem Planeten *Venus*. Die Kulturepoche der *Ägypter*, vor etwa 6.480 Jahren. Noch einmal lebte das alte Wissen der Menschheit verschlüsselt in den Bauten der großen Pyramiden auf, wo es bis zum heutigen Tage noch nicht enträtselt werden konnte. Als *Signatur* dieser Zeit stand der *heilige Apisstier* in einem völlig mit Gold ausgeschlagenen Tempel im damaligen Theben. Denn der Stier ist erdverbunden, in die Materie eingebettet. Der *geistige Winter* hielt nun endgültig Einzug auf diesem Planeten.

Es folgte vor 4.320 Jahren der *Weltenmonat* im Zeichen des *Widder*, unter dem Planeten *Mars*. Dem Volk der *Juden* war es jetzt vorbehalten, ihre Kultur zur Hochblüte zu bringen. Als äußeres Zeichen dieses Zeitalters trugen die damaligen Priester eine Kappe mit dem gedrehten *Widdergehörn* zu beiden Seiten, und an Ostern wurde ein Lamm geschlachtet, das Kind des Widder. Am Ende dieses Weltenmonates tritt *Christus* auf die irdische Lebensbühne und spricht die *symbolisch-orakelhaften* Worte: *Ich bin das Lamm Gottes, welches hinwegnimmt die Sünden der Welt.*

Vor nunmehr ca. 2.160 Jahren also, in der Zeit des Übergangs vom *Weltenmonat* des *Widder* in den der *Fische*, unter dem Planeten *Jupiter*, wird der *Gottessohn* geboren und verkündet seine Lehre der Liebe und Erlösung, die auf diesem Planeten Einzug halten werde. Und die *Signatur* dieser Zeit steht den heute lebenden Menschengeschlechtern deutlich vor Augen. Denn Christus suchte und fand seine Jünger unter den *Fischern*. Die ersten *Urchristengemeinden* wählten einen stilisierten *Fisch* zum *Geheimsymbol* ihrer religiösen Überzeugung. Der Papst in Rom hält den *Fischerstab* in der Hand, und seine Bischöfe tragen die gespaltene *Fischmaulmütze* auf ihren Köpfen. Nicht ohne Grund sagte Christus zu seinen Getreuen: *Ich will euch zu Menschenfischern machen!*

Er war in die *kosmischen Geheimnisse* eingeweiht und wußte sehr genau, daß mit Ablauf des im Zeichen *Fische* stehenden *Weltenmonates* der *geistige Winter* auf dem Planeten Erde zu Ende geht und ein weiteres großes *Weltsonnenjahr* beginnt, dessen Beginn von einem neuen *spirituellen Weltenfrühling* geprägt ist. Denn nach einer apokryphen, nicht in den offiziellen Bibeltext aufgenommenen schriftlichen Überlieferung, gab er auf die Frage seiner Jünger, wann denn die Zeit der Veränderung kommen werde, folgende Antwort: *Von nun an tausend Jahre, und nicht mehr ganz tausend Jahre!*

Jesus wußte um die *kosmischen Rhythmen* und ihre tiefe *geistige* Bedeutung für das Verständnis aller Erdenvölker um die *Gesetze* der Schöpfung. Daher sagte er auch zu seinen Jüngern in Johannes, Kap. 7, Vers 16: *Meine Lehre ist nicht mein, sondern dessen, der mich gesandt hat.* Und weiter in Matthäus, Kap. 28, Vers 19: *Darum gehet hin und lehret alle Völker. Macht Jünger aus Menschen aller Nationen und lehret sie alles halten, was ich euch geboten habe!*

Denn Jesus gehörte zu den *Essenern*, einer kleinen jüdischen Volksgruppe, die sich mit dem *esoterischen Wissen* intensiv beschäftigte und danach lebte: Zurückgezogen, bescheiden, vor allem aber fleischlos. Die Schule der Essener war berühmt ob ihres fundamentalen Erfahrungs- und Wissensschatzes um die Geheimnisse der Schöpfung. In heutiger Zeit versucht man sie als radikale

Randgruppe und mystische Sekte von Einzelgängern abzutun und in Mißkredit zu bringen!!!

Die große *Weltenwende* nimmt dessen ungeachtet in diesen Tagen ihren *gesetzmäßigen* Verlauf. Denn der für das vergangene *Weltenjahr* von 25.920 Jahren abgelaufene Teilbereich der *unendlichen Evolutionsspirale* erreicht nun eine *höhere Bewußtseinsebene*. Der *kosmische Tyrkreis* schließt sich scheinbar, es beginnt eine neue *große Sonnenrunde*. Der *kosmisch-geistige Frühling* aller Erdenvölker ist bereits eingeläutet, wenn auch die Ereignisse der Zeit bei vordergründiger Betrachtung im Augenblick dagegen sprechen mögen.

Dieser schöne Planet Erde erlebt in diesen Tagen sozusagen ein *kosmisches Neujahrsfest*, die *geistige Wiedergeburt* des *Urwissens* der irdischen Menschheit, und wie jede Geburt, kann auch diese nicht ohne Geburtswehen vorübergehen, denn die Gesetze gelten in allen Bereichen gleichermaßen: Wie oben, so auch unten.

Das neue *Weltenjahr* beginnt mit dem *Weltenmonat* der im Zeichen des *Wassermann* steht, unter dem Planeten *Saturn*. Es wird geprägt sein von großen gesellschaftlichen und aller Wahrscheinlichkeit nach auch geologischen Veränderungen auf diesem schönen Planeten *Terra*. Gleichzeitig aber werden gewaltige *saturnisch-spirituelle Kräfte* freigesetzt, die den Erdenvölkern zu einem enormen *geistigen Evolutionssprung* verhelfen, der sie befähigt die derzeitigen äußeren Probleme relativ schnell zu überwinden, um einer lichteren Zukunft Bahn zu brechen.

Auch hierzu finden wir einen deutlichen Hinweis in der *symbolhaften Signatur*, deren sich der greise indische Fürst Rama für diesen *Weltenmonat* bediente. Denn das Wort *Wassermann* wurde von den späteren Völkern falsch interpretiert. Es stammt aus dem Sprachgebrauch der frühen nordischen Völker und hieß ursprünglich *Water Man*, was soviel wie *Weiser Mensch* oder *Mann* bedeutet. Die Betonung liegt also auf dem Worte *Weisheit*. Den Erdenvölkern wird sich in dieser Zeit die *Weisheit* des *Schöpfers* auf einer höheren Bewußtseinsebene offenbaren. Und wer die unauslöschliche *Symbolik* des *kosmischen Tyrkreises* am Firmament lesen kann, dem zeigt er auf, daß der *südliche Fisch* der beiden Symbole des zu Ende gehenden *Weltenmonats* das *Wasser der Weisheit* aus dem *Krug des Water Manes* trinkt.

Bei dem Propheten Daniel steht in Kap. 12, Vers 4 zu lesen: *Verbirg diese Worte und versiegele diese Schrift bis zum Ende der Zeit; dann werden viele darüberkommen und großen Verstand finden!*

In den griechischen Urschriften ist im Zusammenhang mit dem hier wiedergegebenen Begriff *Zeit* vom *Aeon* die Rede. Dies bedeutet aber exakt übersetzt nicht *Zeit*, sondern *Zeitalter*. Somit wird offenkundig, daß es sich nicht um die so oft strapazierte *Endzeit* handelt, sondern um das Ende dieses *Zeitalters* oder *Sonnenjahres*. Denn eine *Endzeit*, mit der immer wieder einmal *prophezeiten totalen Vernichtung* des Planeten Erde, wird vorerst noch nicht stattfinden.

Bei Johannes, Kap. 9, Vers 5 heißt es: *Solange ich in der Welt bin, bin ich das Licht.* Die Erdenvölker sind gerade dabei, dieses *Licht* neu zu entdecken!

Sonne, Mond und Sterne

> Lobet ihn, Sonne und Mond; lobet ihn, alle leuchtenden Sterne! Lobet ihn, ihr Himmel allenthalben und die Wasser, die oben am Himmel sind!
>
> Psalm 148, Verse 3 und 4

Sonne, Mond und Sterne als lebendige Wesen, denn wie anders sollten sie in der Lage sein, den Schöpfer zu loben, und von welchen *Wassern*, die am Himmel sein sollen ist in dem vorgenannten Bibeltext die Rede?

Bei *Hildegard von Bingen* lesen wir von *fünf weiteren Planeten*, die ihr *Licht* vom *Feuer* und der *Himmelsluft* erhalten, woraus sich die *Kraft* und *Stärke* des Firmaments ergibt. *Sie haben ihre Umläufe ebenso in den Höhen wie in den Tiefen des Firmaments, damit sie dort leuchten, wo die Sonne nicht strahlt und ihren Schein kaum sichtbar werden läßt. Wo sie sich befinden und ihre Bahnen durchlaufen, dienen sie dem Kreislauf der Sonne, halten sowohl deren Geschwindigkeit zurück, wie sie auch ihr Feuer verzehren, so daß sie unter ihrem Einfluß nicht solche Feuersglut aussenden kann, wie sie tun würde, wenn sie (diese fünf Planeten) sie nicht daran hinderten. So wie die fünf Sinne des Menschen seinen Leib zusammenhalten und seinen Schmuck bilden, ebenso halten auch jene fünf Planeten die Sonne zusammen und dienen ihr zur Zierde.*

Der große *Paracelsus* sagt, daß die *elementischen Corpora* der Gestirne, ihre stofflichen Bestandteile also, unbedeutend sind und nur dem Astronomen wichtig erscheinen. Die *Sinne* haben bestimmenden Charakter und *regieren* die *elementischen Corpora,* sie sind die *Seele*. Aber diese repräsentiert immer noch nicht das *Ewige* in jeglichem Geschaffenen. Denn das ist allein der *Geist*. Er leuchtet unsichtbar in allem, bildet die wahrhaft *lebendige Seele* und ist *unsterblich*. So besteht alle Schöpfung aus *drei* Teilen: Einem stofflichen oder *materiellen* Teil, dem seelischen oder *substantiellen* Teil, und dem geistigen, oder *essentiellen* Teil. Ohne diesen *Letzteren* ist Leben nicht möglich, bleibt jede Materie tot. Selbst eine Seele kann in Ermangelung der *geistigen Essenz* nicht *lebendig* sein. Alle *Stofflichkeit* aber stellt in ihrer in sich geschlossenen *Gesamtheit* das genaue *Abbild* des *Kosmos* dar. Daher sprach der alte *Mystiker* auch davon, daß jedes Wesen ganz nach *seiner Art* ein *Gestirn* sei, bestehend aus *Körper, Seele* und *Geist*.

Aus all dem spricht eine völlig andere Naturerfahrung und Weltanschauung, wie sie bei den heute lebenden Erdenmenschen zum größten Teile nicht mehr zu beobachten ist. Die gesamte Schöpfung wurde nicht in rein *mechanistisch-mathematischen Gesetzmäßigkeiten* gedacht, sondern als *lebendiges, geistiges, beseeltes,* vor allem aber *heiliges Wesen* erfahren und verehrt. Man spürte das große *spirituelle Mysterium* durch *Intuition* und *Imagination*. Um dies zum Ausdruck zu bringen, bedurfte es einer *sichtbaren Symbolik*, die dem *Wissenden* den wahren Sinngehalt eröffnete, gleichzeitig aber allen *Uneingeweihten* ein *Buch mit sieben Siegeln* blieb. So wurden die Begriffe Feuer, Wasser, Luft zum Sinnbild für Geist und Seele des esoterischen Wissens.

Alle stofflichen Existenzen sind in Wahrheit *geistige Wesen*, unzerstörbare *methaphysische Kraftfelder*, und somit gleichzeitig ein jedes *nach seiner Art* ausgestattet mit absolut *vollkommener schöpferischer Intelligenz.* Sonne, Mond, Sterne, Menschen, Tiere, Pflanzen und Steine sind *lebendige spirituelle Wesenheiten*, deren jede eine ganz bestimmte *Aufgabe* im großen *Evolutionsgeschehen* des Lebens zu erfüllen hat. Eine Aufgabe, die exakt dem jeweiligen *Evolutionszustand* des einzelnen Wesens entspricht und deren Erfüllung je nach *Bewußtwerdung* auf die eigene, als auch die *Fort- und Weiterentwicklung* der *Gesamtheit* ihre direkten Auswirkungen zeitigt.

So eröffnet sich dem aufmerksamen Beobachter die Tatsache, daß in der gesamten Schöpfung nur ein einziges großes Gesetz ununterbrochen erfüllt wird, dessen allumfassende Gültigkeit vom Anbeginn der Zeit ihren Bestand hat und bis in die Unendlichkeit nicht enden wird. Es ist dies das *Gesetz* von *Ursache* und *Wirkung*.

Alle materielle Erscheinungsform ist in Wirklichkeit nichts weiter als der Schatten des wahrhaftigen *inneren Seins*. Leben allein schafft nur der *unsterbliche Geist*, der allen äußeren Formen innewohnt und sich solchermaßen in seinem jeweiligen *kosmischen* Wachstumszustand offenbart. Die gesamte *Lebensevolution* ist auf das Gesetz von *Ursache* und *Wirkung* gegründet und zeigt somit deutlich die gegenseitige *Einflußnahme* der einzelnen *Wesenheiten* untereinander und auf sich selbst. Dies ist das *Grundgesetz des Lebens* schlechthin und hat Gültigkeit in allen Welten und Universen, denn es ist der sichtbare Ausdruck des lebendigen *Schöpfergeistes*, der jeder einzelnen Stofflichkeit innewohnt und sein unendliches, allumfassendes Werk ununterbrochen durchdringt.

Diese *Durchdringung* aber ist es, die für eine ständige *Kommunikation* aller Weltenkörper untereinander sorgt. Ununterbrochen werden Impulse gesendet, findet ein *Austausch* an Erfahrungen statt, die ganz zwangsläufig wieder Auswirkungen zeitigen müssen. Träger dieser Impulse ist die *spirituelle Strahlung*, die jedem erschaffenen Wesen innewohnt und keine räumliche Begrenztheit kennt.

So gesehen eröffnet sich dem *geistigen Betrachter* die gesamte Schöpfung als ein *strahlendes* Panorama pulsierenden Lebens. Jede Sonne, jeder Planet, ja jede noch so kleine *Wesenheit* in der Unendlichkeit der Universen gleicht einem auf *seine Art* feinstgeschliffenen *geistigen Diamanten*, der jeden *Lichtstrahl* den er empfängt in sich aufnimmt, verarbeitet und in veränderter, verstärkt leuchtender *Strahlkraft* weitergibt, um solcherart die *Vervollkommnung* der *göttlichen Schöpfung* mitzugestalten. Denn auch in der winzigsten *Existenz* waltet ein Teil des großen *Weltengeistes* und drängt ihn im Verlaufe seines ganz individuellen *Evolutionsweges* ununterbrochen zur *schöpferischen Tat.*

Der Erdenmensch steht diesem gewaltigen Geschehen schon seit Urzeiten staunend gegenüber. Er erkennt in den kosmischen Abläufen jene große *Harmonie*, deren fundamentale Macht kein *Ungleichgewicht* duldet, die in allen Bereichen ununterbrochen regulierend eingreift und mit ungebrochener Dynamik die *Fortentwicklung* der *Gesamtheit* vorantreibt. Ihm ist der äußere Aufbau seines eigenen Sonnensystemes längst bekannt und aufgrund der inzwischen großartigen technischen Möglichkeiten auch der des seinen Planeten umgebenden Universums. Dennoch, je weiter er in die Tiefen des Raumes eindringt, sei es mit Elektronenteleskopen oder Raumsonden, um so deutlicher wird ihm vor Augen geführt, daß er im Grunde genommen nichts weiß von den wahren Wundern der Schöpfung und ihrem *inneren Wesen,* das ja allein verantwortlich und richtungsweisend für alle Weiterentwicklung ist.

Mit nicht zu übersehender Deutlichkeit stellen sich viele *neuen Erkenntnisse* der modernen Naturwissenschaften als Tatsachen heraus, die den frühen Erdenvölkern längst bekannt waren, und deren *Inhaltlichkeit* keinen Zweifel mehr zuläßt, daß hinter aller *Stofflichkeit* der geniale *Gedanke* des *Weltenschöpfers* steht.

Schillers *Theosophie des Julius* beginnt mit dem *denkenden Wesen,* aus dessen Gedanken das gesamte sichtbare Universum hervorging. Es ist die Bestimmung des Menschen, in der *Vielfalt* der *Formen* den *göttlichen*

Geistfunken zu erkennen und auf seinem endlos langen *geistigen Evolutionswege* zur *Einheit* mit dem *Schöpfer* zurückzufinden. So gipfelt des großen Dichters Werk auch in den Worten: *Der Mensch ist da, daß er nachringe der Größe seines Schöpfers, mit eben dem Blick die Welt umfasse, wie sein Schöpfer sie umfaßt. Gottgleichheit ist die Bestimmung des Menschen. Unendlich zwar ist dies sein Ideal; aber der Geist lebt ewig. Der Geist des Menschen, mit Kräften der Gottheit geadelt, soll aus dem Einzelnen Ursach' und Absicht, und aus ihrem Zusammen- hang den großen Plan des Ganzen entdecken, aus dem Plane den Schöpfer erkennen, ihn lieben, ihn verherrlichen!*

Dieses Verständnis aber kann dem Menschen nur zu eigen werden, wenn er lernt in wahrhaft *kosmischen Dimensionen* zu denken. Wenn er heraustritt aus seinem engbegrenzten irdischen Gesichtskreis und mit dem Blick auf die unendliche Zahl der leuchtenden Himmelskörper deren *geistige Essenz* erkennt. Denn eine solche *Erhöhung* der *Bewußtseinsebene* läßt die derzeit noch aufgerichteten *Scheingrenzen* zwischen *Endlichkeit* und *Ewigkeit* schwinden und eröffnet dem Menschen gleichzeitig die *kosmische Schau* seines eigenen *innersten Wesens*.

Im Innern ist ein Kosmos auch, sagte einst Goethe, den man unzweifelhaft zu den *Eingeweihten* zählen darf. Er greift damit die Erfahrung der alten Mystiker auf, die ja ebenfalls davon sprachen, daß ein jedes Wesen das *getreuliche Abbild des Universums* sei.

So führt also der Blick hinauf zum Himmel den wachen Geist auf dem direkten Wege in sein innerstes Selbst. Sonne, Mond und Sterne haben ihre genaue Entsprechung in allem Geschaffenen, also auch in den Menschen. Nicht in ihrer sichtbaren materiellen Form, sondern in ihrer *spirituellen Potenz*. Alle *Information* und *Kommunikation*, die ununterbrochen in einer vielfarbigen *geistigen Lichterpalette* alle Universen durchstrahlt, findet ihr entsprechendes *Echo* auch in den Menschen, Tieren, Pflanzen, Steinen und Sternen.

Denn nichts steht still oder geht verloren. Alles ist in einem ständigen *dynamischen Wachstum* begriffen, dessen einziger Sinn und Zweck darin besteht, zu *verwandeln* und *veredeln*. Diese *kosmische Ausdehnung* oder *universelle Expansion*, die ja rein naturwissenschaftlich unumstößlich aufgrund der stetigen Erweiterung des Universums nachgewiesen wurde, macht auch vor dem Menschen nicht halt.

Die gesamte Schöpfung in all ihrer Vielfalt ist nichts weiter als ein *Gedanke Gottes*, der sich in ununterbrochener Folge *ergänzt, erweitert* und *neu organisiert*, um die unendlich ferne, letztendliche *Vollkommenheit* zu erlangen. So gesehen, und die äußere Expansion des Universums führt uns dies deutlich vor Augen, befindet sich auch das *göttliche Bewußtsein* in allen Schöpfungsbereichen noch in einem niemals endenden *Wachstum*.

In Psalm 19, Vers 8, steht zu lesen: *Das Gesetz des Herrn ist vollkommen und erquickt die Seele!* Da dieses

Gesetz in der gesamten Schöpfung Gültigkeit besitzt, trifft es in ganz besonderem Maße auch auf den Menschen zu. Denn der Mensch ist das *Ebenbild Gottes* und untrennbar mit den *geist-dynamischen Evolutionsprinzipien* der *Wachstumsspirale* des Lebens verknüpft.

Unendlich wie die Schöpfung selbst ist der *kosmisch-spirituelle Weg* des Erdenmenschen. Denn so, wie das *göttliche Bewußtsein* des *Universums* ständig expandiert, so erweitert sich auch die *Denksphäre* des *Homo sapiens* über den *Homo galaktika* zum *Homo universalis* einer noch in der Unendlichkeit der Schöpfung verborgenen Zukunft.

Die tiefe *Sehnsucht*, deren sich das *innerste Wesen* eines jeden Erdenmenschen schon seit Urzeiten bemächtigte, wenn er seinen Blick hinauf zu den Sternen richtete, ist deutlicher und unübersehbarer Beweis seiner wahren *Herkunft* und *Heimat*. In solchen Momenten beginnt eine *geistige Kommunikation* zwischen den *Gestirnen* des Himmels und seinem *Ebenbild*. Dann eröffnet sich dem *inneren Menschen* das *kosmische Bewußtsein* und läßt ihn die Wunder der Schöpfung in ihrer ganzen *göttlichen Vollkommenheit* erahnen. Er fühlt die Anwesenheit des Weltenschöpfers in der gemeinsamen *All-Heit* und gleichzeitig die eigene *spirituelle Unsterblichkeit*.

Wie sehr ihn auch die Erde anzieht, sagte Goethe, *hebt er doch den Blick forschend und sehnend zum Himmel auf, weil er es tief und klar in sich fühlt, daß er ein Bürger jenes geistigen Reiches ist, wovon wir den Glauben nicht abzulehnen noch aufzugeben vermögen. In dieser Ahnung liegt das Geheimnis unseres ewigen Fortstrebens nach einem unbekannten Ziel; es ist gleichsam der Hebel unseres Forschens und Sinnens.*

Frühling, Sommer, Herbst und Winter

> Solange die Erde steht, soll nicht aufhören Saat und Ernte, Frost und Hitze, Tag und Nacht.
> 1. Buch Mose, Kap. 8, Vers 22

Die Erdenvölker der Frühzeit waren tief verwurzelt in das Wissen um den *kosmischen Tyrkreis* und die große *Harmonie* der Schöpfung. Jahrzehntausendelang *respektierten* sie das *göttliche Gesetz* uneingeschränkt und suchten ihre täglichen *Lebensnotwendigkeiten* vollkommen danach auszurichten. Alles Denken und Tun blieb eingebettet in dieses immense Wissen, das sich ihnen im *irdischen Jahreslauf* durch Beobachtung und Erfahrung ununterbrochen neu offenbarte und erst im Verlaufe der jüngsten Vergangenheit zum fast *vergessenen Erbe* der Erdenmenschheit wurde.

Unzweifelhaft steht das Wissen um die Gesetze der Schöpfung nicht für jeden offenkundig sicht- und lesbar am Firmament geschrieben, wie ein Buch, in dem man nur zu blättern braucht, um die gewünschten Informationen zu erhalten. Nirgendwo zeigt sich eine exakte geometrische *Zwölferteilung* am Himmelsrund, die den Menschen das Geheimnis offenlegt wie eine mathematische Formel. Denn die *Symbolschrift* des *Tyrkreises* ist *Menschenwerk*, ersonnen und versiegelt vom Ahnherrn aller *Aryas*, wie wir bereits vernommen haben. Sein großes, *kosmisches*

Vermächtnis an alle nachfolgenden Generationen der Menschen auf diesem Planeten.

Da aber alles *universelle Geschehen* von der Vergangenheit über die Gegenwart bis in alle Zukunft unverändert weiterwirkt und seine *genaue Entsprechung* auch noch im kleinsten Baustein des Ganzen ununterbrochen zeitigt, stand und steht noch heute im Ablauf eines einzigen *Erdenjahres* das phantastische *Schöpfungsgesetz* von *Stirb* und *Werde* den Erdenvölkern in aller Deutlichkeit vor Augen. So war und ist es möglich, aus der Beobachtung des Erdenraumes zur *Erkenntnis* der Gesamtheit zu gelangen und einen kleinen Teil des *Geheimnisses* dieses *kosmischen Erbes* zu lüften.

Denn das Erdenjahr ist eingeteilt in vier *Jahreszeiten*: Frühling, Sommer, Herbst und Winter. Jede umfaßt einen Zeitraum von drei Monaten. So ergeben sich also *zwölf* gleiche Abschnitte, deren Ablauf das Erdenjahr bestimmt, und von denen jeder, ebenso wie die vier Jahreszeiten, eine ganz besondere, ihm eigene, *Signatur* oder *Prägung* hat. Diese *Signatur* aber ergibt sich aus den *zwölf* unterschiedlichen *Ständen* des Planeten Erde seiner *Sonne* gegenüber und bestimmt, in für jeden aufmerksamen Beobachter deutlich sichtbarer Weise, das gesamte irdische Geschehen. Als Verstärker, oder besser gesagt *kosmischer Potenzierer* der *geistgesetzmäßigen Wirkkräfte* kommt dem irdischen Begleiter *Mond* eine ganz bedeutende Rolle zu.

Dieser scheinbar unbelebte *Trabant* des Erdensternes umkreist in *achtundzwanzig* Tagen einmal seinen *Heimatplaneten* und durchläuft dabei deutlich sichtbar von Vollmond zu Vollmond *sieben Phasen* seines äußeren Erscheinungsbildes, die von großer Wichtigkeit für das gesamte Erdgeschehen sind. Dabei ist der Mond nicht *Ursacher* der Ereignisse, sondern *nur* großer *Zeiger* auf der *kosmischen Uhr* des irdischen Lebenskreises.

Deutlich treten hier die beiden bedeutungsvollsten Zahlen der *Himmelsmathematik* hervor: Zum einen die *Zwölf* der in allen Bereichen unumstößlichen *kosmischen Rhythmik*, und dann die *Sieben* mit ihrer tiefgreifenden *Signatur* für das *Erdsonnensystem*. Daher ist es unumgänglich, einen kurzen Ausflug in die *Grundstufe* der kosmisch-irdischen *Algebra* zu unternehmen, um die *inneren Zusammenhänge* besser zu verdeutlichen. Denn bei näherer Betrachtung dieser kausalen Gegebenheiten werden den Menschen die *inneren Augen* geöffnet und es ergeht ihnen so, wie es in der Apostelgeschichte Kapitel 9, Vers 18 von Saulus berichtet wird: *Und alsobald fiel es von seinen Augen wie Schuppen, und er ward wieder sehend!*

Der Mond benötigt für einen Erdumlauf 28 Tage = 4 x 7. Die Erde umrundet gemeinsam mit dem Mond die Sonne in ca. 365 Tagen: 4 x 7 x 13 = 364. Der Mars vollendet seinen Sonnenumlauf in 686 Tagen = 2 x 7 x 7 x 7. Saturn 28 Jahre = 4 x 7. Uranus 84 Jahre = 12 x 7. Neptun 168 Jahre = 2 x 12 x 7. Pluto 252 Jahre = 3 x 12 x 7 usw.

Die ersten *siebzehn* Verse des Matthäus-Evangeliums in den griechischen Urtexten bestehen aus 49 Worten = 7 x 7. Achtundzwanzig davon beginnen mit einem Selbstlaut = 4 x 7. Einundzwanzig haben einen Mitlaut am Anfang = 3 x 7. Alle Worte zusammengenommen haben 266 Buchstaben = 38 x 7. Die Quersumme von 266 ergibt 14 = 2 x 7 usw.

Diese mathematischen Gesetzmäßigkeiten finden sich im gesamten Evangelium des Matthäus und sind für einen heute lebenden Erdenbürger geradezu verblüffend, denn selbst ein *Genie* hätte sicher hundert Jahre oder mehr gebraucht, um ein solches Werk in dieser *Ordnung* zu verfassen. Mit einem modernen Computer wäre dies vielleicht möglich gewesen, aber ein solcher stand dem Jünger Jesu damals sicher noch nicht zur Verfügung?

Damit aber nicht genug. Im Geschlechtsregister erscheinen 42 Worte, gleich 6 x 7, die an *keiner* anderen Stelle des Neuen Testamentes zu finden sind, zusammen aber aus 126 Buchstaben bestehen, gleich 18 x 7. Dies wäre aber nur denkbar, wenn der gute Matthäus sein Evangelium als Letzter und nach Einsichtnahme der anderen Werke des N. T. geschrieben hätte. Da sich aber die *gleichen* Gesetzmäßigkeiten in allen anderen Evangelien auch finden, müßte praktisch jeder der Autoren sein Buch zuletzt und unter Kenntnis der anderen verfaßt haben, was absolut *unmöglich* ist.

Ein Blick in die hebräische Schöpfungsgeschichte des Alten Testamentes eröffnet dem Beschauer ebenfalls ganz erstaunliche Tatsachen. Der erste Vers im ersten Buch Mose besteht aus *sieben* Worten, die wiederum achtundzwanzig Buchstaben beinhalten = 4 x 7. Jeder hebräischen Buchstabe stellt zugleich auch einen Zahlenwert dar. Für die Worte *Gott, Himmel* und *Erde* aus dem oben genannten Bibelvers ergibt sich ein Zahlenwert von insgesamt *siebenhundertsiebenundsiebzig*. Diese Zahl 777 setzt sich wieder zusammen aus 7 x 111. Die Quersumme von 111 (1 + 1 + 1) ergibt *Drei*. Sie stellt die *Dreieinheit* allen Lebens dar, *Vater, Sohn, heiliger Geist,* oder die drei *Schichten* eines jeden Wesens: *Körper, Seele* und *Geist*.

Als heiligste *Rune* der frühen nordischen Völker ist die *Hagal-Rune* bekannt, deren Symbol ein Sechseck darstellt, das die *Sieben* in sich verbirgt (*verkahlt*). Hier findet sich auch das *dreifache kosmische Kreuz* wieder, dessen Zeichen über jedem Wesen geschlagen wird, wenn der Schöpfer es ins Leben rufen will.

Im gesamten irdischen Lebensbereich tauchen die beiden Zahlen *sieben* und *zwölf* auf. In der Chemie gibt es *sieben* Gruppen von Elementen, die Wertigkeit beträgt maximal *sieben*. Alle Elemente mit einer höheren Ordnungszahl als 84 = 12 x 7 sind *radioaktiv*.

Die Mineralogie unterscheidet *sieben* Kristallsysteme. In der Zoologie ist bekannt, daß Brüte- und Trächtigkeitszeiten immer ein Vielfaches von *sieben* sind. Sämtliche Tier- und Pflanzenrassen der Erde gliedern sich ohne Ausnahme in *sieben* Gattungen, Familien usw.

Eine normale Schwangerschaft beim Menschen dauert in der Regel 280 Tage = 10 x 4 x 7. Der Monatszyklus bei den geschlechtsreifen Frauen wiederholt sich alle 28 Tage = 4 x 7. Die Entwicklungsphasen beim Menschen vollziehen sich im *Siebentakt*.

Das Sternbild der Plejaden ist als das *Siebengestirn* bekannt und gilt nach Überlieferungen des Volksstammes der *Dogon* in Schwarzafrika als die *Wiege* der irdischen Menschheit. Die Menschen dieses Negerstammes zeichnen sich durch eine besonders schwarze Hautfarbe und leuchtend *blaue* Augen aus. Sie bezeichnen sich als die letzten direkten Abkömmlinge jener Göttersöhne, die vom kleinen Begleiter des *Sirius* aus dem Sternbild der Plejaden in grauer Vorzeit zur Erde kamen, um den Erdenmenschen das *Gesetz Gottes* zu lehren. Ihre Stammesgeschichte erzählen die Dogon schon seit *Urzeiten*. Erstaunlich daran ist, daß sie um die exakten Umlaufzeiten der Plejadensterne wußten, lange vor deren Entdeckung durch die moderne Naturwissenschaft.

Bekannt sind die *Siebenmeilenstiefel*, der Tag *Siebenschläfer*, und in vielen Märchen spielt die Zahl *sieben* eine herausragende Rolle. Denn die Autoren wußten um das Geheimnis und versuchten es in ihren Werken in verschleierter Form zu verarbeiten.

Es würde den Rahmen dieses Buches absolut überschreiten, wollte man die Auflistung fortsetzen, denn sie führt in die *Unendlichkeit*. Die gesamte dem Erdenmenschen bekannte Schöpfung ist auf den Zahlen *zwölf* und *sieben* aufgebaut. Um daher einige wichtige Zusammenhänge erkennen und verstehen zu lernen, genügt es vollkommen, das Augenmerk auf die irdischen *Monate, Jahreszeiten* und *Mondphasen* zu richten. Denn sie zeigen dem wachen Beobachter das *Wirken* der *göttlichen Schöpfungsgesetze* und die darin eingebettete unwiderlegbare Tatsache der *geistigen Unsterblichkeit* allen Lebens in nachdrücklicher Deutlichkeit.

Alles irdische Sein wird von Licht und Wärme der *Sonne* genährt und beeinflußt. Von keinem Menschen übersehbar, sind die jahreszeitlichen Rhythmen des Planeten Erde verknüpft mit dem jeweiligen Stand des Tagessterns. Das *Werden, Wachsen* und *Vergehen* im Reich der Pflanzen zeigt dies nachdrücklich auf. Sie sind die noch fest im *materiellen Grund* verwurzelten *Kinder* des *Schöpfers,* deren *geistige Reife* in *Blatt, Blüte* und *Frucht* offenbar wird.

Wenn die Sonne sich in den nördlichen Breiten der Erde hoch zum Firmament aufschwingt und die Zeichen *Krebs, Löwe* und *Jungfrau* durchwandert, dann sprechen die Menschen vom *Sommer,* der lichtvoll und warm allen Wesen *Wohlbehagen* und *Lebenslust* vermittelt. Steigt der strahlende Himmelsstern auf seinem Wege aber hinab und durchschreitet die Zeichen *Steinbock, Wassermann* und *Fische,* dann geht der *Winter* über das Land, lichtlos und kalt. Alles Leben zieht sich in den warmen, schützenden Schoß von *Mutter Erde* zurück, zeigt sich verhalten, in all seinen vitalen Äußerungen auf die gerade noch erforderlichen Notwendigkeiten reduziert. Überall in der Natur scheint das Leben erloschen und tot. Fast alle Pflanzen sehen kahl und abgestorben aus, viele Tiere halten *Winterschlaf*, und die Menschen werden von *depressiven Verstimmungen* überfallen, ohne daß die meisten von ihnen einen Grund dafür angeben könnten.

Zwischen diesen beiden, klimatisch gesehen so extrem gegensätzlichen Jahreszeiten, liegen die auf- und absteigenden Lebensphasen *Frühling* und *Herbst*, klar erkennbar im Ablauf des Pflanzenwachstums. In diesem aber wird den Erdenmenschen schon seit Anbeginn ihrer *Inkarnation* auf diesem Planeten das große *Schöpfungsgesetz* mit der darin unabdingbar eingebundenen *geistigen Unsterblichkeit* allen Lebens seit Jahrzehntausenden unübersehbar aufgezeigt. Daher suchten sie nach einer *Symbolsprache*, die dieses *göttliche Geheimnis* für alle Zeiten unauslöschlich festhielt. Wo anders hätten sie diese für *jeden sichtbare* und doch nur dem wahrhaft *Sehenden* verständlich werdende *geheime Verschlüsselung* finden können, als in den *Jahreszyklen* ihres Heimatsternes Erde selbst?

So entstand aus Beobachtung und Erkenntnis die noch heute in der Astrologie gebräuchliche *Symbolschrift* der einzelnen *Tyrkreiszeichen*, deren wahre Bedeutung den derzeit lebenden Erdenmenschengenerationen fast völlig verloren gegangen ist. In dieser *modernen*, fast ausschließlich auf materiellen Eigennutz ausgerichteten Auslegung geradezu beispielgebend *verstümmelt* und *verfälscht,* führt das *kosmische Wissen* in der Tat ein völlig *unwürdiges,* aber dennoch exakt zu der jetzigen Zeit passendes, die Menschen *irreführendes* Dasein in dieser Welt.

Was Wunder, wenn sich die Erdenvölker nach Jahrtausenden der *Irrung* und *Verwirrung* nun, in der *Morgendämmerung* eines neuen *Weltenjahres,* geradezu verzweifelt auf die *Suche* nach ihrem fast vergessenen *geistig-kosmischen Erbe* begeben haben. Mit diesem Aufbruch in die *neue Zeit* aber geht eine *spirituelle* und *materielle Heilkrise* einher, die den *Lebensraum Terra* nachhaltig und unumkehrbar in allen Bereichen grundlegend verändern wird.

Denn wie in der gesamten Schöpfung im Mikro- und Makrokosmos, so gilt auch global gesehen die gleiche *Gesetzmäßigkeit.* Jeder *Heilung* geht eine, der jeweiligen Ausgangssituation entsprechende, mitunter dramatische *Regenerationsphase* voraus. Je schwerer die *Krankheit,* um so erschütternder und tiefgreifender die jeder angestrebten *Genesung* zwingend vorangestellten *Heilreaktionen* der allem Leben eingepflanzten *Regulationsmechanismen.*

Im Ablauf der irdischen Jahreszeiten für jeden deutlich sichtbar. Die Frühjahrsstürme müssen zuerst alles Eis brechen und den Winter vertreiben, bevor das Licht des Frühlings dem Leben mit all seiner Farbenpracht zur strahlenden Entfaltung verhilft, so, wie es im Buche Hiob, Kap. 37, Vers 21 zu lesen steht: *Jetzt sehen sie das Licht noch nicht, das am Himmel hell leuchtet; wenn aber der Wind darüberweht, dann wird es klar!*

Druiden, Priester, Tempelheiler

> Astrunen kenne, wenn du Arzt
> willst sein und Wunden wissen zu
> heilen. In die Rinde ritze sie und das
> Reis am Baum, wo ostwärts die
> Äste sich wenden.
>
> Edda Sigrdrifumal

Nichts liegt den Menschen dieser Erde seit frühesten Zeiten mehr am Herzen, als ihre *geistige* und *körperliche Gesundheit.* Krankheit wird als Abwesenheit von Gesundheit betrachtet, ebenso wie Gottlosigkeit als die Abwesenheit Gottes. Was aber hat Gott mit der Gesundheit des Menschen zu tun?

Im modernen *chemo-apparativen* Medizinbetrieb dieser Tage offenbar nicht viel, denn alles scheint rein *mechanistisch* mach- und regelbar. Krankheit wird als unerwünschte, möglichst umgehend zu reparierende *Panne* der menschlichen *Körpermaschine* angesehen und entsprechend behandelt. Allein die *letzte* Verantwortung bleibt dem unbekannten und ungeliebten Schöpfer überlassen. Denn wenn der unwissende, hilfesuchende Patient die zum Teil rigorosen Behandlungsmethoden nicht übersteht und stirbt, dann ist es eben *Gottes Wille* gewesen.

Wie anders doch der *Sinngehalt* medizinischer Bemühung und Betreuung früherer Generationen. Für sie war Urgrund und Quelle einer jeden wahren Heilung nur *Gott.* Die Druiden, Priester und Tempelheiler der Erdenvölker vergangener Kulturen sahen ihre eigene Person lediglich als *Mittler* zwischen dem nach Heilung seiner *geistigen* und *körperlichen* Gebrechen suchenden Menschen und seinem Schöpfer. Ihr *Arzttum* war gegründet auf *Liebe, Demut und Weisheit.*

So stellt noch in jüngster Vergangenheit kein Geringerer als der große *Paracelsus* in seinem Buche *Liber Paragranum* an den *wahren Arzt* höchste Anforderungen: *Und setz meinen Grund, den ich hab und aus dem ich schreib auf vier Seul, als in die Philosophey, in die Astronomey, in die Alchimey und in die Tugend!*

Auch *Hildegard von Bingen* kennt alle *Tugenden*, die alleine das *Lebensheil* in sich bergen und nennt sie beim Namen, mitsamt den dazugehörigen *Lastern*, die zum *Unheil* führen. So zählt sie *fünfunddreißig* gegensätzliche Paare menschlicher Eigenschaften und menschlichen Verhaltens auf, die ihm zur *Freude* oder *Traurigkeit* des *Herzens* gereichen. Und die alte Äbtissin läßt keinen Zweifel am inhaltlichen Kernpunkt ihrer *Heilslehre*. Denn sie bekundet mit aller Nachdrücklichkeit, daß alle menschliche *Tugend* allein in der uneingeschränkten *Liebe* zu seinem *Schöpfer* gefunden werden kann. Aus dieser wiederum entsteht jene *Demut* aller *Schöpfung* gegenüber, deren es zwingend bedarf, um *göttliche Weisheit* erlangen zu können, denn nur so wird der Mensch wahrhaft *geheiligt*. Mit inhaltsschweren Worten warnt sie jeden, diese Tatsachen nicht zu *beherzigen: Wenn der Mensch die Lebenskraft der Tugenden aufgibt und sich der Dürre seiner Nachläs-*

sigkeit überläßt, so daß ihm der Lebenssaft und die Kraft guter Werke fehlen, dann beginnen auch die Kräfte seiner Seele selbst zu schwinden!

Klare Worte der großen Mystikerin, denn wenn die *Seelenkräfte* schwinden, naht die *spirituelle Erstarrung*, der schon bald *äußere Krankheit* und *körperlicher Tod* folgen. Deutlich zu erkennen an den Augen des betreffenden Menschen. In *Ursachen und Behandlung der Krankheiten* schreibt *Hildegard*: *Wenn ein Mensch körperlich gesund ist, wenn er klare, helle Augen hat, gleichgültig, von welcher Farbe, so besitzt er das Zeichen des Lebens. Solch ein Mensch wird leben und nicht bald sterben. Mächtig ist nämlich der Ausdruck der Seele in den Augen dieses Menschen, wenn seine Augen klar und durchsichtig sind, weil die Seele kraftvoll in seinem Körper wohnt, damit sie viele Werke in ihm vollbringe. Denn die Augen des Menschen sind die Fenster der Seele. Wer dagegen trübe Augen hat, der führt das Zeichen des Todes. Im Blick der Augen eines derartigen Menschen ist nämlich die Seele nicht kräftig, weil sie nur noch wenig schaffen wird und gewissermaßen von den Wolken verhüllt dasitzt, wie ein Mann, der überlegt und im Zweifel darüber ist, wann er seine Stätte verlassen und aus seinem Hause heraustreten soll.*

Kraft gewinnt die Seele aber nur aus der uneingeschränkten *Liebe* zu *Gott* und seiner *Schöpfung*. Denn daraus entspringt alle erforderliche *Tugend*, die besonders dem Menschen im *Heilberufe* zu eigen sein muß, denn es handelt sich wahrhaft um eine *Berufung*. Dies stellt *Hildegard von Bingen* lange vor *Paracelsus* in ihrer *Scivias* klar, wenn sie sagt: *Wer nach Erkenntnis deshalb strebt, um dadurch meinen Willen und nicht sich selbst einen Wunsch zu erfüllen, der wird bei mir für seinen guten Willen Ehre als Lohn erhalten, spricht der Herr. Wenn ein redlicher Mensch den Armen mit seiner Substanz aus Liebe zu mir beispringt, hat er meine Gebote erfüllt, weil er meinem Namen zu Ehren dem Bedürftigen sein Mitleid zuwendet!*

Aus dieser Erkenntnis heraus haben die frühen *Heiler* ihren Beruf ausgeübt. Daher auch ihre vorgenannten grundsätzlichen Forderungen an die *innere Grundhaltung* des medizinisch tätigen Menschen. So wird auch verständlich, was *Paracelsus* mit seinen vier *Säulen* verstanden wissen will, auf der jedes *wahre Arzttum* ruhen sollte.

In der Natur zeigt sich die *Philosophie*, und die *Philosophie* in der *unsichtbaren* Natur. Es ist also die Kenntnis aller *spirituellen Naturkräfte* gemeint und ihrer *Entsprechungen* in der *oberen* und *unteren Sphaer* (Makro- und Mikrokosmos).

Astronomie und *Philosophie* sind im *paracelsischen Sinne* untrennbar miteinander verbunden und bilden inhaltlich die beiden Seiten einer Medaille, die eher mit dem Begriffe *Astrologie* zu umschreiben wäre. Denn er verstand darunter die *inneren* Wirkkräfte der *Gestirne* auf das *menschliche Befinden*.

Die *Alchemie* des großen Arztes erschöpfte sich nicht allein in seiner Kenntnis um die *äußere, chemische* Zusammensetzung aller in der Natur vorkommenden Stoffe, sondern führt sehr viel tiefer in ihren *geistigen Gehalt*, die *kosmische Signatur* oder *Prägung*. Denn aus ihr allein entsprang das wirksame *Arcanum*, die *geheime Arznei*, deren Ergebnis jede *wahre Heilung* ist.

Als vierte tragende Säule aller ärztlichen *Heilkunst* wurde die *Tugend* benannt und bereits besprochen, denn sie stellt in Wahrheit den wichtigsten Aspekt dar. Ohne sie ist *wahres* Arzttum niemals möglich, eröffnen sich die ursächlichen *spirituellen Hintergründe* der Schöpfung doch nur dem wahrhaft *Demütigen*. Und in der Tat zeigt ein Blick in die Geschichte, daß alle wirklich namhaften Ärzte und Heiler gleichzeitig auch *Mystiker* waren, deren einziges *Lebensziel* darin bestand, in zutiefst demütiger *Bescheidenheit* und *Dankbarkeit* der Stimme des *Schöpfers* in der Natur zu lauschen, um so zur *inneren Erkenntnis* zu gelangen, die sie ihren hilfesuchenden Mitmenschen weiterzugeben suchten.

So war die *Medizin* der frühen Völker nicht verkümmert zu den heute in aller Regel üblichen *unsensiblen*, rein *grobstofflichen* Versuchen, die *äußere Körpermechanik* unter Einsatz von chemischen *Gewaltmaßnahmen* zu beeinflussen, sondern in Wahrheit Ausdruck ihrer in *kosmischer Ganz- und Zugehörigkeit* empfundenen *Religion*. Aus jener *Erkenntnis* der *schöpferischen Gesetzmäßigkeiten* im gesamten Universum und dieser *geistigen Grund-*

haltung heraus, konnte wirkliche *Heilung* aller menschlichen Gebrechen somit nur unter Berücksichtigung aller Kriterien vorgenommen werden und wurde gleichsam zum *Gottesdienst*. Denn dies ist der wahre Sinn allen ärztlichen Tuns, die *spirituell-segensreiche Handlung* am aus seinem harmonischen Gleichgewicht geratenen *göttlichen Innenwesen* des Menschen. So ist der wahrhaftige *Dienst* an *Gott* zu verstehen, da ja der *Mensch* in der *Mitte Gottes* lebt und *Gott* in der *Mitte* des *Menschen*, wie *Hildegard von Bingen* dies auszudrücken pflegte. Alle *Heilmaßnahmen* waren eine *sakrale Handlung* und wurden ausschließlich an *geweihten Orten der Kraft*, zu ganz bestimmten *Zeiten*, oft unter Teilnahme der gesamten *Sippe* oder *Volksgruppe* vorgenommen.

Aus frühen Überlieferungen ist zu entnehmen, daß Druiden, Priester und Tempelheiler in jenen Zeiten ein sehr hohes Lebensalter erreichten und so gut wie niemals von irgendwelchen Krankheiten heimgesucht wurden. Eine sicher erstaunliche Tatsache, denn die durchschnittliche Lebenserwartung der Bevölkerung betrug damals etwa fünfunddreißig Jahre, während jene *Weisen* in der Regel mehr als doppelt so alt wurden. Ganz gleich, welche der großen Kulturen des Altertums dabei einer genaueren Betrachtung unterzogen wird. Ob China, Indien, Babylonien (Persien), Ägypten, Peru, Mexiko, die *Priesterheiler* dieser Völker wurden deutlich älter als ihre übrigen Zeitgenossen. Sie erreichten zwar nicht jenes *biblische Alter* von mehreren hundert Jahren eines Methusalem, übertrafen aber immerhin ihre Mitmenschen um Jahrzehnte, noch dazu bei offensichtlich bester *geistiger* und *körperlicher Gesundheit*.

Dies wirft natürlich ganz zwangsläufig die Frage auf, wie solches möglich gewesen sein konnte? Verfügten die frühen *Heil-Kundigen* über ein so umfassendes medizinisches Wissen, daß ihnen kein *Geheimnis* verborgen bleiben konnte? Kannten sie unter Umständen ganz spezielle *Kräutermischungen*, deren nur sie selbst sich bedienten, ohne diese der Mitwelt offenbar und zugänglich werden zu lassen? Oder ist alles lediglich reine *Legende*?

Das Letztere ist sicher kaum zutreffend, denn dazu sind die Überlieferungen und Hinweise zu groß an Zahl. Vielmehr erscheint das heutige Verständnis der Begriffe *krank* und *gesund*, oder *jung* und *alt* einer völlig *mißverstandenen medizinisch-menschlichen Philosophie* zu entspringen. Die Priesterheiler der Frühzeit sahen in *Gesundheit* und *Alter* keinen *Selbstzweck*, denn sie erkannten im *körperlichen Sein* ihres *Wesens* die *materielle Basis* als Teil der Gesamtheit ihres momentanen *Daseinszustandes* und nutzten die darin zur Verfügung stehende Zeit, um sich *spirituell* weiter zu entwickeln und *auf dem Weg* zu bleiben. *Gesundheit*, in der Regel auch damit verbundenes, relativ *hohes Alter*, waren die äußeren Merkmale ihres *Freiseins* von *emotional-geistigen Abhängig- keiten* in dieser materiellen Welt und entsprangen ihrer daraus resultierenden Lebensphilosophie, die uneingeschränkt in die *Tat* umgesetzt wurde. Sie füllten sozusagen die jedem auf der stofflichen Ebene *inkarnierten* Wesen ganz zwangsläufig begrenzte Dauer dieses *Lebensbereiches* maximal aus, zu ihrer *ganzheitlichen* Entwicklung. Damit gaben sie ihrem Leben *Inhalt* und *Sinn*, solange, bis der ganz *naturgemäß* schwächer werdende (alternde) Körper ihr sich auf *spirituell-evolutionärem Wege* befindliches *inneres Wesen* nicht mehr beherbergen konnte. An dieser jeweiligen *Maximalgrenze* angekommen, gab ihr inzwischen weiterentwickeltes *geistiges Sein* den *Stoffleib* auf, um einer weiteren *Inkarnation* entgegenzueilen.

Die heute lebenden Menschengenerationen blicken mit großer Verwunderung zurück in die Geschichte und richten ihr ganzes Augenmerk auf nichts anderes, als ebenso alt zu werden wie die frühen *Priesterheiler* der vergangenen Hochkulturen. Dabei vergessen sie völlig, ihrem Leben einen *real-geistigen Inhalt* zu geben, denn die ganze Aufmerksamkeit ist nach *außen* gerichtet. In allen Bereichen, ganz besonders aber in der Medizin, wird ein scheinbar undurchdringliches *pharmazeutisches Kunstgebilde* errichtet, das angeblich alle möglichen Probleme vorhersehbar und rein *mechanistisch* als lösbar erscheinen läßt. Dennoch mehren sich *Krankheiten* und *Kranke* immer mehr, ebenso wie die Anzahl jener Menschen ständig steigt, die in relativ *jungen Jahren*, nach *schwerem Leiden*, diesen Erdenplan verlassen müssen.

Denn die Menschen dieses nun erdgeschichtlich gesehen versinkenden Zeitalters suchten bisher *Heil* und *Hei-*

lung mehr in den *physischen Scheinhilfen* glänzender *chemischer Formeln,* als in den *psychischen Substanzen* ihrer vom Schöpfer gegebenen entfernten *bio-logischen Verwandten.* Im frühen morgendlichen Dämmerschein der am Horizont heraufziehenden großen Weltenwende, beginnt sich das Bewußtsein der irdischen Menschheit nun langsam global zu verändern. In allen Völkern dieses Planeten erwachen schon seit geraumer Zeit immer mehr Menschen in scheinbar geheimnisvoller Weise zu einem *neuen Denken.* Sie beginnen die Botschaft eines *fundamentalen Schöpfungsgesetzes* zu verstehen, das ihnen Vergangenheit und Gegenwart menschlicher Kultur in geradezu *dramatischer Eindringlichkeit* vor Augen führt: *Jeder Organismus, der nur noch an das eigene äußere Überleben denkt, seine eigenen spirituellen Wurzeln ebenso mißachtet, wie die der übrigen Schöpfung, zerstört ganz zwangsläufig alle Lebensgrundlagen!*

Leben kann niemals künstlich erschaffen, oder auf Dauer erhalten werden. Denn es setzt grundsätzlich *Lebendigkeit* voraus. Alle äußeren Erscheinungsformen sind von einem *kosmischen Geistfunken* belebt und daher *lebendige Organismen,* deren *natürliche Vitalität* ausschließlich dementsprechend erhalten werden kann. Ausgenommen ist davon der Prozeß des *natürlichen Alterns.*

Bei Jeremia, Kap. 46, Vers 11, steht zu lesen: *Es ist umsonst, daß du soviel arzneiest; du wirst doch nicht heil!*

Und der große *Gautama Buddha* sagte: *Ihr, die ihr leidet, wisset: Ihr leidet durch euch selbst. Niemand zwingt euch dazu, daß ihr leidet. Auch Befreiung vom Leiden kommt nur aus euch selbst.*

Die frühen *Priester-Heiler* hatten diese Zusammenhänge erkannt. Es war ihnen bewußt, daß Arzneien, auch die sogenannten *bio-logischen*, denn andere standen ihnen nicht zur Verfügung, lediglich mittelbar den Heilungsprozeß anregen konnten. Entscheidend allein für die wahre *Heilung* sind *Geisteshaltung* des hilfesuchenden Menschen und die *spirituelle Substanz* des zum Einsatz kommenden, *naturgegebenen Medikamentes*. Beide müssen, um den angestrebten Erfolg zu zeitigen, in ihrer *kosmischen Signatur* zusammenpassen. Daher gilt für den *wahren Therapeuten* uneingeschränkt an erster Stelle das Wort des großen *Hippokrates*: *Zuerst heile die Seele!*

So steht der Erdenmenschheit in diesen Tagen der *Not-Wende* in allen Lebensbereichen, nicht zuletzt auch im medizinischen Sektor, eine entscheidende Veränderung bevor. Ganz im Sinne jener großartigen Tradition der frühen *Heil-Priester*, von denen viele *weiblichen Geschlechtes* waren, und deren *kosmischer Weisheit,* wird wirkliche *Heilung* in Zukunft im Bewußtsein der Menschen wieder zum *Gottesdienst* werden, dessen allererste Aufgabe es ist, das *geistige Licht* des *Schöpfers* in den Menschenseelen zu entfachen.

Dies hat auch *Jesus* gelehrt, der ja einer der größten *Heiler* gewesen ist, die bisher auf dieser Erde lebten. Denn in der Bergpredigt, im Evangelium des Matthäus, Kap. 5, Verse 14 - 16, ruft er seinen Mitmenschen zu: *Ihr seid das Licht der Welt. Es kann die Stadt, die auf dem Berge liegt, nicht verborgen sein. Man zündet auch nicht ein Licht an und setzt es unter einen Scheffel, sondern auf einen Leuchter, so leuchtet es denn allen, die im Hause sind. Also lasset euer Licht leuchten vor den Leuten, daß sie eure guten Werke sehen und euren Vater im Himmel preisen.*

Gott ist der *Urgrund* allen *Heils*. Nur im unvoreingenommenen Glauben an die *Weisheit* des *Schöpfers* können die Menschen an *Geist* und *Körper* gesunden und wahrhaft *geheilt* werden. Davon sprechen schon zu allen Zeiten die großen *Mystiker* der Völker.

Dies setzt voraus, daß die Erdenmenschen sich ständig um *Erkenntnis* des *allumfassenden Mysteriums Gottes* bemühen, und so das *Geheimnis* ihres eigenen Lebens in der gesamten *Schöpfung* verstehen lernen. Das ist die *Aufgabe* jeden *Seins*.

Denn *Gott*, seine *Schöpfung* und alle in dieser *lebendigen Wesen*, wünschen nichts mehr, als daß sie in ihrer Gesamtheit *verehrt*, *geachtet*, vor allem aber *geliebt* werden. Nur dann kann wirkliche *Harmonie* entstehen und das *Wunder* wahrer *Heilung* geschehen.

So offenbart sich das für alles *Heilbringen* und *Heilsein* wesentlichste *Geheimnis* der frühen *Tempel-Heiligen* für jeden Menschen deutlich sichtbar in jenem einen Satz, den der Apostel *Paulus* im 1. Brief an die Korinther, Kap. 13, Vers 13 geschrieben hat: *Nun aber bleiben Glaube,*

Hoffnung, Liebe, diese drei; aber die Liebe ist die größte unter ihnen!

Der heilende Geist

> Einem wird gegeben durch den Geist, zu reden von der Weisheit; dem anderen wird gegeben, zu reden von der Erkenntnis nach demselben Geist; einem anderen der Glaube in demselben Geist; einem andern die Gabe, zu heilen in demselben Geist.
> 1. Korinther, Kap. 12, Verse 8 und 9

Die irdischen Völker des zu Ende gehenden *kosmischen Weltenjahres* leiden in allen Ebenen ihres Daseins, und mit ihnen die *gesamte Schöpfung*, wie die *äußeren Bedingungen* der *Lebensbereiche* des Planeten Erde für jeden deutlich sicht-, aber inzwischen auch spürbar in aller Eindringlichkeit offenbaren. Materielle Sorgen, seelische Belastungen, Depressionen, Ängste, Krankheiten, Schmerzen, sie alle führen zu globaler Unzufriedenheit inzwischen fast aller Erdenvölker. Hilflose Wut, Unbeherrschtheiten und letztendlich Krieg sind in vielen Ländern des Planeten Terra an der Tagesordnung, um die *egoistisch-stofflichen Ziele* gewaltsam durchzusetzen. Denn die Menschen dieses Zeitalters haben sich ihrer *spirituellen Wurzeln* entledigt und ihr *kosmisches Erbe* einem *materiellen Trugbild* geopfert. Jene schillernde *Maya* aber, diese *äußere Illusion,* hat sie in ihrem *innersten Wesen* zutiefst *gekränkt* und jeder *Harmonie* beraubt. Das vermeintliche *Glück*, dem sie hinterhergejagt sind, birgt offenkundig alles *Unheil* dieser Welt in sich und scheint für immer verloren.

Der große *Sigmund Freud* schrieb einmal, daß alle Fehler und mißlichen Dinge, die dem Menschen widerfahren, von seinem *Unterbewußtsein* und *Gedankenleben* bestimmt werden. Wenn dem so ist, und entsprechende Untersuchungen haben es bestätigt, dann trifft dies aber *logischerweise* nicht nur auf die *negativen* Ereignisse menschlicher Existenz zu, sondern insbesondere auch auf alle denkbaren *positiven Glaubens-Wunschvorstellungsmöglichkeiten*. Denn der dem menschlichen Wesen innewohnenden, alles *äußere* Geschehen ver-*ursachenden göttlich-spirituellen Potenz* ist bereits seit *Erschaffung* des ersten *Adam* absolute *Vollkommenheit* und *Macht* mitgegeben, die ihm schon heute, entsprechend seiner individuellen *Evolutionsreife*, nichts unmöglich werden läßt, wenn er sich dessen *bewußt* wird.

Deutliche Worte zu dieser *ewigen Wahrheit* spricht der Apostel Paulus in seinem ersten Brief an die Korinther, Kap. 3, Verse 16 und 17: *Wisset ihr nicht, daß ihr Gottes Tempel seid und der Geist Gottes in euch wohnt? So jemand den Tempel Gottes verderbt, den wird Gott verderben; denn der Tempel Gottes ist heilig, - der seid ihr!*

Inhaltsschwere Worte, des durch das berühmte *Damaskuserlebnis* geläuterten Bibelmannes. Sie künden nicht nur von der unumstößlichen Wahrheit, daß Gottes Geist in jedem Menschen *Wohnung* hat, sondern zeigen auch in aller

Klarheit die Bedeutung dieser *Erkenntnis* auf. Denn Paulus spricht vom *Tempel*, in dem der *göttliche Geistfunke* des Menschen lebt. Er meint damit den *materiellen Körper*, der unter keinen Umständen *verunreinigt* werden darf, wenn dies nicht äußerst dramatische Folgen für den Einzelnen nach sich ziehen soll. Im Evangelium des Johannes, Kap. 2, Vers 21, wird berichtet, daß sich auch Jesus in diesem Zusammenhang ähnlich äußerte: *Er sprach vom Tempel seines Leibes!*

Im Verlaufe des nun unaufhaltsam heraufziehenden neuen *kosmischen Sonnenjahres* werden die Erdenvölker nicht nur alle anderen, sichtbar vor ihren Augen ablaufenden globalen Veränderungen erleben, sondern deutlich spürbar *höhere Bewußtseinsebenen* betreten. Es findet sozusagen ein *geistiger Evolutionssprung* statt, der den Menschen weitere, bisher noch nicht ausgeschöpfte *Gehirnkapazitäten* nutzbar macht. Eine *spirituelle Mutation*, deren wahrhaftiges Ausmaß bislang nur von wenigen Zeitgenossen erahnt wird, die aber in ihrer *tatsächlichen* Auswirkung schon bald die gesamte nähere Zukunft dieses Planeten bestimmt. Denn was anderes ist eine *Tatsache*, als eine *Sache* der *Tat*, und diese wird unabdingbar durch *bewußtes Denken* gestaltet.

Insbesondere im medizinischen Bereich werden sich den kommenden Generationen die allen geschaffenen Wesen innewohnenden, jeden *Lebensprozeß* lenkenden und bestimmenden *spirituellen Kräfte* des Menschen offenbaren. Die praktische Nutzbarmachung dieser *potentiellen*

Energien zeichnet sich schon in den heutigen Tagen immer wieder durch Bekanntwerdung einzelner, für den derzeitigen *rationalen* menschlichen Verstand scheinbar an *Wunder* grenzender *Heilungsergebnisse* ab und eröffnet geradezu unvorstellbare Zukunftsaussichten, die aber in der Vergangenheit offenbar als alltägliche *Realität* keine Besonderheit darstellten.

Denn kein Geringerer als *Jesus*, den die Erdenmenschen nicht zu Unrecht auch als großen *Heiler* anerkennen, wartete in der jüngeren Geschichte mit solch scheinbaren *Wunderheilungen* auf. Dabei versäumte er es nie, darauf hinzuweisen, daß es im eigentlichen Sinne allein *Glaube* und *Liebe* sind, denen die regenerierende *Kraft* und *Macht* des wahren *Heilwerdens* innewohnt. Glauben bleibt aber Sache des in jedem Wesen wirkenden *geistigen Gottesfunkens*, dem letztendlich nichts unmöglich ist, wenn im *rechten* Maße um Hilfe *gebeten* wird. Daher ruft *Christus* bei Markus, Kap. 11, Vers 24, seinen Mitmenschen auch zu: *Alles, was ihr bittet in eurem Gebet, glaubet nur, daß ihrs empfangen werdet, so wirds euch werden!*

Die Quelle jeder *Heilwerdung* befindet sich also im *göttlichen Wesenskern* des Menschen selbst. Es bedarf lediglich der das wahre *Sein* erkennenden, unerschütterlich dieser *Tat-Sache* vertrauenden *inneren Bewußtmachung* jener machtvollen *spirituellen Befähigung*, um den Strom zum Fließen zu bringen. Dann wird aus dem blinden, mühevollen Ringen um *Gesundung* die leuchtende *Gabe Gottes* der *Heilung*.

Dieses Ziel zu erreichen, bedarf es der bevorstehenden großen globalen *Verwandlung*, die jedem einzelnen Erdenbewohner ein hohes Maß an Mut zur *Selbsterfahrung* abverlangt. Denn es setzt unzweifelhaft die *Erkenntnis* voraus, daß alles menschliche *Denken* und *Tun* umwoben sein muß von einem *harmonischen* Strahlenkranz des *Friedens* und der *Liebe*. Gegenüber den Menschen selbst, und allen anderen Wesen, mit denen sie ihr irdisches *Dasein* teilen. Gerade als diese Zeilen geschrieben werden, taucht eine *neue Erkenntnis* aus einem interdisziplinären Forschungszweig, der PNI (Psycho-Neuro-Immunologie) auf, die aus der oben erwähnten und schon zu allen Zeiten von den *Weisen* der Völker dieses Planeten aufgestellten *Hypothese*, daß die *geistig-seelische* Verfassung des Menschen einen direkten, weil *ursächlichen* Einfluß auf sein körperliches Befinden hat, eine *unumstößliche* Tatsache macht. Dr. Hans Grünn faßt sie in zwei markanten Sätzen zusammen: *Das Immunsystem (körpereigene Abwehr- und Regulationsmechanismen) ist glücklich, wenn wir glücklich sind, und trauert, wenn wir trauern. Das Programm im Kopf (Geist) wirkt sich auf unseren Gesundheitszustand aus!*

Die *Liebe* gilt als *Gesetz* und gleichzeitig *Träger* allen Lebens. Sie ist *Ursache* aller geschaffenen *Existenz*. Ihre *spirituelle Potenz* wird in jeden *Samen* gelegt und reift so der *Neugeburt* entgegen. In ihr offenbart sich der *Schöp-*

fergeist in seiner höchsten Vollendung, wird jeder einzelne Mensch zum *Werkzeug* seines *Gottes* und erfährt aus diesem Geschehen heraus seine wahre *innere* und *äußere Heiligung*.

Jede Erscheinung in der materiellen Lebensebene ist die *Verstofflichung* eines vorangegangenen *Gedankens*. Diese unumstößliche Wahrheit war den *Weisen* der alten Kulturvölker bekannt und gilt in ganz besonderem Maße auch für die *Krankheitszustände* des Menschen. Daher bedienten sie sich zuerst der *geistigen* Kräfte, um Heilung zu erzielen, bevor auf materielle Heilmittel zurückgegriffen wurde. Denn alle in Frage kommende stoffliche Substanz, diente lediglich als *Krücke* oder *Hilfsmittel*, deren *innere Heilfähigkeit* sich der Therapeut zwecks Beschleunigung des Gesundungsprozesses seines Patienten nutzbar zu machen suchte.

So wurden alle Arzneien genauestens nach den *kosmischen Gesetzmäßigkeiten* ausgewählt und zum Einsatz gebracht. Denn es war den frühen *Tempelheilern* wohl bekannt, daß medizinische Hilfe nur sehr unvollkommen aus dem *stofflichen Leib* der Medizin zu erwarten war, sondern alle *Heilwerdung* ausschließlich von dem *harmonischen Zusammenspiel* der *spirituellen Potenzen* zwischen Patient und *passend* gewähltem *Arcanum* abhing.

Dies zu verstehen, setzt das volle Erwachen des *geistigen Wesens* im Menschen voraus. Nur durch die bedingungslose *Anerkennung* der *göttlich-spirituellen Kräfte*, die aller Schöpfung zugrunde liegen, ist es möglich, sie zur *segensreichen* Entfaltung und Nutzbarmachung zu bringen.

Jedes Leben ist im innersten Wesenskern reiner *Geist*. Die Erkenntnis dieser ewigen *Wahrheit* zeigt sich in *Moral* und *Ethik* des Erdenmenschen, die ganz besonders in den medizinischen Systemen der einzelnen Völker ihren Ausdruck finden.

Um zum *geistigen Bewußtsein* zu gelangen, damit die *göttlichen Kräfte* sich entfalten können, sind Voraussetzungen erforderlich, ohne deren Erfüllung dies nicht möglich ist. Denn jede wirkliche *Heilung* ist ein *Liebesdienst* und bedarf daher einer reinen *Herzenshaltung* gegenüber *allem* Leben. Andernfalls *verkümmert* jedwede Therapie zum erfolglosen, scheinbar nicht endenwollenden und für den betroffenen Patienten oft äußerst leidvollen *Herumarzneien*.

Die Fähigkeit, *Heilung* erlangen oder vermitteln zu können, stammt von *Gott*. Da dieser *Gott* aber reiner *Geist* ist, der alle *Wesen* ausnahmslos *belebt*, auch den *Menschen*, wird offenkundig, daß alle *Macht* und *Kraft* zur *Gesundung* den *lebendigen Seelen* in der Schöpfung auf dem endlosen Weg ihrer *Evolutionsspirale* bereits mitgegeben ist. Dieser *Tatsache* werden sich die Erdenvölker nun in immer fortschreitendem Maße bewußt und bringen damit die *mächtigsten Heilkräfte* zur Entfaltung, deren sie sich bedienen können. Denn die Ereignisse der Zeit bringen unweigerlich viele Menschen ihrem *wahren* Gott wieder näher.

Gerade diese nicht nur lediglich äußerlich geglaubte, von daher kaum *überzeugte,* sondern auch im tiefsten Innern *gefühlte* und *erlebte Gottesnähe* verwandelt den angeblich *nichtwissenden Glauben* in die *weise Gewißheit,* deren sich die frühen Priesterheiler und Mystiker *bewußt* waren. Aus ihr allein erwächst dem menschlichen Wesen jene gewaltige *Heilkraft,* die im *Geist* des *Lebens* ihre Heimat hat und selbst den härtesten Kern des *Leidens* zu zerbrechen vermag. So wird der einzelne Mensch zum Werkzeug *göttlicher Herzenswärme* und zu einer *Quelle strahlenden Lichtes,* das jede *äußere* Dunkelheit vertreibt, ganz gleich, wohin er sich auch wendet.

Um dieses Ziel zu erreichen, bedarf es keiner großartiger *äußerer* Anstrengungen, oder gar körperlicher *Kasteiungen,* wie sie zum Teil auch heute noch üblich sind. Es genügt, wenn der Mensch sich in die *demütige Stille* seines *Herzens* zurückzieht, um dort, im *Verborgenen* den *Vater* zu bitten: *Und dein Vater, der in das Verborgene sieht, wird dirs vergelten öffentlich!* Matthäus, Kap. 6, Vers 6.

Jesus, der wohl größte *Heiler*, hat so gelehrt. Ihm war nichts unmöglich. Selbst über Entfernungen hinweg brachte er *Gesundung* und *Trost*. Er kannte das Geheimnis um die *heiligen Gesetze* des Schöpfers und den Weg, der den Erdenmenschen zu ihrer *Erkenntnis* führt. Er wußte, daß der Mensch als ein in Wahrheit *geistiges Wesen* aus dem unendlichen kosmischen *Meer* des Lebens hervorgeht und in unzähligen *äußeren Daseinszuständen* einem *immerwährenden spirituellen Wachstum* unterworfen ist.

Die Gesetze der *Lebensevolution* lassen einen *Stillstand* nicht zu, denn sie sind nicht auf *statisches Beharren*, sondern *dynamische Fortentwicklung* ausgelegt. Daher bleiben alle *Wesen* ihrem ganz individuellen *Kampf ums Dasein* unterworfen, in dessen Verlaufe es gilt *Sorgen, Krankheiten* und *Widerstände* zu überwinden. Nur durch deren *mutige* Bewältigung gelangt der Mensch zur Erkenntnis seiner wahren *geistigen* Größe und Macht.

Somit wird deutlich, daß jede *Heilwerdung* nur aus der *Überwindung* von Schwierigkeiten entstehen kann. Jeglicher Herausforderung ausweichen zu wollen, den *Wettbewerb* des *Lebens* fürchten, ihn *meiden* und *verdrängen*, ist im Sinne der zwingenden *spirituellen Evolutionsgesetze* gleichbedeutend mit *Stillstand* und *Rückschritt*. Nichts führt letztendlich in eine tiefere Niederlage, als einer *vermeintlichen* Gefahr *davonlaufen* zu wollen. Denn ein erlittener Fehlschlag ist nicht die *Schuld* einer uneinsichtigen, vermeintlich rücksichtslosen Um- und Mitwelt, sondern immer *Auswirkung* der *selbstverursachten* Mißachtung *geistiger Schöpfungsgesetze*. Dies erkennen, mit der neu gewonnenen *Gewißheit* mutig voranzuschreiten, alle auftretenden Hindernisse überwinden, bedeutet die im Menschen schlummernden *heiligsten Kräfte* zur Entfaltung zu bringen.

Im Verlaufe der großen *Weltenwende* erwächst den Erdenvölkern nun ein neues, umfassendes *Gesundheitsbe-*

wußtsein, dessen *spirituelle Dynamik* dem Menschen seine tiefe innere Verbundenheit mit dem *Schöpfergeiste* vergegenwärtigt. Gleichermaßen werden *Lebensangst* und *Krankheitsfurcht* ihren Schrecken verlieren, dafür aber *Schaffensfreude, Leistungsvermögen* und *Bereitschaft* in zunehmendem Maße deren Stelle einnehmen.

Unheil, Unglück und Krankheit sind veräußerlichte Manifestationen einer *geistigen Absonderung* von der *göttlich-kosmischen* Harmonie. Diese *gedankliche* Absonderung wirkt sich nicht nur im Zusammenhang mit der *mentalen Fehlinformation* eines *Einzelwesens* aus, sondern nimmt zu ganz bestimmten Zeiten im Ablauf der *universellen Entwicklungsphasen* kollektiven Charakter an, der ganze Völker, ja die gesamte Erdenmenschheit erfaßt. Die aus solchem Geschehen resultierenden *materiellen Erschütterungen,* leiten ganz zwangsläufig die *Not-Wende* der erforderlichen *spirituellen Heilkrise* ein.

Denn kein in der geistigen Welt vorgebildeter Gedanke ist so endgültig, daß er nicht wieder verändert werden könnte, und damit auch seine *verstofflichten* Folgen. Somit wird deutlich, daß *körperliche* Krankheit als *notwend(e)ige* Information anzusehen ist, die *statisch- mentale Struktur* der *kränkenden Idee* aufzuspüren und durch *dynamisch-evolutionäre Denkweise* zu ersetzen. Die sich in der stofflichen Welt darstellenden engen *Wirkbeziehungen* zwischen Menschen, ihren Krankheiten und Heilmitteln sind nicht materieller Natur, sondern in ihren vielgestaltigen Zusammenhängen Ausdruck rein *geistiger Potenzen*.

Diese Tatsache war den großen *Heilern* bekannt, unter denen *Jesus* die herausragendste Persönlichkeit darstellt. Für ihn gab es keine *unheilbaren* Leiden. In seinem Denken stellte Krankheit keine wirkliche *Macht* dar, deren entmutigende Bedrohlichkeit einen Menschen verzweifeln lassen mußte. Er wußte, daß alles Leid aus dem *Geiste* kommt und daher auch durch diesen, in Verbindung mit einem unerschütterlichen *Glauben,* wieder beseitigt wird.

Damals wie heute sind die Menschen aber immer noch nicht in der Lage, sich diese Erkenntnis vertrauensvoll anzueignen. Daher sagte Christus auch bei Matthäus, Kap. 22, Vers 14: *Denn viele sind berufen, aber wenige sind auserwählt.*

Denn der wahre *heilende* Glaube erschöpft sich nicht in einem von der jeweiligen Religionsgemeinschaft vorgegebenen *Lippengebet,* sondern erwächst aus dem *stillen Herzensgespräch* mit dem Schöpfer und offenbart sich in einer umfassenden *Tat-Liebe* zu allen Wesen. Dessen waren sich alle Mystiker der Menschheit bewußt und richteten ihre Lebensgewohnheiten danach ein. Sie zeichneten sich insbesondere durch Bescheidenheit und *unblutige* Ernährungsweise aus. Dies bedeutete nicht *Verzicht* im Sinne von *Askese* oder *Resignation*, sondern höchstes *Heils-* und *Glücksempfinden*, das ihnen aus der *göttlich-harmonischen spirituellen Einheit* mit allem Leben ihre *dynamisch-evolutionäre Heilfähigkeit* verlieh. Dies ist das

Geheimnis einer jeden *Heiligung*, denn sie kann nur erfolgen, wenn die *geistigen Liebesgesetze* aller Schöpfung erkannt, verstanden und durch unablässiges *Tätigsein* verwirklicht werden. Aus diesem *Wissen* heraus sagte auch *Jesus* bei Matthäus, Kap. 25, Vers 40: *Wahrlich ich sage euch: Was ihr getan habt einem unter diesen meinen geringsten Brüdern, das habt ihr mir getan!*

Er verdeutlichte damit die im gesamten *Universum* dynamisch wirkende *geistige Gesetzmäßigkeit* von *Ursache* und *Wirkung*. Alles *Denken* veranschaulicht sich in der stofflichen Welt durch sichtbare *Verwirklichung*. Da aber vom *Mikro-* bis zum *Makrokosmos* eine ständige, bis in alle Ewigkeiten niemals endende *spirituelle Kommunikation* untereinander stattfindet, muß im *Guten* wie im *Bösen* jeder Gedanke ähnlich einem hundertfachen *Echo* zu seinem *Ursacher* zurückfinden und die entsprechenden *materiellen Reaktionen* hervorrufen, denn: *Was sie säen, das werden sie ernten!*

Auch der große *Paracelsus* äußerte sich in gleicher Weise: *Zweifelt niemals an Gott, unserem höchsten Arzt. So wir ihn und den Nächsten lieben, so wird er uns alles zugestehen, dessen wir bedürfen. Wenn wir aber müßig sind und der Liebe vergessen, so wird uns auch das genommen, was wir zu haben glauben.*

Die *Erkenntnis* dieser *ewigen Wahrheit* wird alle Erdenmenschen in dem nun heraufdämmernden *Weltenmonat* des *Water-Man* wahrhaftig *frei* machen von ihren rein *stofflichen Denkzwängen* und ihnen durch ein tiefempfundenes *Liebesgefühl* der *universellen Zusammengehörigkeit* mit allen Lebewesen die unbegrenzte und *all-mächtige Stärke* des *heil(ig)enden Geistes* offenbaren. Wie es bei *Lukas*, Kap. 1, Vers 80 zu lesen steht: *Und das Kind wuchs heran und ward stark im Geiste!*

Die Macht der Gewohnheit

> Der Mund des Gerechten redet die Weisheit, und seine Zunge lehrt das Recht.
>
> Psalm 37, Vers 30

Nichts im *Umgang* der Menschen untereinander kann *verletzender* und *kränkender* sein, als ein zum falschen Zeitpunkt ausgesprochenes oder geschriebenes *unüberlegt-oberflächliches Wort.* Wieviele solcher *geistlos-unheiligen Gesprächshülsen* werden aber Tag für Tag in der ganzen Welt *an die Frau* oder *den Mann* gebracht, weil gerade nicht genügend Zeit für etwas mehr Aufmerksamkeit vorhanden ist, weitere wichtige *Termine* drängen und daher die erforderliche *Herzenswärme* mit einigen scheinbar *nichtssagenden* Höflichkeitsfloskeln elegant *umgangen* wird.

Jedes gesprochene und geschriebene Wort ist unzweifelhaft das Ergebnis eines vorangegangenen Gedankens, ganz gleich wie *überlegt* oder *unüberlegt* es auch zustande kam. Es wird immer zur *Ursache* einer zwingend nachfolgenden *Wirkung,* denn der *Empfänger* verarbeitet die *Information* zunächst in seiner *Denkebene,* bevor er darauf reagiert und antwortet. So stellt jedes Wort eine *Suggestion* dar, die sich als *Engramm* unauslöschlich in das Gehirn einschreibt.

Überlegt ausgesprochen, macht es den Menschen *überlegen* und baut ihn auf. Unüberlegt angewandt, geschieht genau das Gegenteil. Es gibt im Zen-Buddhismus dafür ein Sprichwort, das sagt: *Ursache und Folge irren sich nicht!* Alles Geschehen *folgt* dem geistig *hervorgerufenen* und gesprochenen Wort, das somit, als vom Menschen selbst erzeugte *suggestive Reaktion*, eine dem *Sinngehalt* gemäße Wirkung zeitigt. Es ist das, was *erfolgt* auf die vorausgehende *gedankliche* und *sprachliche* Aktivität.

Unzählige Erdenmenschen sind sich der *schöpferischen Kraft* ihrer Denkens und Sprechens überhaupt nicht bewußt. Sie treiben an der Oberfläche ihres Daseinsstromes wie ein vom *Schicksalswind* verwehtes Blatt *gedankenlos* dahin, von dem *mächtigen Einfluß* materieller Ablenkungen gefangen und lernen so die unter und in ihnen liegende *spirituelle Tiefe* des Lebens niemals kennen. Die Zügel ihrer *Gedanken* nur *lose* haltend, eilen sie blind und ohne Ziel einem *unbekannt-ungeliebten* Schicksal entgegen.

Klopft der *Geist* aller *Wahrheit* in gewissen Zeitabständen dennoch an die Tür ihres innersten Wesens, halten sie diese *angstbeklommen* verschlossen und *flüchten* in die verwirrende Betriebsamkeit des Alltags. So gelangen sie nie zur Erkenntnis ihrer wahren Größe und die Tür zum *heiligen Tempel* des Herzens, von welchem allein alles *Liebesdenken* ausgeht, bleibt ihnen verschlossen. Das *gütige Karma* wendet sich scheinbar ab und läßt nurmehr seine *Schatten* zurück.

Dieses gewohnheitsmäßig *anerzogene* Verhalten läßt die Erdenmenschen ihr von ihnen selbst *herangezogenes* Schicksal als äußerlich *finster* und *unglücklich* erscheinen. Das führt wieder dazu, daß sie nicht selten dazu neigen, alle Verantwortung ihren Mitmenschen zuzuschreiben, denen dann böse, manchmal sogar haßerfüllte Gedanken und Worte entgegengebracht werden.

In dem Wort *anerzogen* ist das innere Wesen des Gesetzes von Ursache und Wirkung deutlich verborgen. Denn es läßt sich weiterführen zu den Ausdrücken *anerziehen* und *anziehen*. Die Menschen ziehen etwas an. Genau das, was sie zuerst *gedacht* und dann *gesprochen* haben. Denn Gedanken und Worte sind von einer mächtigen *geistigen Formkraft* belebt, deren ganzes Streben darin liegt, sich in der stofflichen Welt entsprechend ihrer *Inhaltlichkeit* bei Absender und Empfänger sichtbar zu manifestieren. So sind also ganz unbewußt die meisten Erdenmenschen unablässig damit beschäftigt ihren eigenen *Schicksalsfilm* zu produzieren, gleichsam aber auch Einfluß auf den ihrer Umgebung zu nehmen.

Mit dem Herannahen des neuen *Weltenmonates* werden sich immer mehr Menschen des Planeten Erde ihrer *spirituellen* Verantwortung gegenüber sich selbst und ihrer *Mitwelt* bewußt. *Gottesdenken* und *Sprache* ziehen in das innere Wesen ein und werden global zu *schicksalsentscheidenden* Gestaltern des neuen *Zeitalters*. Denn ein Mensch, der seine *Geborgenheit* in *Gott* im Herzen fühlt und dies durch Denken und Äußerung sichtbar werden läßt, wird zum *lebendigen* Zeugnis des Schöpfers. Nicht nur zu seinem eigenen Wohlergehen, sondern zum Segen all seiner Mitgeschöpfe. Er kennt die gewaltige Macht des Wortes und vernachlässigt daher weder Gedanken noch Sprache.

Auch *Jesus* lehrte seine Zeitgenossen nichts anderes. Denn er sagte bei Matthäus, Kap. 4, Vers 4: *Der Mensch lebt nicht vom Brot allein, sondern von einem jeglichen Wort, das durch den Mund Gottes geht!* Gleichnishaft versuchte er so seinen Zeitgenossen zu verdeutlichen, daß der *Schöpfer*, dessen *Geistfunke* in jedem einzelnen von ihnen *lebendig* ist, auch durch die Sprache ihres Mundes spricht, um so seine grenzenlose *Wirkkraft* zu offenbaren.

In diesem Sinne handelten die frühen *Priesterheiler* vergangener Kulturen. Sie *segneten* in der *heiligen* Handlung des *Gottesdienstes* ihre Patienten und die zu deren *Heilung* nach der *kosmischen Gesetzmäßigkeit* ausgewählten naturgegebenen Arzneien mit aus jahrtausendelanger praktischer Erfahrung hervorgegangenen *wohlüberlegten* und *wohlgesetzten* Worten. *Überlegt*, weil der Krankheit *überlegen*; und *wohlgesetzt*, weil im festen *Glauben* in die *Allmacht* der *göttlichen Heilkunst* gegründet, den Gesundungsprozeß *vorantreibend*. Denn alle Hoffnungen, Wünsche und Erwartungen müssen im absoluten *Vertrauen* in die *allumfassende Weisheit* des *Schöpfers* klar, deutlich und seitens des *Heilers* vollkommen *uneigennützig* zum Ausdruck gebracht werden, wenn sie ihre *nachhaltige* Wirkung nicht verfehlen sollen.

Krankheiten vermeiden und heilen bedeutet, ihnen nicht mehr *Aufmerksamkeit* schenken, als dies unbedingt erforderlich ist. Vor allen Dingen sollte die heute weitverbreitete *Unsitte* beendet werden, ständig und bei jeder Gelegenheit alle möglichen *Krankheitszustände* bis in das kleinste Detail zu erörtern. Ganz besonders die öffentlichen Medien tragen in diesem Bereiche eine große Verantwortung, deren sie sich im Augenblick offensichtlich überhaupt nicht bewußt sind. Denn Gedanken, die der Mensch in seinem Innersten wie seine liebsten Kinder ständig *nährt* und mit denen er sich dann auch noch durch Worte bei seinen Mitmenschen Gehör verschafft, haben das Bestreben sich in den stofflichen Bereichen zu *verkörpern*. Sie werden, weil mit *schöpferischer Ausdruckskraft* belebt, im wahrsten Sinne des Wortes in der *materiellen* Ebene *ausgedruckt*.

Daher ist es von größter Bedeutung, die öffentliche Diskussion auf das Thema *Gesundheit* zu lenken. Schon die alten *Heiler* und *Mystiker* sprachen von ihr als einer *Geisteshaltung* die nur *gelebt* werden kann, weil sie sich in Denken und Sprache, ja in der gesamten *Lebenshaltung* des Menschen seiner Mitwelt gegenüber *Ausdruck* verleiht. Daher waren sie bemüht, Gedanken, Sprache und Nahrung *rein* zu halten. Denn sie wußten, daß dem Menschen aus der *Reinheit* des Herzens die *Heiligung* seines Wesens erwächst.

Jeder Musikliebhaber weiß, daß sich die *harmonische* Vollkommenheit jeder großen Symphonie aus dem klangvollen Zusammenspiel einer Vielzahl *zueinanderpassender* Töne ergibt. Die gleiche Gesetzmäßigkeit, der alle großen Werke menschlicher Musikgeschichte zu verdanken sind, hat auch in den Gedanken und Sprachen der Völker ihre Gültigkeit. Die Belohnung für alle Bemühungen des Komponisten oder Dichters um die innere und äußere *Harmonie* seiner Kunst, ist die Entstehung eines monumentalen, alle menschlichen Kulturepochen überdauernden, von einem wahrhaft *göttlichen Atem* getragenen Werkes.

Alle *innere Zufriedenheit*, oder besser ausgedrückt: Alles *zum inneren Frieden kommen* des einzelnen Menschenwesens entspringt seiner Geisteshaltung. Denn *zielgerichtetes Denken* und *entsprechend* geäußerte Worte führen zu einem ununterbrochenen *spirituellen Wachstum*, das alle äußeren Mängel und Nöte über die endlos aufeinanderfolgenden *Evolutionsstufen* hinweg Schritt um Schritt auflöst, bis sie gänzlich der Vergangenheit angehören.

Diese *Tatsache* zeigt deutlich, daß sogenannte *Leiden* oder *Krankheiten* für die *geistig-körperliche* Fortentwicklung des menschlichen Wesens von großer Bedeutung sind. Denn sie stellen *Warnsignale* dar, die auf eine Disharmonie des *Herzdenkens* hinweisen und bedeuten somit nichts anderes, als vom Schöpfer ganz bewußt vorgesehene *Regulatorien*, die den betroffenen Menschen auf seine *Verirrung* aufmerksam machen sollen. Somit ist Krankheit also eine durchaus, im Rahmen der Gesamtentwicklung allen Lebens zu verstehende, sinnvolle Einrichtung Gottes.

Es muß in diesem Zusammenhang unbedingt erwähnt werden, daß der *normale* Alterungsprozeß nicht in diesem Sinne als *Erkrankung* verstanden werden kann. Denn er ist absolut unabdingbar und im Einzelfall mehr oder minder *zeitbegrenzt.* Hinweis dazu findet sich in Psalm 90, Vers 10: *Unser Leben währet siebzig Jahre, und wenns hochkommt so sinds achtzig Jahre, und wenns köstlich gewesen ist, so ist es Mühe und Arbeit gewesen; denn es fähret schnell dahin, als flögen wir davon!*

Mühe und *Arbeit* versteht sich hier als die *bewußte Hinwendung* zur *rechten Geisteshaltung* in Gedanke, Wort und Tat. Denn gerade sie ist eine der wichtigsten Fähigkeiten des menschlichen Wesens, die aber gleichermaßen am meisten vernachlässigt wird. Die *Macht der Gewohnheit* oberflächlichen, nur nach äußeren Aspekten ausgerichteten Denkens, Sprechens und Tuns, stellt gleichsam eine verhängnisvolle kollektive *Suggestion* dar, deren *krankhafte Auswirkungen* heute global sichtbar werden.

Unter dem Wort *Suggestionen* sind an das *Unterbewußtsein* eines Empfängers vermittelte Gedanken, Geräusche, Worte, Wünsche usw. zu verstehen, mit dem Ziel einer *Einflußnahme* auf sein Verhalten. Sie gleichen der ausgelegten *Saat*, die sich im *Urgrund* des Wesens *verwurzelt*, nach einer gewissen Zeit ihrer *äußeren Entfaltung* entgegendrängt und entsprechend ihrem Sinngehalt *Auß(en)wirkung* zeitigt.

Der Versuch, einem solchen Geschehen nun allein mit materiellen Heilmitteln begegnen zu können, muß ganz zwangsläufig immer unvollkommen bleiben. Denn es ist ein weitverbreiteter, fundamentaler *Irrtum*, daß *Lebensharmonie* durch den ständigen Konsum irgendwelcher stofflicher Arzneien zu erreichen wäre.

Gesundheit ist das Ergebnis einer sich willentlich und frei, im Rahmen der *spirituell-kosmischen Gesetzmäßigkeiten* entfaltenden *Geisteshygiene* des Menschen, die sich in *rechten*, weil im Sinne der *göttlichen Urprinzipien* aller Schöpfung *richtigen Gedanken*, *Worten* und *Taten* Ausdruck verleiht, die keinen *Un(richtigen)rat* zulassen.

In dem Wort Gedanken ist der *gedachte Dank* versteckt. Im täglichen, stillen und dankbaren *Herzensgebet* dem Schöpfer gegenüber aber nimmt jede *innere Neu(e)ordnung* ihren Anfang. So, wie es Paulus in seinem Brief an Philemon in Vers 4 schrieb: *Ich danke meinem Gott und gedenke dein allezeit in meinem Gebet!*

Lebensenergie des Kosmos

> Ihr werdet die Kraft des heiligen Geistes empfangen, welcher auf euch kommen wird, und werdet meine Zeugen sein bis an das Ende der Erde.
> Apostelgeschichte, Kap. 1, Vers 8

Die gesamte sichtbare Schöpfung, mit all ihren ungezählten *verstofflichten* Wesenheiten, ist in Wahrheit eine einzigartige *geistige* Symphonie *kosmo-energetischer* Kraftfelder. Erst dieses, für den mechanistisch-rationalen menschlichen Verstand niemals erfaßbare, wechselseitige Zusammenwirken von Myriaden *spiritueller* Schwingungen, bringt die unsterbliche *Harmonie* des *Lebens* hervor. In ihr vereinigt sich alles *Sein* zu einem, dem *göttlich-dynamischen* Bewußtsein entspringenden, in alle Ewigkeiten an Größe zunehmenden Ozean *universeller Vitalität*. So stellt die Gesamtheit aller Welten ein unerschöpfliches, sich durch gegenseitige Wechselbeziehungen und Wirkungen ständig ergänzendes *essentielles Energiepotential* dar.

Der Grieche *Aristoteles* nahm an, daß alles *Stoffliche* des Universums aus den vier Grundelementen *Feuer*, *Wasser*, *Erde* und *Luft* besteht, deren individuelle Gestalt sich aus der Einwirkung zweier fundamentaler *Gestaltungskräfte* ergibt: *Auftrieb* und *Schwerkraft*. Weiter war er der Auffassung, *Materie* könne unbegrenzt in immer kleinere Teile zerlegt werden, ohne jemals in Partikelchen zu zerfallen, die nicht mehr teilbar sind.

Demgegenüber stand die Meinung von *Demokrit*, der behauptete, die sichtbare Schöpfung setze sich aus verschiedenartigen *kleinsten* Bausteinen zusammen, die jeder für sich gesehen *unteilbar* sind. Daher nannte er sie *Atome*, denn das griechische Wort *Atomos* bedeutet unteilbar.

Inzwischen ist hinreichend bekannt, daß sich die keineswegs unteilbaren Atome aus Elektronen, Protonen und Neutronen zusammensetzen. Selbst diese sind wiederum teilbar in sogenannte *Quarks*. Alle *Teilchen* sind *Wellen* lehrt die *Quantenmechanik*, wobei die jeweilige *Wellenlänge* in einem direkten Verhältnis zum *Energiepotential* steht: *Hohe* Energie bedeutet gleichzeitig *kurze* Wellenlänge und umgekehrt.

Die Naturwissenschaft vermutet, daß es sechs verschiedene Arten von *Quarks* gibt. Jede davon tritt in *drei* Farben auf: *Rot, grün* und *blau*. Ihre Wellenlänge liegt weit unter der des sichtbaren Lichtes, dafür verfügen sie über ein enorm hohes *energetisches Potential*. Sie sind sozusagen nichts anderes, als *elementare* Träger *universeller Lebensenergie*. Kosmische *Kraftbündel*, durchdrungen und *zielgerichtet* gelenkt von der *biologisch-lebendigen Dynamik* des grenzenlosen *Allgeistes*.

Alles sichtbare Leben ist die *bildhaft-stoffliche* Erscheinungsform *spiritueller Viriditas*. Denn so bezeichnete *Hildegard von Bingen* jene *Grünkraft*, die das *innere Wesen* der Pflanzen bestimmt und deren durch *gewissen-*

hafte Wahl sichere Wirkung allein *Heilung* und *Vitalität* bringt.

Auch *Paracelsus* spricht in seinem Buche *Liber de Imaginirus* mehrfach von den *unsichtbaren kosmischen Strömen*, deren Heilkraft die *Größte* ist von allen, und die in der gesamten Schöpfung ununterbrochen von einem *Ende* zum anderen fließen. Alle lebendigen Wesenheiten werden *aus* jener *syderischen Influenz* geprägt, die von den *Gestirnen* kommend in sie *hineinströmt* und jedem Bereich des Alls *eigentümlich* ist. Dies bedeutet unzweifelhaft, daß den unzähligen Bildern des *himmlischen Kaleidoskops* ebenso viele, ganz speziell-geartete *geistige Signaturen* entspringen. Denn nur das *innere Sein* entscheidet, nicht das *äußere Bild*.

Alles ist also nichts als *Energie*, die sich lediglich ihrer jeweils ganz speziellen *spirituellen Signatur*, oder ihrem *geistigen Evolutionsgrad* entsprechend in der äußeren Welt darstellt. Auch der Mensch, als Teil des Ganzen, ist somit eindeutig ein *energetisch-kosmisches* Wesen, aufgebaut aus einer Vielzahl von *Kraftzentren*, die mit ihresgleichen im Universum in einer ständigen *Kommunikation* stehen. Denn er hat, wie alle anderen Geschöpfe auch, seinen Ursprung im *Allmeer* der *dynamisch-vitalen Spiritualität*.

Im Verlaufe des sich abzeichnenden *Weltenwechsels* wird nicht nur der *Gottesbegriff* dieser irdischen Menschheit eine neue, ganzheitliche, weil *universelle* Priorität erhalten, sondern auch die Erkenntnis um die alles beherrschende, *ursächlich-geistige Energiestruktur* aller Stofflichkeit, mit ihren ungezählten *Rhythmen* und *Wirkzusammenhänglichkeiten*, gehört schon bald zum allgemeinen Wissensstand.

Damit kommt es ganz zwangsläufig zu einem Paradigmenwechsel innerhalb der vorherrschenden Weltsysteme, insbesondere auch im medizinischen Bereich. Die *kosmischen Ströme* und ihre gewaltigen *Heilkräfte* werden dann nutz- und anwendbar und das heute übliche, *künstlich* erschaffene *chemo-apparative* Therapieverfahren weitestgehend ablösen. Denn die *Lebenskraft* des Kosmos ist unzweifelhaft *bio-logische Energie*, weil *lebenschaffend* und *erhaltend*. Jene irdische *Viriditas* der *Hildegard von Bingen*, oder dem Erdensonnensystem *eigentümliche Influenz* des *Paracelsus* wurde von *Dr. Reich* eingehend erforscht. Ihre *gesundmachende* und *erhaltende* Wirkung hat er in vielen beeindruckenden Versuchen nachgewiesen. Gleichzeitig traten dabei erstaunliche Zusammenhänge der *Lebensentwicklung* zutage, deren Bedeutung entweder verkannt, oder bis heute nicht anerkannt wurde. Er nannte die von ihm erforschte Kraft *athmosphärische* oder *kosmische Orgonenergie*, kurz *Orgon*.

Bei seinen Versuchen stellte *Dr. Reich* fest, daß im Gegensatz zur elektromagnetischen Energie, die sich bekanntlich mit Lichtgeschwindigkeit, also 300 000 km/sec bewegt, Orgon ausgesprochen *langsam* ist. Denn es entwickelt ein Tempo von nur wenigen mm/sec. Der Bewegungscharakter ist langwellig und ähnelt dem einer

Schlange oder eines Darmes. Dies entspricht auch dem langsamen Aufwallen einer vegetativen Erregung beim Menschen.

Orgon ist in sämtlichen Zellen aller *lebendigen* Organismen enthalten und wird durch Licht, Atmung oder Nahrung aufgenommen. Da die gesamte Schöpfung nichts wirklich *totes* beinhaltet, kommt es also überall vor. Seine spezifische Farbe ist *blau* oder *blaugrau* und paßt somit exakt zu dem *blauen* Planeten Erde. Wobei sich der Gedanke aufdrängt, ob dieser Planet nicht einen einzigen *orgo-energetischen* kosmischen Weltenkörper darstellt?

Flimmern oder *Zittern* der *Luft*, das über Straßen und *Wasserflächen* während der langen Wärmeperioden des Sommers gut beobachtet werden kann, ist nicht Hitze, die sich nach *oben* bewegen müßte, sondern Orgon. Es *fließt* von Westen nach Osten, in Richtung der Erdrotation, aber etwas schneller als diese. Die *roten* Blutkörperchen sind *orgon-energetisch* aufgeladene *Bläschen,* die es unausgesetzt zu den Körpergeweben tragen. Ähnliche Funktion hat das *Chlorophyll* der Pflanzen.

Diese *Bio-Energie* ist im Humus der Erde gleichermaßen enthalten wie in allen Samenzellen, Früchten, Protozoen usw. In unerschöpflicher Menge steht sie zur Verfügung und wird durch die *dynamischen Evolutionsprozesse* im gesamten Universum ununterbrochen erneuert.

Orgon ist *kosmische Lebensenergie* und somit *fundamentaler* Träger aller *vitalen Stofflichkeit*. Denn Dr. Reich fand bei seinen eingehenden Untersuchungen die sogenannten *Bione*. Diese entstehen im wissenschaftlichen Versuch durch *Glühen* oder *Quellen* von *organischen*, aber auch *anorganischen* Stoffen, in der freien Natur beim Zerfall von Geweben aller Art. Sie sind mit *Orgon* aufgeladene Energiebläschen, die eine Übergangsstufe zwischen *unbelebter* und *belebter* Substanz darstellen und können sich zu *Protozoen* oder *Bakterien* entwickeln. Dies bedeutet nichts anderes, als daß aus dem jedem *Sterben* zwangsläufig nachfolgenden Zerfall des *materiellen* Körpers unverzüglich neue *vitale Basisstrukturen* entstehen. Ein deutlicher Hinweis auf die *Unsterblichkeit* des Lebens, die als unauslöschlicher *spiritueller Keimling* jeder Zelle innewohnt und sich in deren *scheinbarem Tode* sofort strukturell sichtbar neu *verlebendigt*. Wobei sie sozusagen wie *Phönix* aus der eigenen *Asche* in *vollkommenerer* Verwandlung *wiederaufersteht*, um den dynamischen Weg des *geistigen Wachstums* ungehindert fortzusetzen.

Es zeigte sich weiterhin, daß beim Zerfall von *gesundem* Gewebe sogenannte *Blaue Bione* entstehen, die fast ausschließlich aus *Orgon* bestehen und ihrem ganzen *Wesen* nach absolut *positive Energiewirbel* darstellen. Auch *Jakob Lorber* spricht von den *Blaulicht-Tierchen*, die aus dem *Zusammenfluß der Sonnenlichtstrahlen* geboren werden, deren fundamentaler *Lebenszweck* darin besteht, durch *Vereinigung* von vielen ihrer Art eine *höhere Klasse* hervorzubringen.

Zerfällt demgegenüber bereits *erkranktes* Gewebe, dann entstehen *T-Bazillen*. Sie sind extrem *negative Existenzen*, für jede Form von Leben ausgesprochen schädlich und mit den *freien Krebszellen,* wie sie im Blut tumorkranker Menschen manchmal nachgewiesen werden können, sozusagen identisch. Ihr Energiepotential besteht aus DOR (Deadly Orgon Energy), welches entsteht, wenn Orgon mit *Radioaktivität* zusammentrifft, und dies geschieht in der heutigen irdischen Welt ununterbrochen, ganz besonders beim Betrieb der so beliebten *Mikrowellenherde* und in der näheren Umgebung sämtlicher *Kernkraftwerke*.

DOR hat die gleichen physikalischen Eigenschaften wie *Orgon*, aber die entgegengesetzte Wirkung. Beide Energien durchdringen jede materielle Substanz. Lediglich die jeweilige *Fließgeschwindigkeit* verändert sich entsprechend der stofflichen *Konsistenz*. Materialien mit einer dichten Molekularstruktur wirken verlangsamend, ist die innere Dichte aufgelockerter, werden sie schneller passiert. DOR bremst jeden Lebensprozeß in den Zellen absolut und bringt ihn schließlich ganz zum Erliegen, was den körperlichen Tod bedeutet. *Orgon* dagegen baut die *Vitalkräfte* auf und ist gleichzeitig in der Lage DOR zu vernichten.

Welche geradezu atemberaubende Bedeutung diese *Tatsache* für den zukünftigen Medizinbetrieb auf diesem Planeten hat, läßt sich in wenigen Sätzen in aller Deutlichkeit klarstellen. Denn *Dr. Reich* stellte in seinen Experimenten fest, daß lange bevor sich eine *Krebsgeschwulst* bei einem Menschen zeigt, sein gesamtes Blutsystem bereits von *T-Bazillen* überschwemmt ist. Daher bestehe die einzige wirksame Methode darin, die *Säfteerneuerung* anzuregen, *Ausscheidungsvorgänge* zu beschleunigen und vor allen übrigen Maßnahmen der *körpereigenen* Abwehr mit jeder, ganz spezifisch auf den betroffenen Menschen abgestimmten, naturgegebenen Möglichkeit hilfreich zur Seite zu stehen. Entgiften also, damit die *toxischen* Zerfallsprodukte ausgeschieden werden und die Abwehr mit *bio-logischen*, weil *lebendigen* Therapien unterstützen. Keine *statischen Blockaden* durch Strahlen und Chemo, denn darin lauert der Tod, sondern *dynamische Regeneration* durch die *kosmische Lebensenergie Orgon*.

Dr. Reich konnte bei seinen Untersuchungen beobachten, daß gesunde rote Blutzellen, sobald sie mit *Orgon* in Berührung kommen, dieses an sich ziehen und in großer Menge *speichern*. Trifft nun eine solcherart *aufgetankter* Blutkörper auf eine mit DOR beladene *T-Bazille* (freie Krebszelle), greift sie diese sofort an und vernichtet sie. Es darf natürlich nicht der Irrtum entstehen, ein tumorkranker Mensch sei allein durch die *Zufuhr* von *Orgon* zu heilen. Dem ist nicht so, denn die Krankheit *Krebs* stellt ein ausgesprochen komplexes Geschehen dar und hat ihren eigentlichen *Ursprung* im *geistig-seelischen* Bereich des betroffenen Patienten. Wirkliche *Heilung* verspricht daher bei dieser schweren Erkrankung nur eine *ganzheitliche* Behandlung, die den betroffenen Menschen in der *Ge-*

samtheit seiner *psychischen* und *physischen* Lebensgewohnheiten wahrhaft *er-* und *umfaßt*. Dies setzt aber bei den Therapeuten zwingend die *Kenntnis* der *kosmischen Evolutionsgesetzmäßigkeiten* voraus und fordert von den Patienten grundsätzlich deren konsequente praktische *Umsetzung* im tägliche Leben.

Tragende Säulen einer solchen Therapie sind die *Dauerbehandlung* mit *Orgonenergie* und eine auf den leidenden Menschen ganz *speziell* abgestimmte *lacto-vegetarische* Ernährung. Wobei die Zufuhr von *tierischen* Eiweißen in Form von Milchprodukten und Eiern auf ein absolutes *Mindestmaß* zu *reduzieren* ist. Denn *animalische Proteine* sind *energetisch* äußerst schwach und beschränken die potentiellen *Regenerationsmöglichkeiten* des ganzen menschlichen Organismus, indem der *Informationsaustausch* zwischen den Zellen verlangsamt wird. Als absolut *vollwertiger* Ersatz müssen daher zwingend in vollem Umfange alle Produkte, die aus dem fast in Vergessenheit geratenen Urgetreide *Dinkel* verfügbar sind, zur *Basisernährung* herangezogen und *beibehalten* werden. Dieses Korn beinhaltet nicht nur alle wichtigen Vitamine und Spurenelemente, die der Mensch zu seiner *Gesunderhaltung* benötigt, sondern es ist auch *kosmoenergetisch* deutlich *hochwertiger* als jedes andere Nahrungsmittel.

Gleichlautende Hinweise finden sich bereits bei *Hypokrates, Hildegard von Bingen, Paracelsus, Jakob Lorber* und anderen großen Ärzten oder Mystikern vergangener

Jahrhunderte. Denn alle hatten erkannt, daß eine jede Krankheit, die den Menschen treffen kann, zunächst rein *spirituellen* Charakters ist und auf diese Weise das *Gemüt verdunkelt* (schlechte Laune, ständiger Ärger, Depression). Hält dieser Zustand mangelnder *geistiger Hygiene* länger an, kommt es, in Verbindung mit einer *unausgewogenen* äußeren Lebenshaltung, aufgrund des zwischen beiden Komponenten ablaufenden *kommunikativen* Wechselspiels, zu einer *Blockierung* des *Kräfte-* und *Säfteflusses*. Dies wiederum hat einen *dramatischen* Verlust an *Vitalenergie* zur Folge, was die *gesamte* Körperabwehr und Regenerationsfähigkeit regelrecht *lahmlegt*. Erst dann beginnt die Krankheit sich zu *Verstofflichen* und zeitigt, der jeweiligen *geist-energetischen Priorität* entsprechend, an der körperlichen Hülle des betroffenen Wesens ihre spür- und sichtbaren *Signale*.

Alles *spirituelle* und *materielle* kosmische Leben ist untrennbar miteinander verbunden und hat seinen Ursprung im unerschöpflichen *Ozean* des *universellen Energiepotentials*. In ihm sind *Heil* und *Unheil* zur großen *göttlichen Harmonie* vereint, deren einzige *Zielrichtung* die niemals endende *Vorwärts-* und *Aufwärtsentwicklung* allen *Seins* ist. Dieses *schöpferische Kraftreservoir* kann mit irdisch-naturwissenschaftlichen Methoden nicht erfaßt oder gemessen werden, denn es ist *geistiger* Natur. Sozusagen der *Gedanke Gottes* in seiner ganzen unauslotbaren Tiefe.

Aus dem Munde *Jakob Lorbers* stammen die Worte, mit denen diese Tatsache treffend umschrieben wird: *Wer da glaubt, dem werden gar viele Wunder erschlossen werden. Jedoch dem Ungläubigen ist weder zu raten noch zu helfen. Umsonst schaut er mit seinen blinden Augen in meine große Werkstätte des Lebens. Er wird nichts finden als Exkremente des Todes. Denn das Leben ist geistig. Da hilft kein Mikroskop, um dasselbe in seiner Wirkungssphäre zu belauschen; sondern nur das Auge des Geistes, welches der Glaube ist, kann da schauen in die Tiefen der Wunder des Lebens.*

Dem *geist-energetischen Wesen* Mensch wird sich diese Erkenntnis mit dem heraufdämmernden neuen *Zeitalter* in absehbarer Zukunft in ihrer ganzen *evolutionären Wahrheit* offenbaren. Dann ist es ihm möglich, sich in die *vital-dynamischen* Kraftfelder des Universums zu integrieren und aus deren wechselseitiger *Durchdringung* den Nutzen zu ziehen, der ihn auf den *Weg* seiner wahren *Bestimmung* zurückführt. Hin in seine lebendige, *lichtvollgeistige* Heimat *kosmischer Viriditas*, wie *Hildegard von Bingen* sich auszudrücken pflegte.

Licht und Schatten

> So schaue darauf, daß nicht das Licht in dir Finsternis sei. Wenn nun dein Leib ganz licht ist, daß er kein Stück von Finsternis hat, so wird er ganz licht sein, wie wenn ein Licht mit hellem Blitz dich erleuchtet.
>
> Lukas, Kap. 11, Verse 35/36

Aus ältesten mündlichen Überlieferungen, die erst sehr viel später schriftlich festgehalten wurden, geht hervor, daß in *sagenumwobener*, grauer Vorzeit der Entwicklungsgeschichte des Planeten Terra *Himmelssöhne* von den *Sternen* kamen, um unter den *Erdenmenschen* zu leben. In allen Teilen der Welt tauchten sie offensichtlich zur gleichen Zeit auf und wurden zu den *Urvätern* aller fünf *Wurzelrassen* der irdischen Menschheit.

Sie unterschieden sich in ihrem äußeren Erscheinungsbild ganz erheblich voneinander, insbesondere was die Hautfarbe anbetraf. Dem Erdteil entsprechend, in dem sie auftraten, waren sie schwarz, braun, gelb, rot oder weiß. Ohne Ausnahme nannten sie sich *Arya*, was soviel wie *Sonnenmänner* bedeutet. Kein Geheimnis der Schöpfung war ihnen verborgen, denn sie alle hatten den weiter oben bereits erwähnten greisen Fürsten *Rama* zum *Stammvater*, der ihnen sein *Wissen* als *kosmisches Erbe* anvertraute, das niemals verloren gehen dürfe.

Aus den Nachkommen der hochgeachteten *Aryas* jener frühen Zeiten ging sehr viel später, unter dem Einfluß anderer *kosmischer* Besucher, ein *egoistisches, lebenverachtendes Geschlecht* hervor, wie das *äthiopischen Buch Henoch* berichtet, auf das weiter unten in einem anderen Zusammenhang nochmals eingegangen wird. Diese Erdenbewohner mißverstanden ihr großartiges *geistiges* Erbe gründlich, nannten sich in Anlehnung an ihre in der Vergangenheit versunkenen Vorfahren *Arier* und trugen eine *unheilvolle Weltsicht* bis in die Neuzeit.

Den frühen *Lichtsöhnen* Ramas war ein *gottfernes* Verhalten fremd. Sie empfanden sich als *Sonnenmenschen*, direkt dem *geistigen Zentrum* der Universen entstammend, und von daher den *kosmischen Kräften* verbunden. In der *siderischen* Natur eines jeden Wesens erkannten sie jene *spirituelle Potenz*, die in alle *äußeren Bereiche* (Peripherie) hineinstrahlte, um dort den *elementischen* Körper der einzelnen Lebensstufen zu gestalten.

Die *kosmischen Rhythmen* waren ihnen ebenso vertraut wie deren *Entsprechungen* auf der Erde, und sie wußten hinter allem den einen *unerschöpflichen Weltengeist*, der alle Werke von *Ewigkeit* zu *Ewigkeit* hervorrief, ohne jemals zur *Vollendung* zu gelangen. Denn mit Erreichen eines wo immer auch gelegenen Endpunktes müßte der *dynamischen Evolution* allen Lebens zwangsläufig die Erstarrung *statischer Devolution* folgen, was gleichbedeutend wäre mit *Stillstand* und *Tod* der gesamten Schöpfung.

Im Lauf der *Erdensonne* und ihrer, in den irdischen Jahreszeiten überdeutlich sichtbaren *Wirkung*, erkannten die frühen *Aryas* die ewigen Gesetze des Universums. So wurde der *Tagesstern* symbolisch zum *achtens- und verehrenswerten* schöpferischen Lebenserhalter schlechthin. Denn sie fühlten die tiefe innere Verbundenheit mit der kristallenen *kosmischen Lichtgestalt* und ahnten, daß ihr eigenes *geistiges Wesen*, so wie das aller anderen stofflichen Existenzen, gleichen Charakters war.

Aus dieser Erkenntnis heraus, dem *Vermächtnis* ihres greisen Ahnherrn *Rama* folgend, begannen sie, die *Erdlinge* in allen Teilen der Welt entsprechend zu unterrichten. So wurde das Wissen um den *kosmischen Tyrkreis* als *fundamentales* Gesetz von Astronomie, Astrologie, Philosophie, Heilkunst durch Pflanzen, Steine und Nahrung unter die Erdenvölker getragen. Über allem aber stand, als am Himmel deutlich sichtbares und durch seine Wärme spürbares *Symbol* für die unermeßliche *spirituelle Schaffenskraft* des ursächlichen Weltenschöpfers *Gott*, jener leuchtende *Himmelskörper,* den die *Coahuila-Indianer* Nordamerikas als *Vater Sonne* bis heute verehren.

Das Wort *Arya* setzt sich aus den Silben *Ar* und *ya* zusammen, welchen ganz besondere Aufmerksamkeit gewidmet werden muß. Denn sie entstammen der *Ur-Runenschrift* jener alten *Sonnenmänner*, die sich später zum Germanisch-Keltischen der nordischen Länder verwandelte. *Ar* ist die *Spiegelschrift* der Silbe *Ra* und bedeutet soviel wie *kleine Sonne*. Der *A(a)r*, oder *Adler* im

Wappen vieler Erdenvölker ist nichts anderes als *symbolträchtiger* Ausdruck dieser Tatsache. Denn er stellt seit *Menschengedenken* das *Sinnbild* für die *Lebensurkraft* des strahlenden Himmelsgestirns dar. Die zweite Silbe *ya* hat die sinngemäße Bedeutung *junger Mann*. Somit wird verständlich, als was sich die *Arya* verstanden: Sie waren *Söhne* des *ewigen Lichtgottes*, dessen *Vaterschaft* die Gestalt der irdischen *Sonne* sichtbar präsentierte, und nur in *harmonischer Verbindung* mit *Mutter Erde* konnte dieser Leben auf der *stofflichen Ebene* zeugen.

Rama, jener indische *Ahnherr* aller *Aryas*, ist der *Gott* des *Lichtes*, der *Weisheit* und allen *Lebens*. Denn *ra* trägt die Bedeutung *ewiges Licht* in sich und *ma* ist die *Verkürzung* des Begriffes *At-ma*, was sich mit *geistig-unsterblichem Lebenshauch* am besten wiedergeben läßt. In jener längst versunkenen großen südamerikanischen Indiokultur der *Ma-ya* flammte das alte Wissen noch einmal auf, denn deren Angehörige nannten sich *Söhne* der *Sonne*, und im noch heute gebräuchlichen indischen Vornamen *Mahatma* klingt das dem *Erkennenden* vertraute *Raunen* vergangener Jahrzehntausende.

Auch die große Kulturepoche der *Ägypter* erwuchs zu ihrer Hochblüte auf dem *Urgrund* des alten Wissens. Denn neben dem Weltenschöpfer *At-um re*-sidierte der *sonnengleiche Ra*, dessen irdischer Vertreter in Gestalt des *göttlichen Pharao* auf dem Königsthron saß. Er war *Herr der Welt* und galt als *oberster Richter*, mit uneingeschränkter *Macht* auf Erden. Die Wurzeln des Wortes Pharao reichen daher ebenfalls weit in die *Urgeschichte* der Erdenmenschheit zurück. Denn es setzt sich aus den drei Silben *Pha, ra* und *o* zusammen, denen jeder für sich eine ganz spezielle und unzweifelhafte Bedeutung zukommt. Denn Pha ist eine spätere Verwandlung (Verkahlung) der göttlichen *Zeugungsrune Fa*, ra wurde weiter oben bereits aufgeklärt und *o* steht für die stoffliche *Verkörperung*. Somit wird deutlich, welchen *Stellenwert* die alten Ägypter ihrem König gaben: Er war ein aus dem *ewigen Licht gezeugter*, in die *stoffliche Welt* verkörperter *Menschengott*.

Alle irdischen Herrscher, Könige und Kaiser beanspruchten diesen *auserwählten* Status, was zum Teil bis in die Neuzeit fortwirkt. Denn noch heute findet sich im französischen *Ro(i)*, dem lateinischen *Re(x)* und deutschen *Re(gent)* eine verwandelte Form der Silbe *ra*. Im bisher letzten großen *Sonnenstaat*, der auf diesem Planeten Terra entstanden ist, dem gewaltigen *Inka-Reich* in Peru, galt der *Sapa Inka*, was soviel wie *erster Inka* (Herrscher) bedeutet, als wahrhaftiger *Sohn* der *Sonne* und leibhaftiger Gott. Als *Gemahlin* stand ihm die *Mondgöttin Quilla* zur Seite.

Äußeres Zeichen des *gottgleichen Sonnenkönigtums* war das *Gold*. Schon im frühesten Altertum wurden von den Erdenvölkern unzählige Gegenstände daraus gefertigt, wie eindrucksvolle archäologische Funde dokumentieren. Denn nur in seiner edlen Reinheit fanden sie die stoffliche Entsprechung des *gelbglänzenden* Himmelskörpers, der ihnen die niemals versiegende *Wirkkraft* des Schöpfers täglich offenbarte. Gerade die zunächst in allen Belangen *vorbildliche Inkakultur* erhob dieses heute so begehrte Metall zu ihrem obersten *Kult-* und *Heilobjekt.*

Nicht sein *materieller Wert* hatte größte Priorität, sondern die *symbolhaft-wirkträchtige geistige* Inhaltlichkeit. Denn im Golde war jene *heilig-heilende Kraft* der Sonne gefangen, die ihr als *göttlich-spirituelle Potenz* des Schöpfers innewohnt und nur in dieser Form dem Menschen wahrhaft dienlich sein kann.

Im Islam sind die *Sufis* bekannt, eine ganz besondere Art von *Koranlehrern,* denen es obliegt, das *verborgene geistige* Wissen des *heiligen Buches* der Moslime zu pflegen. Danach gibt es die *sieben* zodiakalen *Himmelsspären,* deren jede in einem planetaren Himmelskörper sichtbar wird. Vierter Planet im islamischen Zodiakus ist die Sonne mit ihrem *Re-genten,* dem Engel der *Auferstehung* allen Lebens. Sie wurde von Gott aus dem *Licht* seines eigenen *Herzens* erschaffen und symbolisiert die mächtigste und *heil-igste* Macht der gesamten Schöpfung: Die absolute *Liebe.*

Ähnlich *heilende* Kräfte sind auch in den *kostbaren Steinen* verborgen. Daher versuchten die frühen Völker durch ganz spezielle Kombinationen von *edlen* Metallen und Steinen ihre jeweiligen Krankheitszustände in ein *heil(es) Ende* zu überführen. So trugen denn schon zu allen Zeiten Könige, Herrscher und Priester aller Völker *goldene* Kronen, Brustschilde, Ketten, Armreifen, Spangen, Finger- und Ohrringe, die mit den verschiedensten

Steinen *verziert* waren, wobei die Zahl *zwölf* eine nicht unbedeutende Rolle spielte. Im *zweiten* Buch *Moses*, Kapitel 39, Verse 8 bis 14, wird ein *goldener Brustschild* beschrieben, der mit *zwölf* Edelsteinen besetzt ist, deren jeder für einen Namen (zwölf Stämme) der *Kinder* Israels steht.

Schon bald wurde den Erdenmenschen die *Heilkraft* des Sonnenlichtes bewußt. So versuchten sie, diese bei der Behandlung von Krankheiten in ihre Therapie miteinzubeziehen. Da sie verspürten, daß die Strahlen des Tagessternes wohltuende Wärme verströmten, setzten sie diesen ihre Kranken aus. Wobei jeweils jene Körperstelle entblößt wurde, an welcher der Patient seine *Schmerzen* verspürte, damit sich die *heilende* Wirkung eben genau dort, in der dem kranken Organ zugeordneten Hautzone entfalten konnte. Nach einer Weile der *Bestrahlung* mußte er noch einige Schlückchen Wasser aus einer *reinen*, täglich eine längere Zeit von der *Sonne* beschienen *Quelle* trinken, worauf es ihm in der Regel schon nach kurzer Zeit deutlich besser wurde.

Ohnehin tranken die früheren Erdenmenschengenerationen niemals Wasser, das aus einem dunklen, gedeckten, tiefen Brunnen kam. Denn sie wußten, daß dort, wo die Sonne ihre *lebensspendende* Kraft nicht entfalten und *transformieren* (umsetzen) konnte, sich ausgesprochen *negative* spirituelle Schwingungen festsetzten und auswirkten. Daher führten sie ihr Wasser in nach oben offenen

Rinnen, die den unbehinderten Zutritt des *heilenden* Sonnenlichtes garantierten.

Bis heute bekannt sind die beeindruckenden *Äquadukte* des Römischen Weltreiches, in welchen über weite Entfernungen das kostbare *Lebenselexier* transportiert wurde. Völlig zu Unrecht werden sie lediglich als rein technische *Meisterleistung* der damaligen Baumeister angesehen, ohne daß der weitere Sinngehalt deren Bemühungen erkannt wird. Auf einsamen Bergbauernhöfen in Südtirol finden sich noch vereinzelt Brunnenrohre, deren weitgeöffnete U-Form den Lichtstern geradezu auffordert, seine zutiefst erwünschte und höchst *segensreiche* Tätigkeit zu verrichten.

Die gesamte Wasserversorgung der portugiesischen Atlantikinsel *Madeira* geschieht bis zur Stunde über ein faszinierendes System von sogenannten *Levaden*, die sich spiralförmig, fast ohne Gefälle an den Berghängen entlangziehen und das *Regenwasser* auffangen. Sicher eine aus der Not geborene Maßnahme, denn Süßwasser ist dort knapp, es gibt nur wenige kleinere Quellen, deren Kapazität niemals ausreichen würde, die gesamte Bevölkerung zu versorgen. Gleichzeitig aber auch Garantie für wunderbares, über viele Stunden hinweg bestrahltes *Sonnenwasser*. Denn diese *Levaden* sind ca. einen Meter breite und tiefe, oben offene Rinnen, die vor hunderten von Jahren erbaut wurden und absolut zuverlässig funktionieren. Als man vor einiger Zeit glaubte, ein älteres Teilstück durch eine neue Konstruktion ersetzen zu müssen, konnte diese nach ihrer Fertigstellung nicht in Betrieb genommen werden, da sie erst gar nicht den *Dienst* aufnahmen. Es war den neuzeitlichen Bauherren trotz des Einsatzes modernster Technologie absolut nicht möglich, die *Levade* in der gleichen Präzision herzustellen wie dies ihre mittelalterlichen Kollegen offenkundig vermochten.

Was aber bewirkt nun das Licht der Sonne, wenn Kranke unter seinem Einfluß tatsächlich *gesunden*? Welche scheinbar *geheimnisvollen* Veränderungen ruft es in Wasser hervor, sodaß es im wahrsten Sinne des Wortes *geweiht* wird und den Menschen zum *Segen* gereicht?

Hildegard von Bingen spricht vom *Samen*, der aus dem *Feuer* und *Wasser* der Sonne herabfällt, wie bei den Kräutern, wenn die Zeit der Reife gekommen ist. Eine exakte Beschreibung der gewaltigen Vorgänge. Denn in der Tat wird auf dem *Zentralstern* des irdischen Planetensystemes in einem gigantischen *radioaktiven Sintbrand* durch *Kernverschmelzung* von Wasserstoffatomen *Energie* freigesetzt, die ein enormer Druck in alle Richtungen abstrahlt und verteilt, wie *Samen* im Wind. Nicht ohne Grund wählte die alte Mystikerin diesen Begriff für das Sonnenlicht, sah sie doch darin keineswegs nur den für alle Menschen erkenn- und spürbaren Licht- oder Wärmeeffekt, sondern vielmehr das rein *geistige* Potential *schöpferischer* Lebenskraft.

Paracelsus schreibt von der *Influenz*, jener *einfließenden* Kraft, die von den Gestirnen kommt, *all Ding belebt* und ihnen durch ihre *Impressio* eine ganz spezielle Prägung *eindrückt*, jedem nach seiner *innersten Seel Art*.

Bei *Jakob Lorber* steht zu lesen, daß alles Licht der Sonne *reine Geister* mit sich führt, die mit der *substantiellen* Seele des Menschen sehr eng *verwandt* sind. Durch die Einwirkung dieser *spirituellen* Existenzen erfährt sie eine derart große *Stärkung*, daß es ihr möglich wird, *Schwächen* des stofflichen Körpers leicht zu beheben. Denn die *Gesundheit* des Leibes hängt einzig und allein von einer *hinreichend kräftigen*, weil *geist-energetisch* potenten Seele ab.

So schildert der große *Seher* die Herstellung von sogenannten *Sonnenheilmitteln*, deren ursächlicher *Wirkmechanismus* absolut *spiritueller* Natur ist. Wobei die *inneren* Wesenskräfte des Lichtes mit den ganz speziellen *feinstofflichen* Seelensubstanzen der entsprechenden Pflanzen eine *alles durchdringende* und *harmonisierende* Symbiose eingehen. Die gleichen, oder zumindest ähnliche *Gesetzmäßigkeiten* liegen sicher den hinreichend bekannten *Bachblütenessenzen* zugrunde.

Alle *Mystiker* und *Weisen* der Erdenvölker schilderten die Zusammenhänge in gleichlautender Weise. Denn ihre Aussagen bezogen sich ausnahmslos auf die *allein-stehende* und *all-umfaßende* Wahrheit, deren *universeller Charakter* Ewigkeiten überdauert.

Im *farbenprächtigen Energiespektrum* der einzelnen Sonnen *kumuliert* und *potenziert* sich die unerschöpfliche Lebenskraft des *über-all-ein-wirkenden, all-einenden*, grenzenlosen *göttlichen Urlichtgedankens* zu einer Unzahl *essentieller Existenzen* in *substantiell-materieller* Umhüllung. Jeder einzelne Strahl enthält die gesamte *harmonische* Palette *kosmo-genetischer Informationen*, die unverzüglich mit den jeweiligen *inneren Entsprechungen* der einzelnen Wesen in eine *Kommunikation* eintreten und gemäß der Situation *Aus(sen)wirkung* zeitigen.

Der Dichter *Novalis* drückte dies einmal mit folgenden Worten aus: *O daß der Mensch die innere Musik der Natur verstände und seinen Sinn für Harmonie erweckte! Dann gingen die Gestirne in ihm auf; er lernte die ganze Welt fühlen, klarer und mannigfaltiger, als ihm das Auge jetzt Grenzen und Flächen zeigt. Er würde Meister eines unendlichen Spiels und vergäße alle Bestrebungen in einem ewigen, sich selbst ernährenden und immer wechselnden Genuß.*

Schon bald finden die Völker der Erde Zugang in das geheimnisvolle Wesen ihrer *inneren Gestirne*. Denn sie lernen im Verlaufe des bereits angefangenen neuen *Weltenmonates* den dorthin führenden *geistigen* Weg *zu gehen*. Mit dem *Aufgang* ihrer *Herzenssonne* aber, wird auch ihr gesamtes Sein *überflutet* vom strahlenden Lichte *dynamisch-schöpferischer* Harmonie, die den teilweise schon *verkrusteten, zähen, sumpfigen* Morast *egoistisch-materialistischer* Unbeweglichkeit in ein *leuchtend-glitzerndes* Gewässer *evolutionärer Lebendigkeit* verwandelt. Schon jetzt ist immer deutlicher spürbar, daß in allen Teilen dieser Welt der *spirituelle Dialog* zwischen den *Erden-Son-*

nen-Kindern der *Aryas* und ihrem *All-Sonnen-Vater Rama* wieder aufgenommen wird.

Im Morgenrot des neuen Zeitalters werden in zunehmendem Maße die Geschöpfe dieses Planeten zu *vielflächigen Diamanten* transponiert und somit die *heilenden Strahlen* des *liebenden Schöpfergeistes* von tausendfachen Facetten reflektiert. Damit verschwinden aber auch die *Tränen* aus dem Gesicht von *Mutter Erde* endgültig und weichen einem *sonnenhaft-strahlenden Lachen*. Denn die erwachende *Herzenswärme* im innersten Wesenskern der Menschen wird diese selbst und ihren Heimatplaneten in einen *kosmischen Lichtkörper* von *unsterblicher* Schönheit verwandeln, so, wie es bei Johannes, Kap. 8, Vers 12, geschrieben steht: *Ich bin das Licht der Welt; wer mir nachfolgt, der wird nicht wandeln in der Finsternis, sondern wird das Licht des Lebens haben!*

Alle Farben dieser Welt

> Die Natur ist nicht an der Oberfläche, sie ist in der Tiefe. Die Farben sind der Ausdruck dieser Tiefe an der Oberfläche. Sie steigen aus den Wurzeln dieser Welt auf. Sie sind ihr Leben.
>
> Paul Cezanne

Schon zu allen Zeiten der Menschheitsgeschichte hatten die Farben eine tiefe symbolische Bedeutung und wurden dementsprechend benutzt. Personen, Familien, Sippen, Stämmen, Gemeinden und Nationen wurden sie in immer neuen Kombinationen zugeordnet, um sichtbare Unterscheidungen festzulegen und Verwechslungen auszuschließen. Die Kriegsheere aller Erdenvölker zogen aufgrund unterschiedlichster Beweggründe bis in die jüngste Gegenwart unter farbenprächtigen Fahnen und Standarten auf die *Walstatt* ihres *friedlosen Handwerks*, wo sie im Zeichen des flatternden *Banners* entweder siegten oder untergingen.

Wer kennt sie nicht, die großartigen *Bilderschöpfungen* der berühmtesten Maler dieser Welt, deren *wohlüberlegtes* Farbenspiel den Beschauer immer wieder fasziniert, weil es *tief* in den *geistigen Urmeeren* des *kosmischen* Schöpfungswissens *gründet*. Dabei wird den meisten Menschen kaum bewußt, daß alle großen Meister ihre Themen sinngemäß diesem ältesten *Weistum* entlehnten, gleichzeitig aber auch die Farben entsprechend der *verborgenen* Symbolik auswählten.

Welch eine *Befreiung* jedes Jahr, wenn der *kraftvolle Atem* des Frühlings den *grauen* Winterstaub vom Erdenantlitz hinwegbläst und dieses sich mit dem *lichtgrünen* Mantel erwachender Vitalität bedeckt, um nur wenig später eine *vielfarbige* Palette *sonnengleich* leuchtender *Blütenkelche* zu entfalten. Kein Geschehen auf diesem Planeten Erde zeigt den Menschen deutlicher jene allem Leben zugrunde liegende *universelle* Ordnung, als das grenzenlos-pastellfarbene *Regenbogenpanorama* dieser Jahreszeit des *Werdens* und *Wachsens*. Nirgendwo anders spricht die *evolutionäre* Dynamik *schöpferischer* Potenz des großen *Weltengeistes* in einer deutlicheren Sprache von der *unsterblichen Harmonie* und *majestätischen Heiligkeit* seines Schaffens. Aus diesem *unübersehbaren*, sich jährlich erneut darstellenden, globalen Ereignis des *Wiedergeborenwerdens* allen Lebens, wird der einzig *wahre* Weg zur *Ganz-* und *Heilwerdung* offenbar. Denn das irdische *Monumentalgemälde* göttlicher *Wirkkunst* weist mit seiner ganzen *überquellenden Farbenfülle* hin, zum *Ursacher* der gesamten *kosmischen Lebensgemeinschaft,* dem strahlenden *Allgeist ewiger Leuchtkraft*.

Aus dieser Beobachtung heraus erwuchs den frühen Erdenvölkern die *esoterische Erkenntnis* um die *siebenfältige Urkraft* des *weißen Lichtes*. In ihm vereinigt sich die *geistige Existenz* Gottes zur *absoluten* Wirklichkeit, wird gleichsam das *wahrhaftige innere Wesen* seines *universel-*

len Bewußtseins dem Menschen offenbar. Die Farben sind *Sinnbild* und *Ausdruck* schöpferischer *Wirkkraft*, als *Verstofflichung* der *geist-energetischen Qualität* und *Vitalität* des Schöpfers. Sie sind gleichgesetzt mit den *sieben Urkräften*, aus denen alles Geschaffene gebildet wird und seine *Vollendung* findet. In ihrem *spirituell-energetischen Quellgrund* ruht das tiefe Geheimnis der *schicksalprägenden Gesetzmäßigkeit* aller *Lebensentfaltung* und *Erhaltung*. Denn wenn das *weiße Urlichtspektrum* gebrochen, das bedeutet in die *siebenfarbigen* Bestandteile *auf-gelöst* wird, dann beginnt sich seine *schöpferisch-bunte*, vielgestaltige *Darstellungskraft* zu entfalten. Aus seinem *völligen Erlöschen* steigt demgegenüber die *Finsternis* empor.

Somit ist im an Möglichkeiten *grenzenlosen* Spiel des *All-Lichtes* das Geheimnis der *formenden*, *ändernden* und *vervollkommnenden* Evolutionskraft der *kosmischen Vatersonne* verborgen. Auf den *sieben* Säulen der *ursächlichen* Farben ruht die gesamte Einheit der Schöpfung. Symbolträchtig zeigen sie *Ein-* und *Ausgang*, den *Weg* und das *Ziel* jeden *Seins*.

Aus seinem tiefen *Gottesverständnis* heraus, hat *Jesus* dies im Evangelium des *Johannes* deutlich zum Ausdruck gebracht.

Johannes, Kap. 14, Vers 6: *Ich bin der Weg und die Wahrheit und das Leben; Niemand kommt zum Vater, denn durch mich.* - Die Farbe *rot*, Symbol des Feuers, das den frühen Menschen *heilig* war. Denn die lodernde Flamme zerlegt alle *Materie* in ihre Grundbausteine *Schwefel*,

Salz, Quecksilber (Paracelsus) und *Energie*. Nur solcherart *verwandelt* ist eine *Erhöhung* der *inneren Qualität* möglich. So wie alles Licht und alle Wärme, die zur Entfaltung des stofflichen Seins erforderlich sind, dem atomaren Verbrennungsprozeß der Sonne entstammen, muß auch die *spirituelle Essenz* der einzelnen Wesen, um das *ewige* Leben zu erlangen, durch ein *geistiges*, als auch *materielles Fegefeuer* der *Läuterung* und *Prüfung* gehen. Nur aus der *geduldig-vertrauensvollen Hinwendung* zu Gott, wird dem Menschen die dazu erforderliche *Vitalität* zuteil. Diese Wahrheit kommt auch deutlich im Buche *Jesus Sirach*, Kap. 2, Verse 1 bis 6 zum Ausdruck: *Mein Sohn, wenn du dich aufmachst, um dem Herrn zu dienen, bereite deine Seele auf Versuchung vor! Mach fest dein Herz und bleibe stark, und überstürze dich zur Zeit der Prüfung nicht! Ihm hange an und fall nicht ab; dann wirst du in der Folgezeit erhöht. Was immer über dich auch kommen mag, nimm an, und sei geduldig in der Krankheit und in Not! Im Feuer nämlich wird das Gold geprüft, wer Gott gefällt im Flammenherd der Not. Vertrau auf Gott, er nimmt sich deiner an; und hoff auf ihn, so wird er deine Wege ebnen!*

Johannes, Kap. 15, Vers 1: *Ich bin der wahre Weinstock, und der Vater ist der Weingärtner.* - Die Farbe *orange*, eine Mischung zwischen rot und gelb. Sinnbild für ein unabdingbar erforderliches, *unerschütterliches* Vertrauen in Gott, das wie die *Wurzeln* des Weinstockes in der Erde, fest im *Urgrund* tiefster *Demut* verankert ist. Denn nur in ihr findet der Mensch zur wahren *Gottesliebe*, die sich niemals *übertrieben-dominant* äußert, sondern sein *Innerstes* mit *behutsam-zurückhaltender Dankbarkeit* umhüllt.

Johannes, Kap. 6, Vers 35: *Ich bin das Brot des Lebens. Wer zu mir kommt, den wird nicht hungern, und wer an mich glaubt, den wird nimmermehr dürsten.* - Die Farbe *gelb*. Stellvertretend für das Wort Gottes, dessen *wahrhaftige Weisheit* die einzig wirkliche *geistige Nahrung* für den Menschen darstellt, aus der ihm *Vertrauen* und *Beharrlichkeit* in das *segensreiche Walten* des Schöpfers erwächst.

Johannes, Kap. 8 Vers 12: *Ich bin das Licht der Welt; wer mir nachfolgt, der wird nicht wandeln in der Finsternis, sondern wird das Licht des Lebens haben.* - Die *grüne* Farbe des Lebens. Sie ist ein wahrhaftiges *Lichtprodukt*, entstehend aus der *Pflanzen-Photosynthese*. Inbegriff aller *Grünkraft* (Viriditas / Hildegard von Bingen), die allein aus der rechten *spirituellen* und *materiellen Ernährung* des Menschen hervorgehen kann. Sie ist der Inbegriff *göttlicher Weisheit*, deren *besänftigendes* Wirken zur *absoluten Harmonie* und *Vollkommenheit* führt.

Johannes, Kap. 11, Vers 25: *Ich bin die Auferstehung und das Leben, wer an mich glaubt, der wird leben, ob er gleich stürbe.* - Die Farbe *blau*. Das Firmament, dem der Mensch entstammt, und dessen unergründliche Tiefe er auf seinem endlosen *geistigen Evolutionswege* durchwandert, seinem *Gott* entgegen. Diese Erkenntnis kann aber nur auf dem *Fundament* eines unerschütterlichen, *treuen*

Glaubens zu jener *vertrauenden Gewißheit* werden, die alle *irdische Angst* und *Furcht* besiegt. So wie es *Jesus* bei Matthäus, Kap. 18, Vers 3, sagt: *Wahrlich, ich sage euch, es sei denn, daß ihr euch umkehret, und werdet wie die Kinder* (im Glauben, Anmerkung des Verf.), *so (wie ihr jetzt noch denkt), werdet ihr nicht in das Himmelreich kommen.*

Johannes, Kap. 14, Vers 6: *Ich bin der Weg und die Wahrheit und das Leben; niemand kommt zum Vater denn durch mich.* - Die Farbe *indigo-blau*, lichter und heller als das vorangegangene Blau, der Übergang zum Violett. Jetzt beginnt die Entfaltung des *höheren Bewußtseins*, dessen tiefe Innenschau dem Menschen die *spirituellen Ebenen* seines wahren *Seins* erschließt. Der *heilige Weisheitstrahl* des reinen *Gotteslichtes* erreicht die Seele und öffnet ihr das *Tor* zu jenem *Weg*, dessen Ziel ihre *geistige Heimat* ist.

Johannes, Kap. 10, Vers 30: *Ich und der Vater sind eins.* - Die Farbe *violett*, Symbol für die *ursächlich-geistige Essenz* allen Lebens. Im strahlenden Lichte tiefster *Erkenntnis* wird das *große Schöpfungsmysterium* dem *spirituellen Weltenwanderer* Mensch enthüllt. Nun weiß er sich als *ursächlich-geistiges Wesen* im *Tempel* des endlosen *Universums* mit seinem Schöpfer vereint, denn er ist zum wahren *Christus*, dem *Sohne Gottes* erwacht, der alle *Stofflichkeit* und damit auch den *körperlichen Tod* besiegt hat.

Diese grundlegende psychische Verwandlung vollzieht sich auf dem Planeten Erde im Verlaufe des nun heraufdämmernden neuen Weltenmonates *Water Man*. Die Menschen werden sozusagen im *Geiste* des *Wassermannzeitalters* auferstehen, als *lebensfroh-leuchtende* Kinder eines für die stofflichen Augen zwar unsichtbaren, dafür aber um so *schöpferisch-durchdringenderen* violetten Strahles *kosmisch-spirituellen Gotteslichtes*. Einen deutlichen Hinweis auf dieses bevorstehende Geschehen hat *Jesus* bei Johannes, Kap. 3, Vers 5, gegeben: *Wahrlich , ich sage euch: Es sei denn, daß jemand geboren werde aus dem Wasser und Geist, so (wie er jetzt noch ist), kann er nicht in das Reich Gottes kommen!*

Aus allen oben dargelegten Zusammenhängen wird deutlich, welch eine fundamentale, weil *heil(ig)ende* Bedeutung den *sieben* geschilderten Farben zukommt. Denn sie finden als sogenannte *Vitalitätsströme* im Menschen ihre Entsprechung und halten zwischen den einzelnen *Kraftzentren* (Chakras) des menschlichen Körpers die *kosmo-energetische* Verbindung aufrecht. Da diese wiederum in einer ständigen *Kommunikation* mit ganz bestimmten Organen stehen, ist offenkundig, daß jeder Farbe eine tief regulierende, gleichzeitig aber auch zwingend *prägende* Wirkung auf die Lebensprozeße jedes einzelnen Wesens zugeschrieben werden muß.

In den Farben spiegelt sich die *Qualität* des *geistigen* Wesens im Menschen wieder, denn sie bilden jenen regenbogenähnlichen Strahlenkranz, der jeden Menschen *umflu-*

tet und den schon die frühen Weisen mit dem Begriffe *Aura* zu umschreiben suchten. In ihrer *Trübung* oder *Klarheit* zeigt sich deutlich der jeweils erreichte *Evolutionsgrad* und *Heilszustand*. Je weiter die *irdischen Gotteskinder* in ihrer *individuell-spirituellen* Entwicklung voranschreiten, um so leuchtender tritt der bunte *Heiligenschein* hervor.

Somit werden die Farben zum Ausdrucksmittel des *kosmischen Bewußtseins* im Menschen. Sie enthüllen nicht nur dessen innerste Wesensmerkmale, sondern spiegeln auch in aller Deutlichkeit den äußeren Gesundheitszustand wieder. Denn sie sind der *Seelen-Regenbogen* seines durch die *Verstofflichung* gebrochenen, reinweißen *Gottes-Lichtkernes*.

In der *Aura* macht sich die *Sprache* des inneren Menschen verständlich. Ihre Farben zeigen überdeutlich ganz bestimmte *Wesensmerkmale*. Es kann daher kein *Zufall sein*, daß Hämoglobin des Blutes *rot* und Chlorophyll der Pflanzen grün ist. Je nach *Trübung* oder *Durchleuchtung* zeigen jeweilige *Beschaffenheit* oder *Tönung* die über alle unendlich vielen *Daseinszustände* andauernde *psychisch-physische* Auseinandersetzung zwischen den *erniedrigenden* Mächten der *Finsternis* und *erhöhenden* Kräften des *Lichtes* auf. In ihrer Färbung wird das *spirituelle Ringen* des Menschen um *essentielle Vollkommenheit* sichtbar. Als kaleidoskopartiges Wechselspiel findet so die gesamte *geist-dynamische* Entwicklung des menschlichen Wesens ihren Ausdruck.

Aus diesem Wissen heraus ergibt sich die Tatsache, daß jedes erschaffene Wesen in seiner Gesamtheit ein *Prisma* darstellt, welches das reinweiße *Urlicht* schöpferischen Bewußtseins in sein *siebenfarbiges Vitalenergiespektrum* auflöst. In dessen *Helligkeit* (Heiligkeit) und *Reinheit* aber spiegeln sich die einzelnen inneren Wesensmerkmale der *Geschöpfe*. Denn mit ihm quillt das ursächliche *spirituelle Sein* zur Oberfläche, um im *Feuer* der *materiellen* Existenz *geläutert* zu werden, der *gottgewollten*, in *kosmischer* Ferne heraufstrahlenden, *universellen Harmonie* entgegen, die sich in einer farblich wohlausgewogenen *Aura* Ausdruck verleiht.

Dies trifft in ganz besonderem Maße auf den Menschen zu, und es wurde den frühen Kulturvölkern dieser Erde sehr schnell bewußt, welchen bedeutsamen Einfluß *Licht* und *Farben* auf das einzelne Individuum auszuüben vermochten. Da beide nicht nur über vitale *Leuchtkörper* wie *Sonne*, *Mond* und *Sterne*, sondern in erheblichem Umfange auch die tägliche *lebendige* Nahrung aufgenommen werden.

Denn alles *dynamische* Sein entstammt den *schöpferischen Urlichtschwingungen* des Universums und kann daher nur durch diese erhalten oder weiterentwickelt werden. In ihnen ist die scheinbar so geheimnisvolle *Viriditas* (Grünkraft) der *Hildegard von Bingen*, später *heilige Impressio* (natürliche Prägung) des großen *Paracelsus* verborgen. Sie sind jene *mysteriösen Ursacher*, deren *göttliche Wirkkraft* allein in der Lage ist, *Lebensmittel* in wahrhaftige *Mittel* zum *Leben* zu verwandeln.

Aus diesen *Erkenntnissen* heraus entstand die *Farbtherapie* der alten *Heiler*, die ausschließlich auf dem naturgegebenen *Strahlenspektrum* der Sonne gründete und alle, aus diesem hervorgehenden *pflanzlichen*, weil *lebenden Nahrungsmittel* miteinbezog. Denn in ihnen allein ist jene regenerierende *Lebens-Leuchtkraft* enthalten und zu *energetischer Wirkkraft* potenziert, deren es zur wahren *Heil(ig)ung* bedarf. Insbesondere dem *Getreide* kommt eine bedeutungsvolle Rolle zu, da jedes einzelne Korn den *Schöpfungskeim* noch in seinem *Herzen* trägt. Das *Ur-Naturlicht* des goldglänzenden *Sonnenwesens* ist bis zum heutigen Tage Inbegriff von *Wärme, Wachstum, Gesundheit* und *Leben*. Nur seiner *spirituellen Qualität* können *geistige Evolution* und damit auch *körperliches Wohlergehen* entspringen, weil alles *Lebendige* aus ihm hervorgeht. So, wie es *Paulus* in seinem Brief an die Epheser, Kap. 5, Vers 13, geschrieben hat: *Denn alles, was offenbar wird, das ist Licht!*

Der Stempel Gottes

> Gott hat uns sein Siegel aufgedrückt und hat uns das Pfand für das was kommen soll, nämlich den Geist, in unser Herz gegeben.
> 2. Korinther, Kap. 1, Vers 22

Sein Buch *Probatio Particularis in Scientiam Signatam* beginnt *Paracelsus* mit folgenden Sätzen: *Alles, was die Natur gebiert, das formiert sie nach dem Wesen der Tugend so im selbigen ist, und seind also zu verstehen. Denn die Natur ist gewaltig, ein jeglichen zu zeichnen. Also ist auch der Mensch in die Gewalt der Natur kommen, der sonst ungezeichnet were blieben. Darum mag die Natur mit ihm handlen, gleich wie mit einem Blümlein im Feldt, das zeichnet sie, und gibts wenniglich zu erkennen, das durch das Signatum das innwendig öffnet, und der Signator mag durch das Signatum erkennen die Tugend im selbigen Corpus, es sey in Kreutern, Bäumen, Entpflindtlichen oder Unentpflindtlichen. Dann also haben die Signatores viel Medicamina, Remedia und andere Vires in Natürlichen dingen gefunden: Und wer nicht aus der Signatur die Krafft der Kräutter schreibet, der weiß nicht was er schreibt. Nichts ist in den Sternen, das nicht sein Signatum Signum auch äußerlich habe. Der nicht aus dem Signato Signo arzneyet, der ist kein Arzt!*

Zu Lebzeiten des großen Meisters bedienten sich die Menschen einer für heutige Verhältnisse etwas deftigeren

Ausdrucksweise, was aus den letzten Worten des zitierten *Originaltextes* eindeutig hervorgeht. Es ist bekannt, daß *Paracelsus* gegenüber seinen zeitgenössischen Arztkollegen kein Blatt vor den Mund nahm, wenn es darum ging deren medizinische Fachkenntnisse und Fähigkeiten zu kritisieren. Er bescheinigte ihnen nicht selten absoluten *Diletantismus,* weil sie offenkundig seinen *kühnen* geistigen Höhenflügen nicht folgen konnten oder wollten. Dies führte für die Zeit seiner irdischen Tage und noch weit darüber hinaus zu einem niemals endenwollenden Streit.

Tatsache bleibt, daß alle für die Menschen wirklich fruchtbaren Errungenschaften des modernen Medizinbetriebes in den Gedankengängen des *begnadeten Heilers* ihren Ausgang nahmen. Als wohl populärstes Beispiel möge an dieser Stelle die von *Samuel Hahnemann* begründete *Homöopathie* angeführt werden. Denn mit dieser fundierten, *naturgesetzlich-menschengerechten Heilmethode* ließ er der paracelsischen Lehre die *evolutionäre Tatverwirklichung* folgen. Gerade in diesen Tagen des beginnenden *Water Man*, nach Überwindung langanhaltender Schwierigkeiten, wird sie zum etablierten Lehrfach an den medizinischen Universitäten. Unübersehbares Zeichen *kosmischer Signatur* des am Allhorizont heraufziehenden neuen *Weltenjahres*, das dem gesamten Lebensraum Erde seinen unverkennbar *göttlich-geistigen* Stempel aufdrückt und dessen strahlender *Sonnenaufgang* ein glanzvolles *Äon* der *spirituellen Evolution* menschlichen *Seins* ankündigt.

Im antiken Griechenland vertraten einige Philosophen die Meinung, daß man an der *äußeren Erscheinung* von allen erschaffenen Dingen, ganz besonders aber bei Pflanzen und Steinen, erkennen könne, wozu sie nützlich seien. Denn in der *materiellen* Form *spiegele* sich die *Seele* wieder. Da aber jener innere Wesenskern von *ursächlicher* Bedeutung sei und das sichtbare Bild *präge*, müsse jeder Mensch, der diesen wahren Nutzen erkennen wolle, über eine ganz besondere Gabe des *Sehens* verfüge.

Einer dieser *Auserwählten* war *Paracelsus*. Für ihn stellten *Kosmos* und irdische *Schöpfung* kein Buch mit *sieben* Siegeln dar. Er erkannte die Zusammenhänge und wußte die äußeren Zeichen zu deuten. Auf diesem *universellen Wissen* gründete sein *Arzttum*, sowie alle daraus resultierenden Erfolge. Wer über diese Beobachtungsgabe nicht verfügte, konnte niemals ein *wahrhaftiger* Mediziner sein, ihm fehlte das *göttliche Licht*, dessen es bedarf, um *Erleuchtung* zu erlangen.

In den Naturerscheinungen hat der Schöpfer angeordnet, daß äußere Zeichen die *inneren Werck und Tugende anzeigen*, denn nichts soll dem Menschen auf *ewig* verborgen bleiben. Er ist Teil der Erde und des Himmels, gleichzeitig aber auch ein *Kosmos* in sich selbst. Daher besteht eine direkte Beziehung und gegenseitige Einflußnahme zwischen ihm und seiner gesamten *Umwelt*, die sich *gleichnishaft* in den sichtbaren Erscheinungen offenbart.

Langlebige Bäume tragen somit die *Signatur* und *Kraft* für ein *langes Leben* in sich verborgen. Nicht ohne Grund wird daher in fast allen alten Überlieferungen davon gesprochen, daß der tägliche Genuß von einigen Tropfen *Eichenwasser* Garant für viele gesunde Erdenjahre sei. Ähnliches berichtet der Volksmund über den *Apfelbaum* und dessen Frucht: *Täglich ein oder zwei Äpfel ersparen den Arzt und lassen alt werden.*

Aber die Äpfel dürfen nicht *roh* sein, schreibt *Hildegard von Bingen*. Wobei der Begriff *roh* jene Früchte bezeichnet, die direkt vom Baum herunter gepflückt und verspeist werden. Sobald diese einige Wochen abgelagert wurden, sodaß die Haut *runzelig* und das Fleisch *mürbe* geworden ist, haben sie ihre *wohlverträgliche Reife* erreicht, da ihre *unruhigen Geister* (Säfte) *ausgegoren* sind. Eine Aussage, der an anderer Stelle dieses Buches noch etwas mehr Aufmerksamkeit gewidmet wird.

Nicht erst seit *Paracelsus* oder den früheren *Griechen* waren die direkten Zusammenhänge zwischen menschlichen Krankheitszeichen (Symptomen) und den *äußeren* Erscheinungen (Signaturen/Prägungen) in der Natur bekannt. Dieses *Wissen* reicht bis in die grauste Urzeit der Menschheitsgeschichte zurück. Dennoch wurden bisher keine schriftlichen Hinterlassenschaften der alten *Weisen* bekannt. So sind ihre Erfahrungen auf diesem Gebiet für Jahrtausende in Vergessenheit geraten und bestenfalls durch eine *glückliche Fügung* vereinzelt aus dem Dunkel der Vergangenheit hervorgetreten.

Dem genialen Arzt *Theophrastus Bombastus von Hohenheim*, der sich selbst *Paracelsus* nannte, blieb es vorbehalten, diese Wahrnehmungen weiter zu vertiefen, um sie in ihren Ansätzen dem medizinischen Wissen wieder zugänglich zu machen. Seine im Jahre 1616 gedruckten Aufzeichnungen, die zum Teil auch diesem Thema gewidmet waren, veranlaßten den Tübinger Arzt *Emil Schlegel* (1852 - 1934) dazu, im Jahre 1915 erstmals ein Buch mit dem Titel *Religion der Arznei* zu veröffentlichen, in dem er die *Signaturenlehre* wissenschaftlich begründete und einer breiten Öffentlichkeit vorlegte. Leider findet diese *Pionierleistung* des vielleicht letzten großen *Homöopathen* der Neuzeit im heutigen Medizinbetrieb kaum mehr Beachtung.

Mit welch feinfühlender Beobachtungsgabe er die *Gesamtheit* aller *äußeren* Zeichen der Pflanzen in Zusammenhang mit der Symptomatik ganz bestimmter Körperfunktionen beim Menschen brachte, sei am Beispiel des weitgehend bekannten Löwenzahn (Taraxacum officinale) aufgezeigt: *Die starke Vegetationskraft und das frühe massenhafte Erscheinen weisen in Verbindung mit dem Milchsaft auf elementare Funktionen im Bereiche der Verdauung hin. Unregelmäßigkeiten werden unzweifelhaft durch die zerrissenen Blattränder aufgezeigt, wobei noch zu beachten ist, daß sich im bekannten Merkmal der Landkartenzunge sozusagen die Blattumrisse überdeutlich als markanter Belag abzeichnen. Der hohle, luftführende Stengel weist auf Darm-, Harn- und eventuell Atemfunktionen hin. Die goldgelb-strahlende, nach allen Richtungen fächernde Blüte könnte mit dem Nervensystem in*

Verbindung gebracht werden, und der leuchtenden Farbe dürfte eine Beziehung zu den Augen kaum abgesprochen werden. Bleibt noch der spätere Samenkörper, die bei allen Kindern so beliebte Pusteblume, dessen unverwechselbares Erscheinungsbild dem einer durch erheblich erhöhten Harnsäurespiegel gekennzeichneten menschlichen Iris exakt entspricht.

Aus diesen, dem Original entnommenen, in geraffter Form wiedergegebenen Schilderungen wird ersichtlich, welch ausgeprägte *seherische Gabe* dem wahren Arzte zu eigen sein muß, wenn er sich der *Signaturenlehre* erfolgreich bedienen will. Denn es genügt einfach nicht, lediglich das sichtbare Bildnis nach seiner äußeren Darstellung zu beurteilen, sondern alle *Wahrnehmungen* müssen dem *Sehenden* in ihren inneren Zusammenhänglichkeiten bewußt werden und ihm das *schöpferische* der wahren *Heilkunst* offenbaren.

So gesehen war *Emil Schlegel*, wie alle, denen es *gegeben* ist die *spirituelle Wirklichkeit* hinter der Materie zu *schauen*, seiner Zeit weit voraus. Seinem wohl wichtigsten Buche aber blieb Einsamkeit beschieden. Er selbst bezeichnete es *als ein mehr schöpferisches denn beschränkt wissenschaftliches Werk, in welchem künstlerisch gestaltet sein soll, was einer Kunst dienen muß.* Der bis in diese Tage reichende Mangel an Anerkennung seiner *Signaturenlehre* ließ die innerste Überzeugung des Arztes nicht wanken, daß ihr *Geist dereinst siegen werde und in Verbindung mit wahrer Homöopathie zur gesegneten Regie-*

rung und Umbildung des gesamten Heilwesens berufen sei. Im Hinblick auf die derzeitige Entwicklung eine wahrhaft *prophetische* Aussage.

Im spirituellen Signatum allein kommt das Licht der göttlichen Natur zum Leuchten und *wirkt* eine *gleichnishaft-bildliche Entsprechung*. Auch dem Menschen ist, wie allen anderen geschaffenen Existenzen, seine unverwechselbare, einzigartige *kosmische Wesensprägung* (Signatur) mitgegeben. Diese formt, gemäß ihrer *essentiellen Evolutionsreife*, das *materielle Haus*, in dem sie für die Zeit *eines* jeweiligen *Daseins* im *Stoffe* Wohnung genommen hat. Somit wird deutlich, daß von der äußeren Erscheinung über *Wahrnehmung, liebevolle Mitempfindung* und *geistige Demut* unzweifelhaft Rückschlüsse auf das *innere Wesen* gezogen werden können. Nur in dieser *schöpferischen Dreiheit* offenbaren sich dem *wahrhaft Schauenden* die *tieferen Lebenszusammenhänge* des *Universums* und eröffnen ihm gleichsam den Weg zur *göttlichen Heilkunst*.

In diesem Sinne will auch *Hildegard von Bingen* verstanden werden. Sie hebt aber die sichtbaren Merkmale weit weniger hervor, als jene unsichtbaren, das gesamte *Sein ursachenden* und *bestimmenden*, überall ununterbrochen tätigen *all-mächtigen Potenzen*. Denn ihre umfassende *Vision* erschöpft sich nicht in dem irdisch-menschlichen Versuch, die *essentiell-vitalen Verkettungen* auf dem mühsamen Wege von *außen* nach *innen* zu entschlüsseln. Sondern sie *sieht* mit absolut *geistiger Klarheit* alle *wahren Entsprechungen* in ihrer umgekehrten Abfolge, weil durch den *tatsächlich-prägenden Innen-Sinn* des ewig-unerforschlich freien *Schöpferwillens* bewirkt. Damit gipfelt ihr *überirdisches Wissen* um die wahrhaftige Existenz Gottes in einer aus den geistigen Tiefen seiner *All-Natur* hervorquellenden grandiosen *Philosphie* unwiderlegbar kosmischer *Gesamt-Schau*, deren tatsächlicher *Wahrheitsgehalt* durch *neugewonnene* (wiedererworbene!) Erkenntnisse moderner Naturwissenschaft fast täglich bestätigt wird.

Einige hundert Jahre vor dem großen *Paracelsus* erfüllt sie bereits seine grundlegende Forderung, daß dem *wahren* Arzt seine *Philosphie* nur aus der *geschauten inneren Natur* hervorgehen kann: *Eines jeglichen Arztes Grund soll aus der Natur gehen, aus der Philosphei. So ein Arzt nicht durch die Philosophei in die Arznei kommt, der kann kein Arzt sein, denn er geht nicht die rechte Tür hinein, sondern steigt oben durch das Dach in sie. Durch die Philosphei geht das Tor in die Arznei; so ist der Weg in sie, so muß sie gelernt werden. Und was außerhalb dessen ist, das ist ein erdachtes Ding, Phantasei, ohne Grund.*

Getragen von einem unerschütterlichen Glauben, ist die *Äbtissin* aus dem rheinhessischen Bermersheim *innerer Philosphus* und *Astronomus* zugleich. Sie *schaut* hinter dem überwältigenden *Panorama* der *materiellen Schöpfung* jenen *göttlichen Alchimisten*, dessen erhabene, *geistig-unbegrenzte* Schaffenskraft im *ewigen Kreislauf* aller *Lebensevolution* jedem *Werden*, *Wachsen* und *Vergehen* ihren, dem jeweils gegenwärtigen *Sein* gerecht werdenden, *arteigen-aufgabe-entsprechenden Stempel* auf- drückt. So verleiht die große *Mystikerin* auch mit deutlichen Worten ihrer *Erkenntnis* Ausdruck: *Der Schöpfer, der die Welt begründet, hat sie mit den Elementen befestigt. Und mit großer Zier hat er sie geschmückt, als er diese mit verschiedenen Geschöpfen zum Dienste des Menschen erfüllte. Gott, der alles auf seinem Willen begründet hat, hat es zur Anerkennung und Ehrung seines Namens erschaffen, aber nicht nur das, was daran sichtbar und zeitlich ist, offenbart er, sondern auch jenes, was daran unsichtbar und ewig ist, macht er sinnenfällig!*

In einer übermenschlichen *Vision* erkennt *Hildegard von Bingen*, daß der vitale *Werde-Wille* Gottes als *subtilste Geistesschwingung* alle Welten *durchdringt* und *bedingt*. Die unzähligen Sonnen, Planeten und Existenzen aller materiell-sichtbaren Universen, mit ihren unterschiedlichsten Eigenheiten und Formen, reflektieren als *stoffgewordene Lichtgedanken* den *Ideenreichtum* des *Schöpfers*. Gleichzeitig sind sie aber auch *Mitwirker* seiner *dynamischen Potenz*, deren einzige Aufgabe darin besteht, der *göttlichen Signatur* einzelner Wesenheiten in der rechten Weise zum Ausdruck zu verhelfen.

Dieses *Wissen* spricht aus den Worten der Benediktinernonne. Denn *Wachstum* und *Heilkraft* (innere Prägung) erhalten bei ihr die Pflanzen oder Steine von der *Wärme der Sonne, Kälte des Mondes, Trockenheit des Tages oder Abends* und *Feuchte der Nacht*. Nicht anders beschreibt sie die Menschen, denen ausschließlich mit zu ihrem *We-*

sen passenden Mitteln *Linderung* und *Heilung* zuteil werden kann. Es sei denn: *Gott will nicht!*

Nur mit der *rechten Demut* und *Bescheidenheit* aber werden dem in der Stille seines *Herzens* bittenden *Weltenbewohner* die geistigen Zusammenhänge aller Schöpfung *sinnenfällig*, ihrem *inneren Wesen* nach in den *Sinn fallen*, bewußt offenbar. Allein durch spirituelle *Rück-*, *Ein-* und *Heimkehr* in das *Vaterhaus*, dehnt sich der *geistige Horizont* des Menschen zu jener *kosmischen All-Weite*, deren es zwingend bedarf, um die in allem Geschaffenen liegende *göttliche Signatur* zu *schauen*. Denn nur aus deren Kenntnis erwächst ihm die wahre *Religion* seines *Daseins*.

Diesen Weg zur *kosmischen Weisheit* hat die irdische Menschheit längst beschritten. Auch wenn sie mehrheitlich gegenwärtig noch in den dunstverhangenen Niederungen der einengenden *Stoffsignatur* des vergehenden *Fischeäons* umherirrt, über den Gipfeln glutet bereits das strahlende Licht des neuen *Weltenmonats*, dessen *lebendige Flut* schon bald alle Nebel aus den Tälern hinwegspült.

Dann ist jener in den Mysterien alter *Weisen* prophezeite Zeitpunkt *bewußter Entfaltung* des *unsterblichen Schöpfergeistes* in allen Menschen gekommen. Ihre bisherige, in der Masse *anonym-maskenhafte Persona* (das Wort *Persona* kommt aus dem *Etruskischen* und hat die Bedeutung *Maske*), wird verwandelt zur *sich-selbst-erkennenden Gottespersönlichkeit*, ausgestattet mit dem gesamten *Potential* universellen *Wissens*. Im Evangelium des Johannes, Kap. 8, Vers 32, hat *Jesus* mit deutlichen Worten auf diese Entwicklung hingewiesen, als er sagte: *Und ihr werdet die Wahrheit erkennen, und die Wahrheit wird euch frei machen!*

Aus dieser, vom *Stoffdenken befreienden Wahrheitserkenntnis* heraus, verschafft sich in den *Herzen* der Erdenmenschen die gleiche *Dankbarkeit* Raum, wie es schon eine *Hildegard von Bingen* empfand, und der sie mit den folgenden Worten Ausdruck verlieh: *Ich weiß nämlich aufgrund des Textes um die innere Bedeutung bei der Auslegung des Psalters, des Evangeliums und andrer Bücher. Und diese werden mir in dieser Schauung gezeigt, die meine Brust berührt, wobei diese auch meine Seele wie eine Flamme verzehrt und mich diese Tiefen der Auslegung lehrt. Ich kann nur in Einfalt* (dankbare Demut) *lesen, verstehe aber nicht den Text aufzugliedern. Denn ich bin ein ungelehrter Mensch von irgendeiner Bemeisterung mit dem äußeren Stoffe her. Doch innerlich in meiner Seele bin ich belehrt. Danach schrieb ich das Buch der göttlichen Werke, worin ich die Höhe, Tiefe und Breite des Firmaments geschaut habe, wie der allmächtige Gott es mir eingoss, wie die Sonne, der Mond, die Sterne und die übrigen Dinge an ihm begründet worden sind.*

Des Schöpfers grüne Apotheke

> Gott hat keine Krankheit erschaffen, ohne zugleich auch das Heilmittel gegen sie zu erschaffen. Davon ausgenommen ist nur das Altern.
>
> Lehrsatz der arabischen Sufis

Der oben erwähnte Lehrsatz deckt sich inhaltlich mit einer grundsätzlichen Auffassung des großen *Paracelsus*, in welchem er seiner Überzeugung Ausdruck verlieh, *daß für jede Krankheit auch ein Kraut gewachsen sei*. Demzufolge müßte es also problemlos möglich sein, immer die entsprechenden *Kenntnisse* vorausgesetzt, vermittels Verabreichung des als richtig befundenen Pflanzenpräparates alle menschlichen Krankheitszustände zu *heilen*. Obwohl es sich bei beiden Aussagen um *fundamentale Wahrheiten* handelt, sieht die *aktuelle Situation* völlig anders aus.

Dies liegt nicht an den Pflanzen selbst, deren *irdische Vielfalt* bis zum heutigen Tage bestenfalls zu einem verschwindend geringen Bruchteil erforscht ist, ganz zu schweigen von den in ihnen *verborgenen* Kräften, die je nach ihrer *schöpferischen Wirksignatur* dem Menschen zum *Heil* oder *Unheil* gereichen können. Sondern es hat den in der Erdenneuzeit *verkörperten Menschengeistern* gefallen, seit nunmehr gerade *zweihundert Jahren*, ihren seit *Urzeiten* in der niemals *angezweifelten Existenz* des ewigen Weltengeistes *verwurzelten Glauben* einem *verlockend* schillernden *äußeren Fortschritt* zu opfern. So droht nun der gesamten *irdischen Schöpfung* unter einem unübersehbaren, *gottlos-kunstvoll* aufgeschütteten Berg *funkel-nagel-neuer chemischer Formeln* der globale Erstickungstod.

Im französiche Volksmund heißt es: *Man kennt einen Fluß nicht, wenn man nicht weiß, wo er entspringt.* Dies will ausdrücken, daß wem der *Ursprung* unbekannt ist, auch die *Gesamtheit* ein Rätsel bleiben muß. Denn aus der *Unkenntnis* grundlegender Tatsachen läßt sich keine verständliche Erklärung ableiten. Nur die *Unwissenheit* bläht sich auf, wahrhaftige *Erkenntnis* bleibt demütig und bescheiden.

Von der breiten Mehrheit lange Zeit unbemerkt, sind inzwischen in allen Teilen der Welt viele Menschen *taterwacht* und haben sich auf die Suche nach den scheinbar *verschütteten Quellen* alten *Weistums* begeben, um diese freizulegen. Denn immer deutlicher wird den Erdenvölkern bewußt, daß die *Basis* ihrer eigenen *geistig-lichtvollen Zukunft* auf den *Fundamenten* des *kosmischen Urwissens* gegründet sein muß, wenn sie den *göttlichen Olymp* der *evolutionär-spirituellen Entfaltung* allen Lebens tragen soll. So setzt das tiefere Eindringen in die *unsichtbaren Geheimnisse* der Schöpfung eine *seelische Herzenssensibilität* voraus, wie sie in vergangenen Jahrtausenden nur den großen *Mystikern* zu eigen war. Denn aus dieser allein resultierte alle, jener *salomonischen Weisheit* vergleichbare *Erkenntnisfähigkeit*.

Nur im *monumentalen* Buche *lebendigen Naturgeschehens* konnte das gesamte Wissen *gleichnishaft* aufgezeichnet sein. Wie anders sollte der *Schöpfer* sich seinen *Erdenkindern* verständlich machen, als durch *Werden, Wachsen, Sein* und *Vergehen* pflanzlicher Existenz, deren *äußere Erscheinung* ihr wahres geheimnisvoll-inneres *Wirkleben* widerspiegelte? Welche *Lehrmeister* konnten den Menschen die *geistigen Himmelsgesetze* besser vermitteln, wenn nicht ihre *grünen Erdengeschwister* selbst?

So wird verständlich, daß sich schon die frühesten Kulturvölker dieses Planeten darum bemühten Pflanzen und Kräuter für *Heilzwecke* zu gebrauchen. In nach Zeit und Ablauf genau festgelegten, heute fälschlicherweise als *magische Rituale* bezeichneten Handlungen, die sich bis in das graueste Altertum menschlicher Zivilisation nachweisen lassen, versuchten sie das wahre *Wesen* zu ergründen. Die daraus gewonnenen theoretischen *Erkenntnisse* ergänzten sich mit den aus der praktischen *Erprobung* hervorgegangenen *Erfahrungen* und führten zu einem tiefschürfenden *Wissen* um *naturbedingte Heilverfahren*.

Dies alles fand Ausdruck in einer umfangreichen Literatur über die *Pflanzenkunde*. So verfügten schon die direkten Nachkommen der altindischen *Aryas* über ein nachgerade überwältigendes *Schrifttum* zu diesem Thema. Den Überlieferungen zufolge sollen ihre *Heilpriester* nach heutigem Ermessen geradezu *Unvorstellbares* geleistet haben und wurden noch lange nach ihrer Zeit von den Griechen als *Macrobier* bezeichnet, was soviel wie *Lang-*

leber bedeutet. Gerade in diesen Tagen findet die *macrobiotische Ernährungsweise* wieder immer mehr Anhänger, wobei zwischen damals und heute ein kleiner Unterschied besteht. Denn die *Macrobiotik* der alten Inder war streng *vegetarisch* und von absoluter *Mäßigkeit* geprägt, während ihre moderne *Variante* den Genuß von Fischfleisch zuläßt.

In den berühmt gewordenen *Hermesbüchern* des frühen *Ägypten* wird die *Pflanzenheilkunde* gleich in mehreren Bänden eingehend behandelt. Leider ist es bis zum heutigen Tagen nicht gelungen, ihren *naturarzneilich-sagenumwobenen* "Nibelungenhort" zu heben, denn für alle in diesen *Papyri* verwendeten Pflanzennamen konnten bisher noch kein *Übersetzungsschlüssel* gefunden werden.

Ganz besondere Bedeutung um die *Heiltherapien* vermittels Pflanzen kommt den Kenntnissen der alten Griechen zu. Denn auf sie gehen noch heute gebräuchliche Namen zurück. So wurde zum Beispiel das Tausendgüldenkraut *Centaura* nach dem thessalischen *Zentaur* Cheiron benannt, der mit *Pflanzensäften* und unter *Gesängen* Heilungen vorgenommen haben soll. Die antike *Sage* berichtet, daß er die *Blutung* aus der Wunde des *trojanischen* Helden *Achilles* vermittels Schafgarbe, *Achillea millefolium*, zum Stillstand brachte.

Asclepios, Sohn von *Phöbos Apollo*, dem griechischen *Gott* des *Lichtes*, war Schüler des Cheiron und hatte dessen *Therapie* übernommen, um mit ihr den in der Schlacht verwundeten Kriegern Linderung oder gar Heilung zu bringen. Überall im Lande wurden ihm zu Ehren *Tempel* geweiht, deren *Priester* die *Pflanzenheilkunde* in *Verbindung* mit ihrer *Religion* ausübten. Sie trugen die Bezeichnung *Asclepiaden*, waren als *heil(ende)ige Männer* hoch verehrt und vererbten ihr gesamtes *Wissen* zunächst ausschließlich an ihre Nachkommen.

Es entstand eine straffgeordnete *Kaste*, aus welcher wieder an verschiedenen Orten Griechenlands regelrechte *medizinische Fakultäten* hervorgingen. Eine dieser *Schulen* befand sich in *Kos*, einem zur damaligen Zeit bekannten *Kurort*. Hier wurde *Hippokrates* (460 - 352 v. Chr.) ausgebildet, der wohl berühmteste Arzt des Altertums. Er nennt in seinen Schriften zweihundertvierunddreißig (234) *Heilpflanzen*, deren Namen aber heute noch nicht mit absoluter Sicherheit erforscht sind.

Nur wenige Jahre nach ihm macht *Theophrastus von Eresos* (370 - 290 v. Chr.) auf sich aufmerksam. Dieser bearbeitet in eingehender Weise die *Pflanzenheilkunde* und schildert fünfhundert (500) Pflanzen nach deren arzneilichem Gebrauch. Sein Buch *Naturgeschichte der Gewächse* ist bis heute erhalten und hatte Geltung bis in das Mittelalter hinein. Er behandelte ausführlich das Thema der *Rhizotomie* (Wurzelgräberei). Denn die *Heilpflanzen* wurden damals von sogenannten *Rhizotomen* oder *Wurzelgräbern* gesammelt. Bei dieser Tätigkeit waren zwingend ganz bestimmte Regeln einzuhalten, um den Pflanzen und Wurzeln ihre *innere Kraft* zu erhalten, die ja allein *Heilung* bewirken konnten. So kam dem Stand der *Sonne* und des *Mondes* eine besondere Bedeutung zu. Sogar in der festgefügten *Ordnung* des *Vogelfluges* erkannten die *Rhizotomen* günstige oder ungünstige *Zeiten* für ihre Arbeit. Es wurden auch allerlei *Gebete* dabei gesprochen, und manchmal sogar *Flüche* oder *unzüchtige* Worte ausgestoßen. Bei der schon einmal weiter oben erwähnten blutigen Zeremonie im Hindukusch-Gebirge sind ähnliche Gepflogenheiten üblich.

Noch heute leben in allen Gebirgsgegenden der Erde *alte Menschen*, die *Kräuter* oder *Pflanzen* zu *Heilzwecken* sammeln und dabei dem jeweiligen *Stand* der *Gestirne* für den günstigsten *Zeitpunkt* größte Bedeutung beimessen. Inzwischen lehrt eine schon zu *Urzeiten* einmal gemachte, heute nur scheinbar *neue Erfahrung*, daß auch die *Verabreichung* einer *Naturarznei* an zeitlich ganz festgefügte *Wirkrhythmen* gebunden ist. Nähere Erläuterungen zu diesem *eminent wichtigen* Thema finden sich weiter unten.

Im gleichen Maße, wie die politische Macht der alten Griechen in ihren verbrauchten Strukturen erstarrte und in der Geschichte versank, wuchs jene des späteren *Römischen Weltreiches*. Gleichzeitig verlagerte sich alle *kulturelle, wissenschaftliche* und *medizinische* Entwicklung von Athen nach Rom. Da dort die ärztliche Kunst noch nicht sehr weit fortgeschritten war, wurde ein *Grieche* namens *Asclepiades* (128 - 56 v. Chr.) zum ersten anerkannten Arzt der aufstrebenden *Weltmetropole*. Wie umfassend seine Erkenntnisse um die normale *Funktion* des *menschlichen Organismus* gewesen sein müssen, zeigt die

Tatsache, daß er *Fieber* als natürliche *Heilreaktion*, *Hunger* und *Durst* (Fasten!) als *beste Regenerationstherapie* ansah. In ganz Rom berühmt wurden seine *Kaltwasseranwendungen* in Form von *Tropf-*, *Sturz-* und *Regengüssen*.

Sein gelehrigster Schüler, *Antonius Musa*, übernahm die radikalen Kaltwasserkuren von seinem populären Lehrmeister und ergänzte diese noch durch den *methodischen Salatgenuß*. Mit einer solchen Kombination gelang es ihm, den durch seinen Leibarzt *Camelius* völlig verweichlichten *Kaiser Augustus* (63 v. - 14 n. Chr.) von zahlreichen Gebrechen zu heilen. Aus Dankbarkeit versetzte ihn der *Herrscher* in den Ritterstand und ließ ihm im Tempel des *Aesculap* eine Säule errichten. Gleichzeitig verfügte *Augustus*, daß alle Ärzte mit sofortiger Wirkung von den sonst üblichen Abgaben zu befreien waren.

Die Kunde jener erfolgreichen *Salatkur* drang bis nach *Numidien* (heutiges Tunis und Ostalgerien), wo König *Iuba* (50 v. Chr.) residierte, der *Euphorbus*, den Bruder von *Musa* als *Leibarzt* beschäftigte. Der König galt als einer der größten Gelehrten seiner Zeit und veranlaßte seinen Untergebenen ein Buch über eine Salatpflanze zu schreiben, die, in Anlehnung an den Autoren, *Euphorbia* genannt wurde. Alle Wolfsmilcharten, *Euphorbiaceen*, tragen noch heute diesen Namen.

Die Spuren jener Wertschätzung der *Salatpflanze* durch die alten Römer sind noch heute am Rhein in Deutschland zu finden. Denn zur Zeit der römischen Herrschaft mußten die damaligen Rheinländer jährlich einen

Tribut von *Pastinak* (Pastinacea sativa) an den Kaiser *Tiberius* (14 - 37 n. Chr.) liefern. Dick, fleischig, aromatisch-süß, wirkt die Wurzel *harntreibend* und ist als Gemüse oder Salat noch immer beliebt.

Es wurde den Römern zur lieben Gewohnheit, die *Abendmahlzeit* mit einem *Salat* zu beschließen. Denn der in diesen Pflanzen in der Regel enthaltene *narkotische Milchsaft* sorgte für guten *Schlaf*. So wurde später den *Klosterleuten* empfohlen *Lattichsalat* zu genießen, weil dieser angeblich den *Liebesdrang* spürbar dämpfte.

Dem berühmten Arzt *Galenus* (131 - 201 n. Chr.) werden folgende Ausführungen zum Thema zugeschrieben: *Als ich älter zu werden begann und das richtige Maß der Zeit schlafend hinbringen wollte, war ich teils durch die Gewohnheit, nachts zu wachen, teils weil im Alter der Schlaf oft von selbst ausbleibt, nur dadurch imstande, mir den nötigen Schlaf zu verschaffen, daß ich oftmals eine Portion gekochten Salates verspeiste.*

Vor ihm verfaßte *Plinius Secundus* (25 - 79 n. Chr.) siebenunddreißig Bücher mit dem Titel *Historia naturalis*. Die Bände elf bis neunzehn handeln vom Reich der Pflanzen, zwanzig bis zweiunddreißig sind medizinischen Inhaltes. Der Autor war von den Ärzten und ihrer Heilkunde wenig begeistert, brachte aber dennoch ein komplettes Verzeichnis der damals gebräuchlichen Arzneimittel heraus. Obwohl ihm einige Flüchtigkeitsfehler unterliefen, hatten seine Werke auf die Entwicklung der Naturwissenschaften einen erheblichen Einfluß.

In der Folgezeit begann sich das römische Reich zu zersplittern. Von Norden und Osten drangen sogenannte *Barbaren* in das Land und begruben mit der Macht Roms auch die Errungenschaften von Wissenschaft und Kunst unter den Trümmern ihrer Hinterlassenschaft. Aus dem Chaos des untergehenden Großreiches kristallisierte sich nun das *Christentum* als neue *geistige Bewegung* heraus, die ihren *Machtanspruch* schon bald unmißverständlich einforderte und im offiziell *sanktionierten Mord* an ihrem Begründer *Jesus* ihren Anfang nahm.

Seine auf höchster *ethischen Ebene* angesiedelte *Liebelehre* ist durchdrungen vom *heiligen Urwissen* der Menschheit, denn er gehörte zu den schon einmal erwähnten *Essenern*, die das alte *Weistum* studierten und bewahrten. Dies geht ganz besonders aus seinen Ausführungen in der Bergpredigt (Matthäus Kap. 5) hervor. Dennoch wurde sie bis in die *Neuzeit* offenkundig völlig mißverstanden und fiel schon bald dem *blutigen Terror* überheblichen *Machtstrebens* fast aller selbsternannten, angeblich für die ganze irdische Menschheit verantwortlichen Nachfolger Christi zum Opfer. Er selbst, der ja die Gesetze des Himmels und der kosmischen Abläufe kannte, wußte um die nur kurze Zeit nach ihm über seine *wahren* Anhänger hereinbrechenden dramatischen Ereignisse, aber auch von der nicht mehr allzufernen, *lichtvollen* Zukunft dieser Welt und ihrer Bewohner. Denn seine Worte in Matthäus, Kap. 5, Vers 11 und 12, belegen dies eindeutig: *Selig seid ihr, wenn euch die Menschen um meinetwillen schmähen und verfolgen, und reden allerlei Übels wider euch, so sie daran lügen. Seid fröhlich und getrost, es wird euch im Himmel (durch die Gesetze des Geistes) wohl belohnt werden. Denn also haben sie verfolgt die Propheten, die vor euch gewesen sind.*

So ist über Jahrhunderte hinweg alles verfolgt, verboten und verbrannt worden, was auch nur im Entferntesten an das frühere, als *heidnisch* geziehene *Wissen* erinnerte, oder damit zu tun hatte. Alle Kunst und Wissenschaft, die nicht mit den *Jesusfernen* und oft geradezu *abstrusen* Theorien jener herrschenden *Religionsfanatiker* in Einklang stand, wurden als *gotteswidrig* verworfen. Selbst das *Studium* der alten Schriften war für eine lange Zeit mit dem päpstlichen *Bannfluch* belegt. Wer dabei ertappt wurde, der entging in der düsteren Zeit des Mittelalters, wie ungezählte andere unschuldige Opfer, dem Feuertod auf den in ganz Europa lodernden Scheiterhaufen nicht.

Gleichzeitig wurden auf den alten *Kultplätzen* Kirchen und Klöster errichtet. Denn die Menschen zogen nach wie vor zu ganz bestimmten Zeiten dorthin, weil sie es von *altersher* gar nicht anders kannten. So sind *Ostern* und *Weihnachten* im Ablauf der *kosmischen Rhythmen* festgeschriebene, angeblich *heidnische Feste*, denen die Erdenvölker schon seit *Jahrzehntausenden* huldigten. Sie und vieles andere wurden *verschleiert* in den *kirchlichen Ritus* eingebunden, um solcherart die absichtlich *unwissend* gehaltenen *Erdenbewohner* mit dem *System* zu *verketten*.

Alles alte Schrifttum, das nicht der *lodernden Flammenhölle* zum Opfer fiel, verschwand hinter dicken Klostermauern und unterlag für Jahrhunderte der strengsten *Geheimhaltung.* So wurden Kunst oder *Wissenschaft* nur noch an diesen Stätten gepflegt. Auch die Ausübung der *Medizin* lag schon bald allein in den Händen von Mönchen. Sie widmeten sich eingehend der *Krankenpflege* und pflanzten in ihren *Klostergärten* viele *Heilkräuter* an, um mit diesen den leidenden Mitmenschen Hilfe angedeihen zu lassen. Damit nahmen die Klöster jene Stelle ein, die im Altertum den Tempeln und deren Priester vorbehalten war. Sie wurden zu *Stätten* des *Heilens.*

Ganz besonders zeichneten sich die *Benediktiner-Klöster* aus, denn die Regeln dieses Ordens schrieben den Mönchen vor, sich mit dem *Studium* der *Wissenschaften* zu beschäftigen. So gründeten diese regelrechte *Medizinschulen,* deren Ansehen schon bald sehr hoch war. Die *Heilkunde* wurde zur damaligen Zeit aufgrund einer Anordnung von *Karl dem Großen* (768 - 814 n. Chr.) unter der Bezeichnung *Physika* gelehrt.

Nachdem aus einer über Jahrhunderte andauernden finsteren Zeit keine bemerkenswerten medizinischen Aufzeichnungen bekannt wurden, tritt urplötzlich die Benediktinernonne *Hildegard von Bingen* (1098 - 1179 n. Chr.) mit ihrem *Monumentalwerk* gleichen Titels auf den Plan. In ihrer überwältigenden *Vision* wird die gesamte *irdische Schöpfung* in faszinierenden Einzelheiten beschrieben, deren wahrer Sinngehalt erst jetzt, untermauert durch neuere wissenschaftliche Erkenntnisse, verstanden werden kann. Sie sieht in *Gott* allein den großen *Weltenwirker* und *Schicksalsbaumeister*, dem der Mensch sich uneingeschränkt anvertrauen muß, wenn er zum *Mitgestalter* seines *Karmas* werden will. Ihre fünfunddreißig (35) *Tugenden* und *Laster*, die über *Wohl* und *Wehe* eines jeden menschlichen Wesens entscheiden, gereichten jeder modernen *Psychotherapie* zur Ehre. Es ist kein *Zufall*, daß die *Hildegard-Heilkunde* gerade jetzt, in dem nach menschlichem Ermessen scheinbaren Chaos *irdisch-kosmischer Wendezeit*, aus der Dunkelheit des *Fast-Vergessen-Seins* wiederaufersteht und mit ihrem strahlenden *Licht* beiträgt zur *hell-erleuchteten Zukunft* menschlicher *Geistesentwicklung*, deren unübersehbare *Morgenröte* am Firmament heraufzieht. Hier leistete der in Konstanz am Bodensee lebende Arzt *Dr. Gottfried Hertzka* beispielhafte Pionierarbeit.

Als weiterer bedeutender Autor naturmedizinischer Schriften muß *Albertus Magnus* (1193 - 1280 n. Chr.) genannt werden. Ein Dominikanermönch, der schließlich Bischof zu Regensburg wurde. Er hinterließ zweiundzwanzig (22) wissenschaftliche Werke, darunter eine Reihe mit dem Titel: *Über Kräuter und Pflanzen*.

In Italien wurde *Arnoldus de Villanova* (1300 - 1363 n. Chr.) bekannt und wegen seiner für die damalige Zeit zu *aufgeklärten Denkweise* verfolgt. Er erklärte den *Erfahrungsweg* als den in der *ärztlichen Kunst* am *erkenntnisträchtigsten*. Die meisten seiner umfangreichen

Schriften fielen der Verbrennung auf den Scheiterhaufen zum Opfer.

Gut einhundertfünfzig Jahre nach dem berühmten Italiener lebte und wirkte in Europa der große *Philippus Aureolus Theophrastus Bombast von Hohenheim* (1493 - 1541 n. Chr.), der sich selbst *Paracelsus* nannte. Eine Wortschöpfung aus der griechischen Silbe *para*, was soviel wie *bei, neben* oder *über* bedeutet und dem Namen des im ersten Jahrhundert nach Christus lebenden römischen Arztschriftstellers *Celsus*. Dieser beschrieb die vier *Kardinalsymptome* der Entzündungen *rubor, tumor, calor, dolor* (Rötung, Schwellung, Wärme, Schmerz) und leitete jegliches *Krankheitsgeschehen* von materiellen Fehlfunktionen des menschlichen Körpers ab. Offensichtlich wollte *Paracelsus* durch die selbstgewählte Namensgebung bekunden, daß sein *Wissen* um das *wahre* Wesen menschlichen *Leidens* weit *über* dem des weithin anerkannten Römers stand. Denn für den *Hohenheimer* gab es keinen Zweifel an den *geistig-seelischen* Ursachen aller sichtbarkörperlichen Gebrechen, die nichts weiter darstellen, als *gleichnishaft-sinnfällige* Entsprechungen *innerer* Disharmonien.

Erst in der Moderne lassen *psychologisch-medizinische* Erkenntnisse erahnen, welche *kosmische Weisheit* in dem genialen Arzt des Mittelalters lebte und jene, *alle Universen* durchmessende *Allschau* hervorbrachte, die ihm das *Schöpfungsrätsel* offenbar werden ließ. Er verfügte über die *göttliche Gabe* in der grünen *Apotheke* des *Schöpfers* zu lesen, als sei sie ein offenes Buch. So spricht er denn auch von der *Signa Chiromantica*, die in alles Stoffliche gelegt ist, deren *äußerer* Zeichendeutung es bedarf, um innere Zusammenhänge zu erkennen. Als *Chiromantik* wird heute noch jene *umstrittene Kunstfertigkeit* bezeichnet, aus den Linien der Hände Rückschlüsse auf Anlagen und innere Zustände beim Menschen zu ziehen.

Diese *Chiromantica* aber, die Fähigkeit aus Wuchs, Gestalt, Farbe und Frucht der Pflanzen auf ihren inneren *Wirkbereich* schließen zu können, der allein medizinische Bedeutung hat, ist eine der Hauptforderungen des *Paracelsus* an den wahren Arzt. Alle *Mystiker* und *Heiler* vor ihm haben sich unzweifelhaft darum bemüht, Pflanzen und Steine entsprechend ihrer *Heilverwendbarkeit* in ihren Schriften aufzulisten. Keiner von ihnen ist aber in einem solchen Maße in die *geistigen Wesenstiefen* der Schöpfung vorgedrungen wie *Hildegard von Bingen* und der große *Medicus* des gerade beginnenden sechzehnten Jahrhunderts. Die auf einem unerschütterlichen *Gottesglauben* ruhende Auffassung dieser beiden über wirkliche *Heilkunde*, stellen bedeutende *Marksteine* der medizinischen Entwicklung dar. Denn ihre Erkenntnisse haben später sicher den Begründer der *Homöopathie*, Samuel Hahnemann, dahingehend befruchtet, daß er die in den verkörperten Wesenheiten liegenden *spirituellen Heilsignaturen* durch seine Potenzierungen der *natürlichen Arzneien* zum Vorschein brachte und das *wahre Wesen* von *Gottes grüner*

Apotheke für seine Mit- und Nachwelt praktisch erfahrbar machte.

Auch *Hildegard von Bingen* hat zwar die *Wirkmechanismen* der Pflanzen oder Steine mit erstaunlicher Exaktheit beschrieben, aber ihren äußeren Erscheinungen nicht jene zusammenhänglich-gleichnishafte Bedeutung beigemessen, wie dies *Paracelsus* zwingend sieht. So schreibt er denn in seinem Buche *Probatio Particularis*: *Wir Menschen auf Erden erfahren alles das, so in den Bergen liegt durch die äußern Zeichen und Gleichniß. Auch dergleichen alle Eigenschaft in Kräutern und alles das, das in den Steinen ist. Und nichts ist in der Tiefe des Meeres, in der Höhe des Firmaments, so der Mensch es erkennen mag. Kein Berg und kein Fels ist so dick nicht, daß er das möge verhalten oder verbergen, das in ihm ist und dem Menschen nicht offenbar werde, das alles kommt durch sein Signatum Signum. Dasselb ist zugleich er weiß unter unsern Augen, wie ein Birn an einem Baum, die aus der Erden, aus der Wurzeln und aus dem Holz hervorwächst und zeigt, was in demselbigen sei. Denn ein jegliche Frucht ist ein Signatum Signum, durch das erkennet wird, was im selbigen sei, aus dem es kommt. Also mag auch nichts im Menschen sein, das nicht außerhalb von ihm bezeichnet werde, durch welches der Mensch erkennen mag, was in demselbigen sei. All das ist auch aus den Stern. Also haben Mensch und Kräuter ihr Signatum Signum von den Gestirnen. Dies wird erkannt und erfunden aus der Signa Chiromantica, so ist der ein Theil des wahren Arztes.*

Die Fähigkeit aber, aus den äußeren Zeichen innere Zusammenhänge erkennen zu können, entwickelt der Mensch durch ein uneingeschränkt dankbares *Liebesempfinden* gegenüber *Gott* und der gesamten *Schöpfung*. Nur im *glückbeladen, heiter-demutsvollen Herzensdenken* offenbaren sich dem andächtigen Beschauer die *geistigen Wesensmerkmale* in des *Schöpfers grüner Apotheke*. Allein eine *still-vertrauensvoll-gläubige Einfalt* in den *göttlich-vollkommen-spirituellen Urgrund* alles Erschaffenen, ist in der Lage, jenes *kosmisch-essentielle Seelenlicht* in den Menschen *einfallen* zu lassen, das der *erkenntnisträchtigen Innenschau* keine *äußeren* Grenzen mehr setzt. Diese Tatsache stellt den zweiten Teil fundamentaler *paracelsicher* Forderungen dar: *Im Herzen wächst der Arzt, aus Gott geht er hervor, des natürlichen Lichtes ist er und der höchste Grad, der Urgrund aller Arznei ist die Liebe.*

Die sich nun ständig höher *potenzierende universelle Evolutionsschwingung* des unaufhaltsam heraufziehenden *Wassermannäons*, wird den Erdenvölkern ganz zwangsläufig einen deutlich weiterentwickelteren *Bewußtheitsgrad* vermitteln, als dies heute der Fall ist. So muß sich schon bald weltweit vielen Menschen ein vermeintlich neues *Weltbild* eröffnen, wie es in Wahrheit seit Urzeiten *geistiges Erbgut* aller Hochkulturen gewesen ist, deren tiefe *Einsicht* in *Wesen* und *Wirken* der *göttlichen Natur* aus unzähligen *Sagen* und *Überlieferungen* Zeugnis ablegt. Stellvertretend für sie alle, seien am Ende dieses Kapitels aus dem Kulturkreis Nordamerikas die Worte eines *rothäutigen Arya* erwähnt.

Der in seiner Heimat berühmt gewordene *indianische Heiler Keetoowah*, vom Stamme der Cherokee, hat erst in jüngster Vergangenheit dieses Wissen um die in der *Apotheke des Schöpfers* verborgenen Geheimnisse zum Ausdruck gebracht und gleichzeitig darauf hingewiesen, wessen es bedarf, um dieser *irdisch-kosmischen Erkenntnis* gewiß zu werden: *Heiler sind gewöhnlich sehr ungebildet, im Rahmen dessen, was man heute unter Bildung versteht. Aber sie können eine Pflanze anschauen und sagen: Ich kenne ihren Namen nicht, ich weiß auch nicht, wie ihr sie nennen würdet, aber sie ist für das und das gut. Jedoch eine Person macht sie krank, und eine andere kann sie heilen. Wir sind alle Individuen, und in jedem von uns gibt es kleine Verschiedenheiten. Pflanzen haben Vibrationen, sie geben Laute von sich und haben Gefühle. Wenn es keine Pflanzen gäbe, wären wir nicht hier. Denn wir atmen ein, was sie ausatmen. Das teilt sich uns mit. Pflanzen haben Gefühle. Eine elementare Voraussetzung für alle Heiler ist, daß sie vor allem Lebendigen höchste Achtung empfinden. Ich sammle Kräuter nur während der Tageszeit, und ich biete ihnen immer ein Geschenk an. Man muß sich für alles erkenntlich und dankbar erweisen. Der einfachste Weg, um die richtigen Kräuter zu finden, die man gerade benötigt, ist, hinzugehen und zu ihnen zu sprechen. Wenn du das tust, so gehe still und ruhig zu einer Kräuterpflanze, setz dich auf den Boden und sprich zu ihr. Du wirst eine ganze Weile nichts empfinden. Aber fahre fort damit - und glaube mir, du wirst Antwort erhalten.*

Versteinerte Freunde

> Und die Gründe der Mauern und der Stadt waren geschmückt mit allerlei Edelsteinen. Der erste Grund war ein Jaspis, der andere ein Saphir, der dritte ein Chalce- donier, der vierte ein Smaragd. Der fünfte ein Sardonyx, der sechste ein Sardis, der siebente ein Chrysolith, der achte ein Beryll, der neunte ein Topasier, der zehnte ein Chrysophras, der elfte ein Hyacinth, und der zwölfte ein Amethyst.
> Offenb. Johannis, Kap. 21, Verse 19 + 20

Die zwölf *spirituellen Kraftfelder* des *kosmischen Tyrkreises* symbolisiert durch eine gleiche Anzahl, dem alten Wissen entsprechend, sorgfältig ausgewählter Edelsteine? Was sonst könnte dem alten Bibelschreiber mehr am Herzen gelegen haben, als seiner Nachwelt die solcherart *verschlüsselte*, nur dem wahrhaft *Eingeweihten* verständliche Nachricht *universellen Ausmaßes* zu hinterlassen? Und ist es nicht eine bedeutungsvolle Tatsache, daß gerade diese, von ihm in peinlich genauer Reihenfolge aufgeführten Steine von den früheren *jüdischen Priestern* in ihrem *(Tyr)kreisrunden Brustschild* getragen wurden, in eben jener Anordnung? Warum wird hohen Würdenträger der katholischen Kirche noch heute, als Zeichen ihrer *äußeren Würde*, ein Ring mit einem in Gold gefaßten

Amethyst verliehen? Welcher tiefere Sinn verbirgt sich hinter der Aussage des Apostel-Propheten, wenn gerade dieser Stein als Letzter und der *Jaspis* an erster Stelle genannt werden? Und warum finden die Steine in allen frühen *heiligen Schriften* der Völker bis hin zum *alten* und *neuen Testament* eine so besondere *Hervorhebung*, die heute kaum mehr beachtet wird? Alles Fragen, deren Beantwortung für die in der *Moderne* lebenden Menschen von immenser Wichtigkeit sind.

Schon zu allen Zeiten riefen die *edlen Steine* eine ganz besondere *Faszination* unter den Menschen hervor und schlugen diese mit ihrer *vielfarbigen Strahlkraft* in ihren Bann. So kann es nicht verwundern, daß sie in Form von Ketten, Amuletten, Talismanen, Armbändern oder ähnlichen *Kostbarkeiten*, mit wertvollen Metallen kombiniert, zu sogenannten *Schmuckstücken* verarbeitet und getragen wurden. Nicht nur die Bürger hochentwickelter Menschheitskulturen pflegten und pflegen diesen Brauch, sondern auch alle Angehörigen sogenannter *Naturvölker* standen oder stehen bis zum heutigen Tage ihren vermeindlich *fortschrittlicheren* Verwandten in diesem Punkte in nichts nach. In den Beweggründen für ein solches Verhalten unterscheiden sich beide Gruppen aber *grundlegend*.

Die einen betrachten ihren *Schmuck* aus einer rein *materialistisch* ausgerichteten Perspektive. Dabei kommt ausschließlich dem *äußeren (Geld)Wert* größte Priorität zu, der jede *innere* Grundlage fehlt, da sie nichts weiter, als eine das *Selbst* täuschende, dem jeweils ganz persönlichen *Geltungsbedürfnis* entsprechende, soziale *Klassenzuordnung* signalisieren soll. Diese *Außenweltsicht* schlägt sich in allen Lebensbereichen der sogenannten *führenden Nationen* des Planeten nieder und eskaliert daher in dieser *krisengeschüttelten Übergangszeit* zweier *kosmischer Zeitalter* zu einem bisher beispiellosen, in der Menschheitsgeschichte noch niemals dagewesenen *Anspruchs-* und *Besitzdenken* ihrer Bürger.

Ganz anders jene aus einer *tiefempfundenen Herzensliebe* aller Schöpfung gegenüber entspringende *All-Schau* der zumeist *noch* mitleidig belächelten *Primitiven*. Für sie ist alles *stofflich Erschaffene* eine dem einzelnen *inneren Wesen* entsprechende *Manifestation* Gottes, das sich seiner *Prägung* (Signatur) nach in einer sichtbaren Gestalt darstellt. Diese wird demgemäß lediglich als der *äußere Ausdruck* eines weit bedeutungsvolleren *geistigen Kraftfeldes* angesehen, das nach allen Richtungen unbegrenzbare und unerschöpfliche *Wirkungen* verstrahlt, selbst bis in die entfernteste *Unendlichkeit* aller Universen. Da sich die äußeren Erscheinungen in einer unübersehbaren *Vielzahl* unterscheiden, müssen auch alle dementsprechenden inneren Schwingungsfrequenzen unterschiedlich sein. Sie aber sind es, die ständig untereinander in direkten *Kontakt* treten und eine gegenseitige *Kommunikation* aufbauen. Ist eine solche *spirituelle Schwingungsverbindung* aufgenommen, kann sie zweifellos das Gesamtkraftfeld *stärken* oder *schwächen*, je nachdem ob die einzelnen Frequenzen miteinander *sympathisieren* oder nicht. Deutlichen Ausdruck verleiht der Volksmund dieser Tatsache im Zusammenspiel zweier Farben, die nicht zueinander passen, indem gesagt wird: *Die Farben beißen sich!*

Dieses *Wissen* war und ist ausschlaggebend für die Herstellung von *Schmuckgegenständen* der frühen Kultur- und heutigen Naturvölker. Es findet noch deutlichen Ausdruck in den *Fetischen* afrikanischer Eingeborenenstämme und dem *Totem* der nordamerikanischen Indianer. So gibt es das *Individual-, Gruppen-, Stammes-* und *Clan-Totem* und symbolisiert eine scheinbar *geheimnisvoll- innige*, weil *innerlich-geistige* Beziehung der Menschen zu einer *Pflanze*, einem *Mineral* (Stein) oder *Tier*. Die Suche nach dem *passenden* Totem liegt in den Händen des *Medizinmannes* (Schamane/Heiler), der in einer speziellen *Zeremonie* jene *essentiellen Schwingungsmuster* zu *erspüren* sucht, deren Zusammenspiel eine weitgehende, das gesamte Wohlbefinden bestimmende *geistige Harmonie* verspricht, die allein dem jeweiligen *Träger* des ausgewählten *Talismanes* zum Segen gereichen kann.

Außer den Pflanzen boten sich zum ständigen Gebrauch die *Steine* in ganz besonderer Weise an. Denn sie sind leicht zu tragen und verlieren ihre *Wirkung* nie. So wurden ihre *inneren Kräfte* auch schon in frühesten Zeiten zu *Heilzwecken* verwendet, deren Bedeutung gerade jetzt wieder einen enormen Stellenwert im *modernen* Medizinbetrieb einzunehmen beginnt. Es ist daher unerläßlich, die *innigliche Beziehung* zwischen Steinen und Menschen aus

Sicht des *esoterischen Urwissens* der Erdenvölker einer genaueren Betrachtung zu unterziehen.

Die *heilende Wirkung* der *Steine*, seit Urzeiten bekannt, wird auch heute nicht mehr bestritten. Eine der umfassendsten und detailliertesten Schriften darüber hat *Hildegard von Bingen* hinterlassen, deren *Edelsteinmedizin* inzwischen immer mehr Anhänger findet, nicht mehr *nur* unter den Vertretern der Naturheilkunde. Wie und auf welche Weise allerdings die *Regulationsmechanismen* der *Heilwerdung* durch mineralische Substanzen in Gang gesetzt werden, bleibt heftig umstritten. Denn physikalisch *mess-* und somit äußerlich *erkennbar* sind jene *geheimnisvollen* Kräfte nicht. Lediglich ihre segensreiche *Wirkung* wird deutlich *gespürt* und *erfahren.*

Der *Naturwissenschaftler* will alles aus den unterschiedlichen *Kristallstrukturen* und inhaltlich nachweisbaren *chemischen* Substanzen erklärt wissen und unterscheidet *sieben* grundlegende Gruppen. So gibt es die kubischen, hexagonalen, tetragonalen, orthorhombischen, monoklinischen, triklinischen und trigonalen Formen, deren geometrischer Aufbau hier nicht weiter zu erläutert werden braucht. Darüber hinaus kommt ihm aber eine weitaus tiefergehende Bedeutung zu, als dies zur Erfüllung einer rein mechanistischen Funktion erforderlich wäre.

Dem *religionsphilosophisch-esoterisch* ausgerichteten Menschen ist die rein naturwissenschaftliche Betrachtungsweise zu *oberflächlich* und von daher gesehen exakt in das *materielle Weltbild* des zu Ende gehenden *Fischezeitalters* passend. Denn er sieht hinter den verschiedenen kristallenen Anordnungen der Minerale jene *intelligente Gestaltungskraft* des Schöpfers, die alleine diesem *essentiell-atomistischen Gitterwerk* seine Fähigkeit verleiht, *geistig-kosmische Heilenergie* anziehen, dem inneren Wesen nach ganz speziell umformen und weiterprojizieren zu können. So spiegelt sich also in der *sichtbaren Kristallstruktur* jene *spirituell-vitale Signatur* des mineralischen *Innenwesens* wieder, die als *göttlicher Schöpfungsauftrag* dieses *lebendig-steinernen Seins* zwingend angesehen werden muß.

Aus dieser *Einsicht*, wobei die tiefere Bedeutung des Wortes im *Hineinsehen* in alle *ursächlichen* Zusammenhänge liegt, eröffnet sich den Menschen wie von selbst der Weg zur fundamentalen *kosmischen Erkenntnis*, wie sie den großen *Mystikern* und *Heilern* vieler Erdenvölker zu eigen war. Sie wußten um das *universelle Wechselspiel* innerhalb der Schöpfung und die gegenseitige *innere Einflußnahme* aller Wesenheiten. Nur aus dieser Kenntnis heraus war es ihnen möglich entsprechende Maßnahmen einzuleiten, die menschliches *Unheil* in *Heil* verwandelten. Um dies zu erreichen, setzten sie in besonderer Weise die *Edelsteine* ein, von denen sie wußten, daß deren *subtile Ausstrahlung* ganz bestimmte *geistige Wirkmechanismen* im Menschen anspricht und solcherart zunächst fast *unbemerkt* den *Gesundungsprozeß* anregt.

Welch grundlegende Bedeutung dabei dem *universellen Zusammengehörigkeitsbewußtsein* und *geist-körperlichen Ganzheitsdenken* zukommt, vermittelt kein anderer als der große *Paracelsus* in seinem Buche *Philosophiae Sagacis: Also ist nichts in der Natur, was den Corpus nicht gleich habe, wie sein Tugend ist. Dies Kunst ist aus dem Licht der Natur geben. Sie ist Fabricator und gibt die Form an, die das Wesen anzeiget. Denn das Wesen ist unsichtbar und Signatum Signo. Darumb soll dies Kunst in groß Würden gehalten werden und emsig mit allem Fleiß erforschet. Soll ein Rinden werden an einem Baum, so zeichnet sie sich als Rinden, ein Blatt wie ein Blatt, ein Sahmen als ein Sahmen, und darumb daß die Nesseln in ihr ein brennend Feuer haben, darumb zeichnet sie außwendig mit brennen. Also wunderbarlich lernt uns das Licht der Natur durch die eussern Form das innwendig Hertz zu erkennen. Die Kräuter, Wurtzen, Sahmen, Bäum, Frucht und alles Edelgestein, das auf Erden ist, und in den vier Elementen, die seyndt nicht anders dann als Buchstaben die etwas in ihnen haben und vermögen, so auch im Mensch. Nun soll der Mensch aus der Philosophiam Adeptiam erfahren, daß alles ist firmamentisch und also auch in den irdischen Corpora oder was elementisch ist.*

Alle *stofflichen Erscheinungen* sind also nichts anderes, als sich in unterschiedlich sichtbarer *Form* darstellende, *verdichtet- firmamentische (geistige) Lichtwesen*. Dies trifft offenkundig nicht nur auf die Gesamtheit eines *Selbstes* zu, sondern hat auch einen deutlichen Bezug zu dessen einzelnen Bestandteilen oder *Organen*. Daraus ergibt sich die unumstößlich *schöpfungsgesetzmäßige Erkenntnis*, daß aufgrund ihrer in der wesentlichen *Grundschwingung* identischen oder gegensätzlichen *spirituell- kosmischen Prägung (Signatum Signo)* eine direkte gegenseitige *Einflußnahme* vorausgesetzt werden muß. Diese kann sich nun, je nach dem Grade ihrer *wesenhaften Übereinstimmung*, als das individuelle Wachstum *fördernd* oder *hemmend* auswirken. Gleiches gilt uneingeschränkt auch für geistiges und körperliches Wohlbefinden aller erschaffenen *Existenzen*.

Aus diesem grundlegenden *Wissen* heraus wird die Tatsache verständlich, daß *Hildegard von Bingen* in ihrer *Edelsteinmedizin* den einzelnen Mineralien ganz bestimmte *Heilwirkungen* zugeschrieben hat, die in der täglichen Praxis immer wieder ihre volle Bestätigung finden, sofern den *kosmischen Zusammenhängen* Beachtung geschenkt wird. Dies ist aber die *Grundforderung* bei allen vom Schöpfer gegebenen *Heilmitteln* und gleichzeitig *Basis* jeder *wahren Heilkunst*.

Auch die Äbtissin aus Rheinhessen weiß um die *ursächlich bestimmende* Kraft der *Gestirne* auf alles *Erschaffene*. So läßt sie denn ihre Steine in der *Sonnenwärme* oder unter dem *Licht* des *Mondes* wachsen, beschreibt sogar die einzelnen *Tages-* und *Nachtzeiten* als besonders bedeutungsvoll und das *innere Heilwesen* prägend. Sozusagen ein *kosmo-genetischer Grundcode*, der ganz individuell jedem *Selbst* im Augenblick seiner *Er-*

schaffung mitgegeben, gleichzeitig aber durch gegenseitige Information und Kommunikation mit ungezählten anderen *Existenzen* im Verlaufe seines *unendlichen* Evolutionsweges ständig auf den *neuesten Stand* gebracht wird. In diesem Zusammenhang erscheint die Tatsache besonders interessant, daß *Hildegard von Bingen* auch den *Zeugungszeitpunkt* eines menschlichen Wesens in *direktprägnanter* Beziehung mit dem monatlichen *Tagesrhythmus* des *Mondes* sieht. Auf diesen, für die *medizinische Diagnose* und *Heilmittelwahl* besonders *wichtigen* Punkt soll in einem späteren Kapitel nochmals näher eingegangen werden.

Es gibt sicher kaum einen Menschen auf diesem Planeten Erde, der nicht einen *edlen Stein* sein Eigen nennt, den er in Form eines Schmuckstückes oder als Talisman besonders gerne mag. Viele verspüren rein gar nichts, sehen allein den *äußeren Glanz*, der ihnen als einzig bemerkenswerte Eigenschaft einen gewissen *materiellen Wert* signalisiert. Andere wiederum pflegen ein besonders *inniges* Verhältnis zu ihrem *Totem* zu haben und fühlen sich ohne dessen Gegenwart regelrecht *unbehaglich* und *verlassen*. Denn sie empfinden sich als zusammengehörende *Einheit* mit ihrer mineralischen *Medizin*, wie die Indianer Nordamerikas diese in *ehrfurchtgebietender Achtung* nennen und entwickeln im Laufe der Zeit eine wahrhaft *liebevolle* Beziehung zu ihren *versteinerten Freunden*.

Eine solcherart *kosmisch* empfundene *Gemeinsamkeit* offenbart jenes hochentwickelte *Christus-Bewußtsein* eines *Menschengeistes*, wie es nun in naher Zukunft alle Bewohner des gesamten Planeten erfassen und in den *Homo-Universalis* verwandeln wird. Auch wenn ein solcher Prozeß nicht an einem Tag vonstatten gehen kann, da er seine Zeit der *Umschichtung* und *Neuordnung* in Anspruch nimmt, so ist doch bereits heute weltweit die *Hinwendung* zu jener Wahrheit erkennbar, der *Jesus* bei Matthäus, Kap. 7, Vers 7, mit den Worten Ausdruck verlieh: *Bittet, so wird euch gegeben; suchet, so werdet ihr finden; klopfet an, so wird euch aufgetan.*

Das tiefe *Wissen* der alten Bibelmänner um die *kosmischen Evolutionszyklen* und deren *zwingend-regulierende* Gesetzmäßigkeit, spricht ganz besonders aus den zu Anfang dieses Kapitels erwähnten *symbolträchtigen* Versen der Johannes-Offenbarung. Denn jeder von den genannten Steinen steht für einen *Weltenmonat* des großen zwölfgeteilten *universellen Sonnenjahres*. Alle sind somit Träger einer verschlüsselten *göttlichen Schöpfungsbotschaft*.

So findet sich der *Amethyst* als Letzter in dieser Reihenfolge, denn er wurde dem Zeichen *Fische* zugeordnet, das gleichzeitig auch Merkmal des zu Ende gehenden *Zeitalters* ist. Dieses Tier lebt am Grunde der Flüsse und Meere. Sein Element ist das Wasser, dessen Färbung vom dunkelsten *Violett* der unerforschlichen Tiefsee bis hin zum *Licht-Blau* in Oberflächennähe reicht. Ebensoviele Schattierungen finden sich auch bei dem entsprechend ausgewählten Stein, der damit den immer *leuchtender* werdenden Menschengeist in seinem *Zuge* nach *oben* aufzeigt. Denn der *Amethyst* und das *Wasser* symbolisieren schon seit *Urzeiten* den Begriff der *Weisheit*. Von daher gesehen wird die *gleichnishafte* Bedeutung offenkundig: *Die auf rein materiellen Erhaltungstrieb ausgerichteten Fische schwimmen in der sie umgebenden Weisheit, ohne deren Existenz sie nicht leben könnten und nehmen diese in ihrer egoistisch orientierten Blindheit nicht bewußt wahr.*

Ähnlich ergeht es dem Erdenmenschen dieser Epoche. Ihm steht mit dem *bildhaften* Geschehen in der Natur das liebevoll, *genial-weise Walten* des *Schöpfers* täglich vor Augen, seine profane, auf *äußere Reichtümer* ausgerichtete *Besitz-* und *Machtgier* aber hat ihn im Geiste *geblendet*, sodaß er die *Wahrheit noch* nicht erkennen kann. Daher sinkt er denn immer tiefer in die *schwarz-violette* Finsternis spiritueller *Bewegungs-* und *Bewußtlosigkeit*, bis hinab zum *eisig-steinigen Grunde* absoluter *Gottesferne*.

Dort aber, im *Einflußbereich* der *mineralisch-feurigen Herzenswärme* von *Mutter Erde*, wird jene überwältigende *Seelensehnsucht* in ihm erweckt, die alle *Erstarrung* löst und ihn vermittels einer mächtigen Kraftanstrengung wieder hinauftreibt, der *lichten Erkenntnis* seines *Schöpfers* entgegen. Weil dessen Werk keine *statische Vernichtung* kennt, sondern ausschließlich die ständig fortschreitende *dynamische Verwandlung*.

All dies *signalisiert* der *Jaspis*. Schon allein seine *äußere* Färbung spricht eine deutliche Sprache. Denn sie reicht von der *blutroten Glut* des Feuers, über das *leben-*

dig-grüne Braun irdischer Kontinente, bis zum *leuchtendgelben Glanz* von *Vater Sonne.* Und so, wie sich dieses regenbogenartige Spiel seiner Oberfläche in *langsamen Übergängen* nuancenreich darstellt, wirkt auch seine, dem *göttlichen Schöpfungsurgrund* entstammende, alles verwandelnde Kraft.

Daher wurde dieser Stein an die erste Stelle gesetzt. Sein *Wirken* ist nicht die sofortige, plötzliche Veränderung, sondern der langfristige, *gründliche* Wandel zum *Besseren.* Kein *spektakuläres Ereignis,* dafür aber *evolutionäres Geschehnis.* Er ist das *heiltragende Fundament* des sich nun zwar langsam, dennoch unaufhaltsam aufbauenden, monumentalen *geistigen Weltbildes* des Wassermannäons. Denn in diesem wird jene *heil(ig)ende Herzenswärme* in die Menschen aller Rassen einströmen, der sie so lange entsagen mußten.

Gerade aber im Zusammenhang mit dem menschlichen Herzen offenbart der *Jaspis* seine überaus segensreiche, auf längere Sicht gesehen geradezu verblüffend anmutende, wahrhaft *heilverwandelnde* Fähigkeit. Denn über dem *kränkelnden* motorischen Muskel auf die Haut gelegt, transformiert dieser Stein seine anfängliche *Eiseskälte* in wenigen Minuten zur tiefgreifenden, regenerierenden *Gesundungswärme* kosmischen *Ursprungs.* Auf solch, nur dem *Blinden* geheimnisvolle Weise, stärkt und stabilisiert er langfristig gesehen dieses motorische Organ des Menschen und verwandelt alle *Traurigkeit des Herzens* in das *heitere Gemüt* tiefempfundener *Gottgeborgenheit,* wie

Hildegard von Bingen sich auszudrücken pflegte. Denn allein aus ihr entspringt jenes *seelenverbindende Herzdenken*, auf dem alle *schöpferisch-vitale* Evolution *felsenfest* gegründet ist.

So finden denn alle oben genannten Steine nicht nur in ihrer *Heilanwendung* und den einzelnen *Weltzeitaltern* ihre *geistige Entsprechung*, sondern auch bei den *zwölf* biblischen Aposteln. Daher ist auch der *Amethyst* als Symbol für dieses versinkende materielle *Fischezeitalter* und das noch in seiner *Stofflichkeit* gefangene *spirituelle Wesen* des Erdenmenschen dem *Judas* zugeordnet. Denn er hat um *Geldes* Willen *Jesus Christus*, den *stoff-fernen Künder* des schon bald kommenden *geistigen Äons* uneingeschränkter *Nächstenliebe*, verraten. Symbolträchtig für die Jetztzeit der weitere Verlauf dieser *biblischen* Geschichte. Seine aus *innerem Zwiespalt* geborene Handlungsweise birgt nicht das erhoffte *Glück*, sondern eine, der erkannten *Selbstkränkung* zwangsläufig folgende, tiefste *seelische Verzweiflung*, die schließlich im *Entleibungsakt* seines *inneren Wesens* endet. Er entledigt sich sozusagen *gewaltsam* seines die *geistige Freiheit* beschränkenden *materiellen Ballastes*.

Ganz anderes verhält es sich mit dem *Jaspis*. In ihm tritt ein *Reformator* und *Erneuerer* unter den *edlen Steinen* auf die Lebensbühne. So flattert denn nicht nur das *Banner* eines neuen, gleichsam wieder *ersten universellen Weltzeitabschnittes* vor ihm her, der unaufhaltsam über den irdischen Lebensbereich hereinbricht. Seine *schöp-*

fungsgesetzmäßige Entsprechung findet sich in *Petrus*. Denn er ist jener *Fels* des unerschütterlichen *Gottesglaubens*, auf welchem nun, im flackernden Schein des langsam *läuternden Jaspisfeuers* zunehmender *Vergeistigung*, die vor zweitausend Jahren verkündete *kosmische Religion*, das *neue Jerusalem*, im Zeitalter des Weisen Mannes (Water Man / Wassermann) errichtet wird. So, wie es der Prophet *Johannes* in seiner Offenbarung, Kap. 21, Verse 10 und 11, aufzeigt: *Und er führte mich hin im Geiste auf einen hohen Berg und zeigte mir die große Stadt, das heilige (neue) Jerusalem. Und sie hatte die Herrlichkeit Gottes, und ihr Licht war gleich dem alleredelsten Stein, einem hellen Jaspis.*

Vom Essen, Trinken und Fasten

> Warum zählet ihr Geld, da kein Brot ist, und eure Arbeit, da ihr nicht satt davon werden könnt? Höret mir zu, und esset nur das Gute; so wird eure Seele in Freude fett werden.
> Jesaja, Kap. 55, Vers 2

Vom Volksmund ist ein geflügeltes Wort bekannt, das besagt: *Essen und Trinken hält Leib und Seele zusammen!* Wobei im allgemeinen damit zum Ausdruck gebracht werden soll, daß gesund sein muß, wer gerne und oft den lukullischen Freuden aller Art nachgeht. So hat es sich denn bei den heutigen, vermeintlich *höher* entwickelten Kulturvölkern der Erde eingebürgert, jeden nur erdenklichen Anlaß innerhalb der Familien als willkommene Gelegenheit anzusehen, ein opulentes Fest zu gestalten. Dabei geht es sehr viel weniger darum, innerhalb der Verwandtschaft wieder einmal Kontakt zu pflegen, als um die *Vorzeigedemonstration* dessen, was man sich *leisten* kann. Dieses weitverbreitete *Imponiergehabe* ist natürlich ohne viel Anstrengung auch auf andere Bereiche des *modernen* Lebens übertragbar. Ein Mensch, der es sich erlaubt in diesem Bereiche neue Wege einzuschlagen, riskierte bisher die allgemeine *Ächtung* und galt als gesellschaftlich *out*, oder im Extremfall gar *megaout*.

Inzwischen ist eine *dynamische Vorwärtsbewegung* in die *Ernährungsfronten* geraten. Denn den seit einiger Zeit auf breitester Linie vorrückenden *Alternativköstlern* hat das Lager der konservativen *Allesesser* immer weniger entgegenzusetzen, wenn es um *pro* und *contra* von *ausgewogen-vernünftigen*, vor allem aber *gesunderhaltenden* Ess- oder Lebensgewohnheiten geht. Richtigen Schwung bekam die ganze Geschichte aber erst durch die in jüngster Zeit populär gewordene Ernährungsweise nach *Hildegard von Bingen*, deren *allererstes* und vor allen anderen *wichtigstes* Nahrungsmittel das *genügsame*, dafür aber umso *wertvollere* Getreide *Dinkel* ist. So schreibt denn die Äbtissin des elften Jahrhunderts über diese gar nicht hoch genug einzuschätzende Körnerfrucht: *Der Dinkel ist das beste Getreidekorn. Er wirkt wärmend und fettend, und ist hochwertiger und gelinder als alle anderen Körner. Wer Dinkel ißt bekommt ein rechtes Fleisch und gutes Blut. Er gibt ein aufgelockertes Gemüt und die Gabe des Frohsinns. Wie immer zubereitet Dinkel gegessen wird, so oder so, als Brot oder andere Speise, Dinkel ist gut und lind.*

Diese Aussage der alten *Mystikerin* erweckt unzweideutig den Eindruck, daß alleine das Essen von Dinkelprodukten genügen müßte, um den Menschen in seiner *Gesamtheit* gesund zu erhalten. In der Tat liegen inzwischen eine ganze Reihe von praktischen Erfahrungen vor, die kaum einen Zweifel daran zulassen. Denn dieses Getreide beinhaltet in einem geradezu optimalen Mengenverhältnis *sämtliche* Vitamine, Spurenelemente und Mineralien, die der Mensch benötigt. Wobei alle Inhaltsstoffe sich nicht nur in den äußeren Randschichten befinden, sondern gleichmäßig verteilt das ganze Korn durchziehen. Die ernährungsphysiologische Bedeutung dieser erwiesenen Tatsache erhält aber eine, in der gegenwärtigen *Umweltsituation* geradezu *richtungsweisend-kosmische* Stei- gerung durch den Umstand, daß Dinkel *keine* Düngung duldet, auf *mageren* Böden am besten gedeiht und von der *Radioaktivität* weitestgehend verschont bleibt.

Aber nicht nur *Hildegard von Bingen* wußte um jene, für das gesamte menschliche *Wesen* so segensreichen Eigenschaften des *Gottesgeschenkes Spelta*, wie es im Lateinischen genannt wird. Denn im alemannischen Raume Süddeutschlands gehört dieses *Getreide-Wunder* bis zum heutigen Tage zu den festen Bestandteilen des Speiseplanes der Hausfrauen. Auch im Odenwald, wo er gerade jetzt wieder immer größere Verbreitung findet, war Dinkel unter dem Namen *Spelz* jahrhundertelang bekannt, wurde aber weniger als *Menschenspeise,* denn *Viehfutter* ob seiner *kräftigenden* Wirkung hochgeachtet. Auf die Frage, *ob ihm das Getreide Dinkel oder Spelz bekannt sei,* antwortete vor wenigen Jahren ein alter Landwirt in der ihm eigenen odenwälder Mundart, mit einer wegwerfenden Handbewegung und hintergründigem Lächeln im Gesicht: *Hör mier uff mit deune Spelze, dess Zeig hot die goanz Dreschmaschin verstoppt. Mier häwwe dess friejer de Gail zu fresse gäwwe, doo sin die stark und kräftich worn!* In das Hochdeutsche übertragen bedeutet es sinngemäß: *Bleib mir mit dem Dinkel vom Halse, denn der hat die*

Dreschmaschine verstopft. Wir haben ihn früher den Pferden verfüttert, damit diese stark und kräftig wurden.
Tatsächlich wurde dieses, für die menschliche Ernährung weitaus *wertvollste* Getreide aus rein wirtschaftlichen Gründen zurückgedrängt. Zum einen bringt es nur die Hälfte des Ertrages, den der Weizen verspricht. Außerdem muß die das Korn umgebende *Hülle* (Spelze) in einem besonderen Arbeitsgang der Getreidemühle entfernt werden. All dies schlug sich natürlich im Preis nieder und sorgte so für den vorübergehenden Rückgang des Dinkelanbaues.

Im Verlaufe weniger Jahre hat sich nun eine grundlegend veränderte Situation ergeben. Mit dem immer stärker anwachsenden Interesse vieler Menschen an *ganzheitlich orientierten, naturgegebenen Therapiemethoden,* rückte die sogenannte *Hildegard-Heilkunde* in eine der vordersten Positionen. Wobei es sich dabei im ursächlichsten Sinne des Wortes um ein die *Gesamtheit* des Menschen *umfassendes, gottgegebenes* Medizinverfahren handelt, das auf einer *unerschütterlich-kosmo-gesetzmäßigen* Basis *ökologischer* und *ökonomischer* Ernährungs- und Lebensweise ruht.
Wichtigster Bestandteil ist der *Dinkel*, dessen Kosten inzwischen nurmehr unmerklich über jenen des Weizens liegen. Denn durch jahrelangen, mengenmäßig ständig steigenden Einsatz von Kunstdüngern und Pestiziden, die alleine noch den Ertrag einigermaßen sicherstellten, hat dieser das gleiche Preisniveau erreicht. Gleichzeitig sind

aber aufgrund solcher *kurzsichtig-profitorientierten* Handlungsweisen die Böden weitestgehend *ausgelaugt* worden und regelrecht fast bis auf den Tod *abgemagert*, sodaß der weitere Weizenanbau sich nicht mehr lohnt. Somit zwingt, in dieser Zeit der allgemeinen Verwandlung, eine sozusagen *weisheitsvoll-sanfte* göttliche Vorsehung den Menschen zu seinem glückverheißenden *Heil*, denn gerade auf solchen, nach einem Jahr *Brache* wieder chemisch *reinen* Böden, gedeiht der *Dinkel* vortrefflich.

Im alten China genossen jene Ärzte das höchste Ansehen, deren Patienten am *gesündesten* waren. Denn die vornehmste Aufgabe der *Heilkundigen* bestand darin, den Menschen *vorbeugende* Maßnahmen anzuraten, damit *Krankheitsentstehung* weitestgehend vermieden wurde. Der *naturgegebene* und als völlig normal angesehene *Alterungsprozeß* war davon ausgeschlossen. So konzentrierte sich denn die allgemeine *Gesundheitsberatung* im *Reich der Mitte* zuvorderst auf den Bereich einer *naturgemäß-vernünftigen* Ernährungsweise. Erst in zweiter Linie befaßten sich die frühen chinesischen Therapeuten, sozusagen als untergeordnete Abteilung des unter staatlicher Verwaltung stehenden *Medizinsystemes*, mit der Behandlung von trotz aller Vorsorge auftretenden, nicht immer vermeidbaren Krankheiten.

Der große *Hippokrates* rief seinen leidenden Zeitgenossen zu: *Die Nahrung soll eure Medizin sein!* Ähnlich äußert sich auch *Paracelsus* und empfahl, sich im *Genuß* des *Fleisches* zu mäßigen, da es im *Übermaß* den *himmli-*

schen (geistigen), als auch *elementischen* (irdischen) Leib des Menschen schwäche. Eine überaus deutliche Aussage, die sich inhaltlich mit dem oben angeführten Bibelvers deckt, denn auch in ihm wird von der durch *gute* Nahrung gekräftigten Seele gesprochen.

Bedeutungsvoll in diesem Zusammenhang auch jene Worte des *Indianers* Last Bull, die dieser im Jahre neunzehnhundertsiebenundfünfzig (1957) resigniert in Montana (USA) gesprochen hat: *Wir wußten nicht, was Krankheiten und Siechtum sind. Die Kühe der weißen Männer, die so krank sind, daß sie ununterbrochen Milch geben, ihre Vögel, die so krank sind, daß sie ununterbrochen Eier legen, ihre Tiere, die so krank sind, daß sie ununterbrochen fetter und fetter werden, nicht mehr laufen, liegen oder sitzen, sondern nur noch essen können, immer nur essen, essen, essen, sind gut zu essen, ihr Fleisch ist weich und zart, aber man wird krank davon an Seele und Körper. Unser Volk kannte einst nur lange Leben. Heute essen wir des weißen Mannes Nahrung, und wir leben nicht mehr so lange, wir sind nicht mehr gesund, weder im Körper noch im Geist. Wir erleben vielleicht sechzig Jahre, vielleicht sogar siebzig Jahre, aber keine hundert oder hundertundzwanzig mehr. Ihre süße Medizin hat uns dies gebracht. Sie sagte, seine Nahrung sei süß, und nachdem wir diese Nahrung kosteten, würden wir nur noch sie haben wollen und unser altes Leben vergessen. Aber diese Nahrung ist zu süß. Wir essen sie und mit ihr, was eines Menschen unwürdig ist: das* **Vergessen**!

Eine über den langen Zeitraum von *elf* Jahren durchgeführte *Ernährungsstudie* des Deutschen Krebsforschungszentrums in Heidelberg kommt zu dem unumstößlichen Ergebnis, daß weitestgehend *vegetarisch* lebende Menschen *wesentlich* gesünder sind und sich einer an *Vitaljahren* deutlich höheren *Lebenserwartung* erfreuen als ihre *Normalkost* essenden Zeitgenossen. Dieser Erkenntnis liegt eine *lacto-vegetabile* Ernährungsweise zugrunde, was bedeutet, daß die ausgewählten Testpersonen gänzlich auf den überaus *fragwürdigen* Genuß von *Tierfleisch* verzichteten, dafür aber in geringen Mengen Eier und Milchprodukte zu ihrer übrigen aus Pflanzenkost bestehenden Nahrung verzehrten. Eine weitere Gruppe, der es erlaubt wurde, ihren Speiseplan zusätzlich mit ein wenig *Fischfleisch* und *Rindersteak* zu ergänzen, zeigte bereits *unzweideutige* Negativtendenzen. Auch erwies sich offenkundig ein direkter Zusammenhang zwischen zunehmendem *Fleischverzehr* und den vielen, trotz gegenteilig geäußerten Verlautbarungen immer noch steigenden *Krebserkrankungen*, wovon ja in besonderem Maße alle sogenannten *Industrienationen* betroffen sind.

Leider haben die Heidelberger Wissenschaftler im Verlaufe ihrer Untersuchungen dem *Dinkel* scheinbar keine Aufmerksamkeit geschenkt, da er mit keinem Wort in deren Bericht erwähnt wird. Lohnenswert wäre es allemal, sich diesem *göttlichen* Getreide einmal genauer zu widmen. Denn die *naturheilkundlichen* Erfahrungen der letzten Jahre bestätigen alle *Hildegardaussagen* in vollem

Umfange. Darüber hinaus zeitigt eine *fleischlose*, auf dem *Urkorn Spelta* basierende Ernährung gerade bei der *Vorbeugung, Behandlung* und *Nachsorge* aller *schweren Leiden* an *Wunder* grenzende Erfolge.

In einigen Hochgebirgsregionen der Erde wie zum Beispiel dem *Kaukasus* Europas und den *Anden* Perus, leben noch heute Bevölkerungsgruppen, deren Ernährungsweise völlig ohne *Fleisch* auf *vegetarischer* Grundlage beruht, unter zusätzlich äußerst *sparsamer* Verwendung von *Eiern* und *Milchprodukten*. Diese Menschen zeichnen sich ausnahmslos durch eine erstaunlich gute geistige, sowie körperliche *Vitalität* aus, die ihnen bis zur Erreichung eines weit über dem Durchschnitt liegenden, in der Regel mehr als *hundertjährigen* Lebensalters erhalten bleibt.

Ganz besondere Beachtung gebührt hierbei einem Hochland im nördlichen Kaschmir des Himalaja, das die Bezeichnung *Hunza* trägt. Alle *Ernährungs-* und *Lebensgewohnheiten* des dort lebenden, sprachlich und rassisch auch heute noch fast völlig isoliert lebenden kleinen Volksstammes gleichen Namens, sind identisch mit den vorher genannten. Dennoch weisen sie eine bisher wenig beachtete, dafür aber ernährungsphysiologisch umso wichtigere *Besonderheit* auf.

Die Häuser der *Hunzafamilien* sind durch Flachdächer gegen Regen und Schnee geschützt. Diese dienen gleichzeitig als *kosmo-energetische Lichttankstelle* für alle *Lebensmittel* der Bevölkerung. Denn sobald und sooft die *Sonne* scheint, werden sämtliche, der Nahrung dienenden

Getreidekörner, Nüsse, Früchte, Gemüse- und *Salatpflanzen* täglich *zwei* Stunden nach dem *Sonnenaufgang* dort oben sorgsam ausgebreitet, wo sie den ganzen Tag verbleiben. Am späteren Nachmittag, zur gleichen Zeitspanne vor *Untergang* des Tagessternes, sind die einzelnen Familien dann eifrig damit beschäftigt, ihre solcherart wahrhaft *vitalitätsbeladenen* Speisen wieder in das Haus zu holen.

Diese Methode, *naturgegebene* und *belassene* Lebensmittel durch die stundenlange Einwirkung von Sonnenlicht noch tiefgreifender zu *verlebendigen*, wird von den *genügsamen* Hunza schon seit *Urzeiten* unverändert praktiziert. Sie erinnert in geradezu erstaunlicher *Übereinstimmung* an jene, von dem großen Mystiker *Jakob Lorber* gemachten Angaben zur Herstellung seiner sogenannten *Sonnenheilmittel*. Deren erstaunliche *Wirksamkeit* konnte inzwischen in einem sehr engbegrenzten Rahmen von einigen *Idealisten* nachgewiesen werden. Zu ihrer *Verbreitung* bedarf es allerdings einer derzeit noch *nicht* erteilten *behördlichen* Genehmigung.

Tatsache ist, daß die Angehörigen des *Hunzavolkes* in der Regel bei einer den gesamten Menschen betreffenden gesunden Vitalität *hundert* Lebensjahre und nicht selten weit mehr erreichen. Alle schweren, so viele Angehörige der sogenannten *zivilisierten* Nationen dieser Erde schon *früh* dahinraffenden Leiden, sind in dem kleinen Hochland des Himalaja unbekannt. Sicher ist dies Folge des Zusammenspiels verschiedener Faktoren, wie Höhenlage, Streßfreiheit, saubere Umwelt, Genügsamkeit, sozialem

Frieden zwischen den einzelnen Sippen und innerhalb der Familien. Entscheidenden Anteil daran hat aber zweifellos ihre *gewaltfreie*, weil *fleischlose*, für westliches Verständnis scheinbar *einfache* (ärmliche???), nicht sehr *abwechslungsreiche* Ernährung.

Amerikanische Mediziner verbreiten derzeit die These, daß der Mensch kein *Fleischesser* ist und dies auch zu keiner Zeit seiner jahrmillionenlangen Entwicklungsgeschichte gewesen sei. Seine gesamte *Anatomie* (Körperaufbau) weise ihn unzweifelhaft als reinen *Getreide-, Pflanzen-, Nuss- und Obstesser* aus. Dies zeige sich an Aufbau und Anordnung von Gebiß und Verdauungstrakt ebenso, wie an seinem innersekretorischen System, beziehungsweise dem Stoffwechsel. Gerade der *Fleischgenuß* aber sei *Ursache* von sämtlichen schweren *Erkran- kungen* der einzelnen Angehörigen aller *Industrienationen*. Eine Behauptung, die schon im Altertum bis heute von den großen *Mystikern* und Heilern der irdischen Menschheit im gleichen Zusammenhang genannt wurde.

So gehen denn die Amerikaner davon aus, daß die Völker der Erde aufgrund äußerer Einflüsse und in Folge von *Notsituationen* das Fleisch auf ihren Speiseplan setzten. Anlaß seien sicher die großen *Eiszeiten* gewesen, wo sich Menschen und Tiere auf den letzten grünen *Oasen* zusammendrängen mußten, gleichzeitig aber auch gezwungen waren, um das nackte Überleben gegeneinander zu *kämpfen*. Da der Pflanzenwuchs unter Einwirkung von Kälte und vorrückendem Eis immer weiter zurückgedrängt wurde, sodaß es an *vegetarischen* Nahrungsmitteln mangelte, übernahmen die überlebenden Menschen jene Verhaltensweisen, die sie bei den Raubtieren täglich beobachten konnten. Sie sahen, wie diese ihre Artgenossen auffraßen und folgten in ihrer Not, getrieben von Hunger und Todesangst, deren Beispiel. Mochte ihnen zunächst auch jeglicher Verzehr des rohen Fleisches einige Überwindung und Mühe abverlangt haben, mit der späteren Nutzbarmachung des Feuers war der Grundstein für die heutigen *Fünfsternetempel* lukullischer Genüsse gelegt.

Eine in allen Einzelheiten einleuchtende und leicht vorstellbare Erklärung des frühgeschichtlichen Geschehens, wären da nicht einige schriftliche Überlieferungen, die auf andere Ursachen hinweisen und daher ganz erstaunliche *Perspektiven* eröffnen, was *Ernährungsgewohnheiten* bzw. *Abstammung* der irdischen Menschheit betrifft.

Zunächst muß die oben angeführte Hypothese, daß der Mensch ursächlich *kein* Fleischesser sei, als eine Tatsache angenommen werden, da schon in der Bibel entsprechend eindeutige Aussagen zu finden sind. Es gibt dort zwar auch scheinbare *Gegendarstellungen*, bei näherem Hinsehen entpuppen sie sich aber alle ausnahmslos als *Menschenwerk*. Denn bei einem *Konzil* im sechsten Jahrhunderte nach Christus, das in Konstantinopel abgehalten wurde, hat es den damals verantwortlichen *Führern* des sich gerade ausbreitenden Christentums gefallen, ganz entscheidende Passagen der biblischen *Urtexte* in ihrem Sinne zu verändern oder gar vollständig aus den später veröffentlichten Schriften herauszunehmen. Trotz dieser *Bemühungen* sind einige der wesentlichsten Erklärungen erhalten geblieben.

Bereits im ersten Buch *Mose*, Kap. 1, Verse 29 und 30, gab der Schöpfer den Menschen und Tieren folgende Anweisung: *Sehet da, ich habe euch gegeben allerlei Kraut, das sich besamet, auf der ganzen Erde, und allerlei fruchttragende Bäume, und Bäume, die sich besamen, zu eurer Speise. Und allem Tier auf Erden, und allen Vögeln unter dem Himmel, und allem Gewürme, das da lebet auf Erden, daß sie allerlei grün Kraut essen. Und es geschah also.*

Eine klare Aussage, die auch nicht den geringsten Zweifel zuläßt. Ihr folgt schon wenig später im zweiten Buch *Mose*, Kap. 20, Vers 13, das unmißverständliche Gebot: *Du sollst nicht töten.* Eine Formulierung, die sich grundsätzlich auf *alle* lebentragenden *Geschöpfe* bezieht, denn es wird mit keiner Silbe von einem *Tötungsverbot* gesprochen, das sich allein auf Menschen bezieht. Selbst wenn es eine solche *Einschränkung* jemals gegeben hätte, wird sie bis in die *Jetztzeit* in geradezu widerwärtiger Weise mißachtet.

Die Bestätigung, daß auch alle Tiere in diese Anordnung einbezogen sind, findet sich bei *Jesaja*, dem König aller Propheten, in Kap. 66, Vers 3: *Denn wer einen Ochsen schlachtet, gleicht dem, der einen Mann erschlüge. Wer ein Schaf opfert, ist gleich dem, der einem Hund den*

Hals bräche. Solches erwählen sie in ihren Wegen, und ihre Seele hat Gefallen an ihren Greueln.

Aus all dem geht eindeutig hervor, daß den Erdenmenschen ursprünglich das *Töten* der Tiere und *Essen* von deren Fleisch durch den *Schöpfer* allen Lebens untersagt war. Dennoch haben sie, entgegen des von höchster Stelle angeordneten Gebotes, irgendwann einmal in grauer Vorzeit damit begonnen.

Was aber mag die frühen Völker zu einem solch *barbarischen* Verhalten ihren jüngeren *Tiergeschwistern* gegenüber bewogen haben, wenn schon nicht durch die Not der großen Eiszeiten jener *mörderische* Zwang ausgelöst wurde, dessen Ausmaß in der *Moderne* globale Formen angenommen hat und jedes menschliche Vorstellungsvermögen übersteigt? Wäre es denkbar, daß der *biblische Sündenfall* in Wahrheit eine *verschleierte* (verkahlte) Umschreibung dieser in dramatischer Weise für die gesamte nachfolgende Erdenmenschheit *schicksalhaft-zukunftsbestimmenden* Handlungsweise darstellt, deren wahre Bedeutung bisher nicht verstanden wurde? Handelt es sich bei dem Baume der *Erkenntnis* des *Guten* und *Bösen* etwa um diese so geheimnisvolle, jedem Menschen seit Urzeiten in seine Seele *einprogrammierte* Hemmschwelle, die ihn vor jedem *Tötungsakt* zunächst einmal zurückschrecken läßt? Und wenn dem so ist, wer verbirgt sich dann hinter jener *satanischen Schlange*, deren lockenden Versuchungen *Eva* und in der Folge auch *Adam* nicht widerstehen konnten, worauf ihnen der weitere *Aufenthalt im*

Paradies (die ewige Gesundheit) verweigert wurde, was wiederum zur *Sterblichkeit* (Krankheit) führte?

Wie weiter oben schon einmal erwähnt, ist aus der *altpersischen Mythologie* (4000 - 6000 v. Chr.) folgende Überlieferung bekannt: *Alle Lebewesen wurden von zwei Himmelssöhnen geschaffen. Die guten erschuf Gott-Ormuz, demgegenüber sämtliche schlechten Gott-Ahriman. Letzterer bemächtigte sich des Erdenmenschensohnes Sohak, der seinen eigenen Vater tötete, um so zum Gebieter über alle Irdischen zu werden. Der böse Gott-Ahriman aber verwandelte sich augenblicklich und trat als Koch in die Dienste des neuen Königs, den er Tierfleisch zu essen lehrte. Dieser fand solchen Gefallen daran, daß er diese Sitte unter allen Menschen verbreiten ließ. Daraufhin verschwanden in der Folgezeit alle guten Sitten, nur noch Wünsche der Frevler wurden erfüllt, die einstmals vorhandene Tugend wird verachtet, sämtliche Rechtschaffenheit verschwindet und das Laster gewinnt die Überhand auf Erden.*

Die Bürger des persischen *Weltreiches* ernährten sich zur damaligen Zeit rein *vegetarisch*. Fleisch stand nicht auf ihrem Speiseplan, denn es war *unrein* und sein *Genuß* für die *geist-körperliche* Gesamtheit des Menschen absolut *schädlich*. Das *Töten* höherentwickelten Lebens, insbesondere von Tieren, wurde aus *religiös-ethischen* Gründen als *schwerstes Vergehen* gegen die fundamentalen *universell-karmischen Schöpfungsgesetze* angesehen. Denn deren *Auswirkungen* ist jedes *lebendige* Wesen un-

entrinnbar unterworfen, kann diese aber durch entsprechende *Geisteshaltung* und der sich daraus ergebenden *Lebensgestaltung* in *harmonisch-kosmo-evolutionärem* Sinne *selbst* beeinflussen. Mehr als sechstausend Jahre später versucht *Paulus* diese Tatsache seinen Mitmenschen im Brief an die Galater, Kap. 6, Verse 7 und 8, zu verdeutlichen: *Irret euch nicht, Gott läßt sich nicht spotten. Denn was der Mensch säet, das wird er ernten. Wer auf sein Fleisch säet, der wird von dem Fleisch das Verderben ernten. Wer aber auf den Geist säet, der wird von dem Geist das ewige Leben ernten.*

Eine für die oben geschilderten Zusammenhänge geradezu faszinierende Schilderung findet sich im fast vollständig erhaltenen *äthiopischen Buche Henoch*. Bisher konnte nicht eindeutig geklärt werden, aus welchen Quellen es stammt. Die Vermutung liegt nahe, daß dieses historische Dokument ursprünglich in *aramäischer* oder vielleicht *hebräischer* Schrift abgefaßt war und erst sehr viel später ins *Griechische* übertragen wurde. Berufene Wissenschaftler sprechen jedenfalls von einem *heiligen Gehalt, durchwärmt und belebt von der edelsten Glut wunderbarer Gedankenkraft, deren Ursprünglichkeit kaum angezweifelt werden kann.* Dennoch wurde es *nicht* in das biblisch-offizielle *Alte Testament* aufgenommen!

So findet sich der Name *Henochs*, des wohl am *tiefsten* in die *göttlichen Schöpfungsgeheimnisse* eingeweihten Erdensohnes, lediglich als einer unter den vielen der *vorsintflutlichen Patriarchen*. Auffallend dabei, daß er im

Gegensatz zu allen anderen, die ohne Ausnahme ein fast *tausendjähriges* Lebensalter erreichten, *nur* dreihundertfünfundsechzig Jahre alt wurde. Grund dafür war möglicherweise das ihm *offenkundig* von *Gott* vermittelte umfassende *kosmische Wissen*, Kraft dessen sein weiteres *Verbleiben* auf dem *Entwicklungsplaneten* Erde *unnötig* wurde, da er einen *spirituell-höheren* Evolutionsgrad erreicht hatte. Denn es heißt im ersten Buch *Mose*, Kap. 5, Verse 23 und 24: *Sein ganzes Alter ward dreihunderfünfundsechzig Jahre. Und da er beständig mit Gott wandelte, nahm Gott ihn hinweg und er ward nicht mehr gesehen.*

Wie immer es auch gewesen sein mag, Tatsache bleibt, daß Henoch seiner Nachwelt einen umfassenden *Schöpfungsbericht* hinterlassen hat, der unter anderem bedeutsame Rückschlüsse zum an dieser Stelle diskutierten Thema zuläßt. Denn er schreibt: *Nachdem die Menschenkinder sich gemehrt hatten, wurden ihnen in jenen Tagen schöne und liebliche Töchter geboren. Als aber die Engel, die Himmelssöhne, sie sahen, gelüstete es sie nach ihnen. So nahmen sie sich Weiber, jeder von ihnen wählte sich eine aus, und sie begannen zu ihnen hineinzugehen und sich an ihnen zu verunreinigen. Diese wurden aber schwanger und gebaren dreitausend Ellen lange Riesen, die den Erwerb der Menschen aufzehrten. Als aber die Menschen ihnen nichts mehr gewähren konnten, wandten sich die Riesen gegen sie und fraßen sie auf, und die Menschen begannen sich an den Vögeln, Tieren, Reptilien und Fischen zu versündigen, das Fleisch von ihnen aufzufressen, und tranken das Blut. Da klagte die Erde über die Ungerechten.*

Aus den erwähnten historischen Überlieferungen geht offenkundig hervor, daß der Planet Terra in seiner Frühgeschichte mindestens einmal *Besuch* von anderen *Welten* bekommen hat. Es ist nicht Ziel dieser Betrachtungen, den vielen einschlägigen Werken anderer Verfechter *außerirdischer Erdvisiten* ein Weiteres hinzuzufügen, da diese Tatsache grundsätzlich eigentlich nicht bezweifelt werden kann, und von daher also als gegeben hingenommen werden muß. Möglicherweise haben sich die von dem greisen *Rama* abstammenden *Aryas* auch in zwei Lager gespalten, wobei eine dieser beiden Gruppen jene ernährungsphysiologisch so verhängnisvolle Verhaltensweise unter fast alle Völker trug. Die Änderung dieses *Umstandes* jedenfalls ist längst vorausgesagt und inzwischen auch deutlich spürbar.

Denn der alte Henoch berichtet weiter von einer Zeit der *Zurechtweisung* allen *Fleisches,* in deren Folge das *Licht Gottes* wieder auf dem Himmelskörper Erde *scheinen* wird. Sicher ein aus seiner Kenntnis um die *kosmischen Rhythmen* hervorgegangener *prophetischer Ausblick* auf das Geschehen der Jetztzeit, wo ja im *Übergang* zwischen zwei *Weltzeitaltern* das gegenwärtige, in seinen Strukturen erstarrte *materialistische Denkmuster* versinkt (Zurechtweisung des Fleisches), um einer zukünftig lichtvoll *geist-kosmischen Sichtweise* (Lichtfunken Gottes im Menschen) das irdische Lebensfeld zu überlassen. Ähnliches vermittelt der Mystiker *Jakob Lorber*, wenn er den Schöpfer sagen läßt: *Durch Not werde ich euch lehren meine Gesetze zu halten!*

Alles bisher Geschilderte untermauert nachdrücklich den sich inzwischen allgemein durchsetzenden *Erkenntnisstand*, daß der Ernährungsweise des Menschen die wohl *bedeutendste* Rolle zu seiner *Gesunderhaltung* zukommt. So wird denn in naher Zukunft die Auswahl einer *optimalen* Nahrung oberste Priorität erhalten und gleichzeitig *vornehmste* Aufgabe der *neuen Medizin* sein. Denn *Heilung* kann nur aus dem *inneren Heil* hervorgehen und stellt somit einen äußerst subtilen, weil *geistigen Vorgang* dar. Dieser aber ist ein *kosmisch-dynamisches* Geschehen, kein *materiell-statisches* Verharren.

Lebensmittel vermitteln Leben, weil sie solches beinhalten. Künstlich-chemisch erzeugte Substanzen sind ebenso *inhaltlich-tot*, wie das Fleisch eines geschlachteten Tieres und die im *sonnenlos-unnatürlichen* Licht der Treibhäuser gezogenen Gemüse und Salate. *Verbösert* wird diese Situation noch durch den hemmungslos-provitorientierten Einsatz von Stoffen, die den schillernden Retorten moderner *Zauberlehrlinge* entstammen. Dies gilt auch für alle solcherart produzierten Arzneien. So verbergen sich hinter einer *karnevalistisch-bunten* Maske *modernen* Lebensstiles in Wahrheit *spirituelles Unheil*, *seelische Abhängigkeit*, *körperliche Krankheit* und *essentieller Tod*.

Mit der *Morgendämmerung* des am Firmament heraufziehenden *Wassermannzeitalters* bricht sich nun gleichzeitig ein verändertes *Bewußtseinslicht* in den Herzen der einzelnen Menschen Bahn. Diese *höher-geistige* Schwingung *kosmischen* Ursprungs eröffnet ihnen schon heute, in ersten Ansätzen deutlich spürbar, jene Erkenntnis, die dem *Verständnis* dessen vorausgehen muß, was *Paulus* in seinem ersten Brief an die Korinther, Kap. 3, Verse 16 und 17, geschrieben hat: *Wisset ihr nicht, daß ihr Gottes Tempel seid, und der Geist Gottes in euch wohnt? So jemand den Tempel Gottes verunreinigt, den wird Gott verderben; denn der Tempel Gottes ist heilig, und der seid ihr.*

Dieser Tempel ist der *elementische Leib* (materieller Körper des Menschen), von dem der große *Paracelsus* spricht, der durch den *siderischen Leib* (göttlicher Geistfunke im Menschen) *regieret* wird. So sieht er denn auch *zween Ursprung*, aus welchen alle Krankheiten *wachsen: Der ein aus dem Gestirn* (die geistige Gedankensignatur), *und der ander aus den Elementen* (falsche Ernährungsgewohnheiten). *Darumb der Arzt sich in solchem soll befleissen, daß er die Unterschied wohl wisse und erkenne, auf daß er nicht die siderische Krankheit mit der elementischen Arznei angreiff, noch die Elementische mit der Siderischen. Denn wo die Irrung geschicht, mag sie ohn Schaden nicht zugehen.*

Es wird klar, was mit diesen Worten zum Ausdruck kommen soll. Eine Krankheit, deren Ursache *geist-seelischer Natur* ist, und dies trifft sicher wohl überwiegend zu, kann mit *konzentriert-materiell* wirkenden Arzneimitteln nicht erfolgreich ausgeheilt werden. Jeder solcherart unternommene Versuch zieht zwangsläufig noch größeres Leiden nach sich, wie die *moderne* chemisch-medizinische Arzneimittelpraxis unzweifelhaft beweist. Umgekehrt können durch falsche *Ernährungsgewohnheiten* hervorgerufene Erkrankungen ausschließlich vermittels einer konsequenten *Nahrungsmittelumstellung* günstig beeinflußt werden, damit der *Körpertempel* wieder *rein* werde. Wobei auch hier prinzipiell ein *neues Denkmuster* unabdingbar ist, sodaß also auch in einem solchen Falle zunächst die *spirituelle Fehlschaltung* auslösendes Faktum darstellt.

Ein berühmt gewordener Zeitgenosse des *Hohenheimers* lebte und wirkte in Frankreich. Seine bis weit über die Gegenwart hinausreichenden *Weissagungen* sind weltberühmt und verschafften dem *prophetisch* veranlagten *Arzt* einen klangvollen Namen. Wie tief das *Wissen* von Michel de Notre-Dame, genannt *Nostradamus* (1503 - 1566 n. Chr.), um die inneren Zusammenhänge innerhalb der Schöpfung war, geht aus folgenden Worten hervor: *Gehet möglichst nicht zu fremden Leuten essen, sondern bereitet euch eure Mahlzeit selbst. Denn ihr wißt ja nicht, ob der Koch das Essen frohen Herzens zubereitet hat. War er nämlich wütend, verärgert, deprimiert oder gar haßerfüllt, dann hat sich diese negative Kraft auf die Speisen übertragen und ihr nehmt sie mit dem Essen auf. Hinterher wißt ihr dann nicht, warum ihr plötzlich verstimmt oder gar krank seid. Wenn ihr euer Essen selbst kocht, dann singt dabei ein frohes Lied. Denkt an etwas Erfreuliches. So könntet ihr euer Mahl mit positiver Lebenskraft anreichern.*

Die solcherart von dem großen *Seher* geschilderte, in der Regel unbewußt vorgenommene Übertragung von *positiven* oder *negativen Gedankenbildern* auf Speisen, findet natürliche auch in anderen Bereichen *ununterbrochen* statt und zeitigt *zweifellos* ihre Folgen. Hier findet sich ein direkter Zusammenhang mit den immer wieder auftauchenden *paracelsischen* Begriffen *Imaginatio* und *Impressio*. Darüber hinaus wird deutlich, welch enorme Bedeutung das heute weitestgehend aus der *Mode* gekommene *segensreiches Tischgebet* hat und warum *Jesus* nimmer müde wurde auf die *Tatsache* hinzuweisen, daß dem *bittenden Menschen allein sein unerschütterlicher Glaube helfen werde.* Denn dieser ist eine *Sache* der *gedanklich* vorgenommenen *Tat*.

Beide *Heilkünstler* vertraten auch die Auffassung, daß nicht jedes Nahrungsmittel für jeden Menschen gut sei, da das *firmamentisch-elementische Signatum signum* zwischen Mensch und seiner Speise übereinstimmen müsse, wenn Schaden vermieden werden solle, wie es *Paracelsus* auszudrücken pflegte. Sozusagen eine *kosmische Gesetzmäßigkeit*, der übrigens auch jegliche *Medizin* unterliege, worauf weiter unten nochmals näher eingegangen wird. So empfehlen sie denn auch mit allem Nachdruck nur solche *Lebensmittel* zu verzehren, deren *Herkunft* dem *Geburts*-

land entspricht. Denn nur dies garantiert eine *wesensnahe* Übereinstimmung der *inneren Struktur*. Hinzu kommt außerdem, daß die unterschiedlichen Nahrungs- und Arzneipflanzen entsprechend ihrer *planetaren Schwingung* ganz bestimmte *Organbeziehungen* haben. Da die einzelnen Körperorgane des Menschen aber nach einem *kosmisch* festgefügten Rhythmus arbeiten und auch nur demgemäß zu beeinflussen sind, ist dessen Beachtung von größter Bedeutung. Insbesondere trifft dies bei den einzelnen *Gewürzen* zu. Denn diese dienen nicht nur zur Verfeinerung des Geschmacks, sondern sind *Arzneimittel* und daher dementsprechend zu berücksichtigen, was *Hildegard von Bingen* ja bekanntlich ganz besonders hervorhob. Aus einer solch umfassenden *Sichtweise* betrachtet, wird offenkundig, daß selbst die *Farben* als *Lebensmittel* zu betrachten sind.

Entscheidend auch, wann welche Nahrungsmittel verzehrt werden. So können *tierische Eiweiße* lediglich in dem Zeitraum von *drei* Uhr früh bis *fünfzehn* Uhr am Nachmittag von der menschlichen *Körperchemie* verdaut werden. Es empfiehlt sich also, bereits nach *vierzehn* Uhr auf jegliche von *Tieren* stammende *Nahrungsmittel* zu verzichten. *Iß morgens wie ein König, mittags wie ein Graf und abends wie ein Bettelmann*, sagt der Volksmund und trifft damit exakt den *Verdauungsrhythmus* des Menschen.

Auch regelmäßiges *Fasten* zur *rechten* Zeit, gehört zu einer vernünftigen *Ernährung*. Daher ist die Phase des

Neumondes der beste Zeitpunkt, wobei es immer jene Organe am meisten *entlastet* (entgiftet), deren *Planeten* (Tyrkreiszeichen) gerade durchlaufen werden. Zu diesem Thema sind durch *Hildegard von Bingen* ausgesprochen gut praktikable und effektive Verhaltensregeln überliefert.

Sie ist es auch, die eindeutig zum Ausdruck bringt, daß alle Getränke mit *Wasser* vermischt werden sollten, wobei natürlich solches aus einer *guten, unbedeckt-besonnten Quelle* gemeint ist. Denn dieses *Elexier* allen irdischen Lebens ist der beste *Informationsträger* überhaupt und birgt die ganze *liebevolle Fürsorge* von *Mutter Erde* für deren *Kinder*. In den *feurig-kristallenen Tiefen* ihres *Schoßes* erfährt es seine alles *Schädliche* verwandelnde *Läuterung*, um dann, wie alles *Stoffliche,* dem *ewigen* Kreislauf *kosmischer Wiederkehr* folgend, wahrhaft *erfrischt* und *rein* an die Oberfläche zu eilen, wo der *energetische Lichtsame* von *Vater Sonne* noch sein übriges tut.

Aus dem oben Geschilderten geht hervor, welch eine fundamentale Bedeutung allen Speisen und Getränken für die *Gesunderhaltung* des Menschen an *Geist* und *Körper* zukommt. Verhängnisvoll für alle Völker, wenn die *Erdenmutter* an deren Unvernunft *erkrankt* und ihre *lebendig-nahrungspendende* Kraft einbüßt. Denn wahrhaftiges *Heil* kann *nur* aus der nach dem *rechten Maß* ausgerichteten Lebenshaltung und entsprechend ausgewählten Ernährung erstehen.

Diese Erkenntnis aber wird im *Herzensdenken* demütig-bescheidener *Dankbarkeit* geboren. So tragen denn die sich abzeichnenden dramatischen Ereignisse zwischen den *Weltzeitaltern* dazu bei, daß den Menschen jene *Lebensweisheit* verständlich wird, die *Lao Tse* mit folgenden Worten zum Ausdruck brachte: *Denkst du, du kannst das Universum in die Hand nehmen und es vollkommen machen? Ich glaube nicht, daß sich das tun läßt. Das Universum ist heilig. Vollkommener machen kannst du es nicht. Wenn du es verändern willst, wirst du es zugrunde richten. Wenn du es festhalten willst, wird es dir entgleiten. So sind die Dinge manchmal voraus, manchmal zurück; Manchmal fällt das Atmen schwer, manchmal geschieht es mühelos; Manchmal ist die Kraft da und manchmal Schwäche; Manchmal wird man nach oben getragen, manchmal nach unten gedrückt. Daher meidet der Weise Übertreibung, Maßlosigkeit und Selbstzufriedenheit.*

Astronomie, Astrologie, Astrodynamik

> Du, Vater, übst durch die Sonne deine Macht aus, die Nacht zu vertreiben, einen neuen Tag zu bringen, ein neues Leben, eine neue Zeit.
>
> Gebet der Ojibwa-Indianer

Schon im frühesten Altertum wurden die Menschen beim Anblick des nächtlichen Sternenhimmels in dessen Bann gezogen. Gleichzeitig stellte sich die Frage, ob es zwischen dem Lauf der Gestirne und den irdischen Naturprozeßen einen Zusammenhang gäbe, dessen Einflußnahme gar bis zu dem Lebensbereich eines jeden einzelnen Erdenwesens reichen könnte? Daher wurde damit begonnen, durch methodische Beobachtung die *Himmelsbewegungen* zu erfassen und mehr oder weniger exakte Aufzeichnungen, die sogenannten *Sternenkataloge* erstellt. Damit begann das Wissenschaftsgebiet der *Astronomie*, wobei zwischen damals und heute inhaltlich grundlegende Unterschiede bestehen.

Alle moderne astronomische Forschung erstreckt sich *ausschließlich* auf rein chemisch-physikalische Erkenntnisse, während jene der alten Erdenvölker tief in den *geistigen Schöpfungsurgrund* eindrang und alle *materiellen* Hürden weit hinter sich ließ. Denn ihr Bemühen war vom *heiligen Wissen* des ewigen *kosmischen Tyrkreises* getragen, jenem Erbe des legendären indischen Fürsten *Rama*.

So ist es kaum verwunderlich, daß die ältesten *Sternenkataloge* aus der großen *indisch-vedischen Kulturepoche* stammen. Nach Sonnen- und Mondfinsternissen über den schier unvorstellbaren Zeitraum von *achtundfünfzigtausend* (58.000) Jahren berechnet, enthalten sie die scheinbaren Bewegungen des Fixsternhimmels über unserer Erde in einer die Fachwelt verblüffenden Exaktheit. Die gesamten Aufzeichnungen erstrecken sich über einen Zeitraum von *achthundertundfünfzigtausend* (850.000) Jahren und gehen bis auf das globale Ereignis der ersten *großen Flut* auf dieser Erde zurück. Womit mit allergrößter Wahrscheinlichkeit jene *gewaltige Sintflut* gemeint ist, die durch den Untergang des Planeten *Maldek* verursacht wurde, dessen Trümmer noch heute zwischen *Mars* und *Jupiter* als *Asteroidengürtel* unsere Sonne umkreisen.

Den alten Indern waren aufgrund ihrer Beobachtungen und Berechnungen *vier*, sich in *kosmischen Rhythmen* bis in alle Ewigkeiten wiederholende große Weltepochen geläufig, in deren Verlauf sich die Menschheitsentwicklung auf spiralförmig angeordenten *universellen* Kreisbahnen vollzieht. Wobei jede volle Runde grundsätzlich einem *evolutionären Zuge* nach oben folgt, gleichzeitig aber in ihrem Verlauf einen stetigen, jedes *evolutionäre Geschehen* bedingenden, *not-wendigen* Wechsel zwischen *spirituellen Entwicklungshöhen* und *stoffgebundenen Denktiefen* der Erdenvölker beinhaltet. So sprachen die indischen *Astronomie-Astrologen* von der jeweils zwingenden Abfolge des *goldenen, silbernen, bronzenen* und *eisernen*

Äons. Jedes repräsentiert für sich eine ganz bestimmte Kulturstufe, wobei immer den Menschen des *goldenen Zeitalters* die höchste *geistige* Entwicklungsreife zu eigen ist, während die nachfolgenden drei *Epochen* vom unaufhaltsam-intellektuellen *Abstieg* in die *spirituellen Niederungen* des reinen *Stoffglaubens* geprägt sind. Gemäß den Überlieferungen der indischen Astronomen befindet sich die *Jetztzeit* kurz vor *Beendigung* eines *eisernen Abschnittes*, dessen unübersehbares Merkmal ein den *geistig-göttlichen Urgrund* aller Schöpfung *lebenverachtender Materialismus* ist. Dieser muß zwangsläufig zur absoluten *Leblosigkeit* erstarren und schließlich in einem *weltweiten* Chaos enden, aus dessen Trümmern sich ein neues *goldenes Zeitalter* dynamisch-menschlicher *Geistesentwicklung* erhebt.

Lange vor *Nikolaus Kopernikus* (1473 - 1543 n. Chr.) und *Galileo Galilei* (1564 - 1642 n. Chr.) lehrte der indische Astronom *Arjabhata* (476 - 550 n. Chr.), daß es sich bei dem Planeten Erde um eine Kugel handele, die um ihre eigene Achse rotiere. Gleichzeitig bewege sie sich auf einer *kreisförmigen* Bahn um die Sonne. Er berechnete die genaue Länge des *Sonnenjahres* und benutzte hierfür das Zahlensystem der neun Ziffern mit einer Null, das später von den *Arabern* nach Europa gebracht wurde.

Erstaunliche astronomische Kenntnisse waren auch den *Maya* zu eigen, jener *Indio-Kultur*, die im Bereiche des heutigen *Mexiko* zwischen dreihundert und neunhundert nach Christus ihre Hochblüte erreichte. Ohne die Hilfe optischer Instrumente, da ihnen solche nicht bekannt waren, berechneten sie die Länge eines Jahres genauer als dies das heute übliche System der Schaltjahre aufweist. Ihr Kalender beginnt an einem Tag im Jahre *dreitausenddreihundertdreiundsiebzig* (3.373) vor Christus, was in Fachkreisen bis zum gegenwärtigen Zeitpunkt noch als ungeklärtes *Rätsel* angesehen wird. Ein Blick in die Abläufe des *kosmischen Tyrkreises* allerdings eröffnet einen interessanten Aspekt. Denn die oben angeführte Angabe befindet sich im Zeitalter des *Stieres* (4.480 - 2.320 v. Chr.), das ja bekanntlich die *ägyptische Hochkultur* hervorgebracht hatte. Besonders in den *Pyramiden* zeigt die Baukunst der Ägypter als auch Mayas deutliche Parallelen, was auch auf die *kosmischen Erkenntnisse* beider Völker zutrifft. Es läßt sich also durchaus vermuten, daß im Jahre 3.373 vor Christus ein Teil des ägyptischen Volkes in Richtung Südamerika *ausgewandert* ist und diesen Zeitpunkt, ob *Abreise* oder *Ankunft*, zum *Beginn* eines *neuen* Lebensabschnittes gewählt hat.

Alle aus vielen Beobachtungen der irdischen Jahreszeiten und den Bewegungen am Himmelsgewölbe gewonnenen *astronomischen Erkenntnisse* offenbaren ausnahmslos sämtlichen alten Völkern einen tiefen inneren Zusammenhang des gesamten Schöpfungsgeschehens. Sie sahen *Werden*, *Wachsen* und *Vergehen* ganzer Kulturepochen und der in diesen integrierten einzelnen *Wesen* in direkter *Abhängigkeit* von den unterschiedlichen *Gestirnständen*. Gleichzeitig wurde ihnen bewußt, daß ganz bestimmte, sich in einer *mathematisch-kosmischen Rhythmik* ständig wiederholende Planetenkonstellationen zu besonders auffälligen Gemeinsamkeiten der *essentiellen Prägung* führten. Dies betraf nicht nur Menschen, Tiere, Pflanzen und Steine, sondern auch kollektiv gesehen ganze Kulturepochen mit allen dazu gehörenden Volksgruppen.

Auf diese Weise waren von den *Frühzeiten* der irdischen Menschheit bis in das späte *Mittelalter* neuerer Zeitrechnung hinein *Astronomie* und *Astrologie* untrennbar miteinander verbunden. Sie bildeten gemeinsam je eine Seite jener Medaille, die als *königliche Weisheit* unter dem Namen *Astrosophie* bekannt war. Aus ihr gingen später alle *Forschungsgebiete* moderner Naturwissenschaft hervor, die gerade aufgrund der *Aufspaltung* in einzelne *Fachbereiche* ihre *urgeistig-kosmische Einheit* verloren haben. Damit aber wurden sie ihrer *gemeinsam-ganzheitlichen Basis* beraubt und erstarren immer mehr im eisigen Froste absoluten *Stoffglaubens*.

Im frühen Mittelalter entwickelte sich die *astrosophische* Wissenschaft besonders im arabischen Raume zur Hochblüte. Philosophen und Mystiker beherzigten das *Gebot* ihres Propheten, Wissen in allen Teilen der Welt zu suchen und anzuwenden. Astronomie, Astrologie und Medizin erreichten gemeinsam einen beispielhaften Stand und wurden schließlich dem Abendland vermittelt, wo die *königliche Wissenschaft* langsam in einzelne Teilbereiche zerfiel.

So erreichte im fünfzehnten Jahrhundert nach Christus die *Astrologie* ihre Blütezeit in Mitteleuropa. An vielen Universitäten wurden regelmäßig Vorlesungen gehalten. Weltliche und kirchliche Herrscher zeigten sich überzeugt und nahmen vor jeder Entscheidung umfassende astrologische Beratungen in Anspruch. An der Akademie zu Wittenberg lehrte *Philipp Melanchthon* (1496 - 1565 n. Chr.) die *Sternenkunde*. *Paracelsus, Tycho de Brahe, Johannes Kepler* und viele andere sahen im *Kosmos* ein wohlgeordnetes *geistiges Ganzes*, dessen bestimmende Kraft alle Daseinsebenen berührte. Das gesamte mittelalterliche Leben war in allen Bereichen von der *allmächtigen Astrologie* beherrscht.

Ganz besonders die *Medizin* wurde von ihr durchdrungen. Der Mensch und seine Krankheiten standen ebenso in einem direkten Zusammenhang zu den *Gestirnen* des Firmaments, wie Tiere, Pflanzen, Steine, Metalle und Farben. Gleichzeitig hatten alle wieder untereinander ganz bestimmte Beziehungen, deren *Wirkkräfte* direkt *abhängig* vom *planetaren Rhythmus* waren und von der jeweiligen *Planeten-Mond-Konstellation* Verstärkung oder Abschwächung erfuhren. Nach solchen Kriterien wurden alle Krankheiten beurteilt, Therapien geplant, entsprechende Naturarzneien ausgewählt und zum bestmöglichen *Zeitpunkt* verabreicht. Um die *Heilwirkung* unterstützend zu fördern, kam in der Regel noch ein *termingerechter Aderlaß* in den ersten *fünf* Tagen *nach* Vollmond hinzu. Jeder Arzt, der diese grundlegenden Regeln nicht beherrschte, verlor alle Patienten und sein Ansehen, da ihm kein *wirklicher Heilerfolg* beschieden sein konnte.

 Diese heute fast gänzlich vergessenen, aber immer noch gültigen Tatsachen drückte *Paracelsus* in seinem Buche *Astronomia magna* mit folgenden Worten aus: *Gott hat dem Menschen durch das Firmament all Kunst und was natürlich ist gegeben, also daß das Firmament das natürlich Licht ist, und der Mensch vom Firmament das Natürlich hat. Weiter so muß ichs loben von wegen seiner großen Nutzbarkeit, so alle natürlich Kunst aus ihm entspringet. Die große Kunst der Arznei so von Gott wunderbarlich geschaffen ist, nimmt ihren Eckstein zu erkennen die Krankheit des Menschen, Gesundheit und den Tod aus dieser Kunst der Astronomey. Wo solchs gebricht, da ist der Kranke verführt in seinem Arzt. Denn der Arzt, der die Astronomey nicht kann, der mag nicht ein vollkommener Arzt genannt werden. Denn mehr als der halb Teil der Krankheiten wird vom Firmamente regieret. Das Gestirn ist unser Lehrmeister. Und das merket alles eben wohl, wo die Astronomey aufhöret, fanget die treffliche Religion an, und ohne Astronomey mag kein Kunst wohl vollendet werden. Nach ihr fanget an die göttliche Weisheit, nach ihr fanget an das Licht der Natur. Dann erstlich sollen wir das natürlich Licht eigentlich wohl erkennen, als dann sind wir geschickt zu erkennen all Ding, so Gott weiter durch den Menschen wirket. Darum merket, daß die Kunst der Astronomey zu erkennen und zu eröffnen in die Heimlichkeit der Herzen geboren wird.*

Nach diesem wohl genialsten *Heiler* der bisherigen Menschheitsgeschichte, erlosch das *innere Naturlicht* wahren Arzttums in Europa im Verlaufe folgender Jahrhunderte fast vollständig und die *firmamentisch-elementisch* orientierte *Heilkunst Gottes* wurde hinweggespült von einer übermächtigen *Welle* materiell ausgerichteter *Sinnenflut*. Mit *Samuel Hahnemann*, dessen Homöopathie erst jetzt späte Anerkennung findet und der *Signaturenlehre* eines *Emil Schlegel*, erleuchteten noch zweimal vom *Allgeist* durchflutete Lichtfunken *paracelsischer Größe* das *stoffgebunden-verdunkelte* Denkgebäude *moderner* Medizin.

So liegt denn jener, alles irdische *Sein* überstrahlende *kosmische* Glanz *dynamischer Astromedizin* vergangener Jahrhunderte verborgen unter einer verkrusteten Schicht, zu absoluter *Leblosigkeit* erstarrter Schlacken nach außen gerichteter *Fortschrittseuphorie*. Als seinem wirklichen *Sinngehalt* beraubtes *Relikt* früherer Größe, ist eine zu *stofflicher Statik* degradierte Form der *astrologischen Beratung* übriggeblieben, deren wesentliche Funktion sich darin erschöpft, dem *materiell* orientierten Denkschema heute lebender Menschengenerationen Vorschub zu leisten. Die Begriffe Glück und Gesundheit sind zu leeren *Worthülsen* käuflicher *Ware* degeneriert, ihre wahren, weil *inneren Wesensquellen* scheinbar versiegt. Denn die von *Ewigkeit* zu *Ewigkeit* reichende *göttliche Botschaft* menschlichen *Heilseins* wird weder gehört noch verstanden und scheint *vergessen*.

Aus der globalen, menschlich-materieller *Irrungen* entsprungenen, dem *ein(end)en lebendigen Gottesglauben* gegenüber unsensiblen *religiösen Zerrissenheit* ganzer Völkergruppen, hat sich jenes fundamentale *Unverständnis* für die rein geistigen *Urprinzipien* aller Schöpfung herauskristallisiert, das bereits im Buche *Daniel*, Kap. 5, Verse 7 und 8, geschildert wird: *Und der König rief laut, daß man die Weisen, Chaldäer und Astrologen heraufbringen solle. Und er ließ den Weisen zu Babel sagen: Welcher Mensch diese Schrift lieset, und sagen kann, was sie bedeute, der soll mit Purpur gekleidet werden und goldene Ketten am Halse tragen, und der dritte Herr sein in meinem Königreich. Da wurden alle Weisen des Königreichs heraufgebracht, aber sie konnten weder die Schrift lesen, noch die Deutung dem Könige anzeigen.*

Das zu Ende gehende kosmische *Zeitalter der Fische* läßt unübersehbar jene, aus dem universellen Urgrund alles Geschaffenen hervorquellende *Geistesdynamik* vermissen, die den Menschen tieferen Einblick in die *spirituellen Schöpfungsprinzipien* verleiht. Die alleinige Ausrichtung auf äußere Werte und stofflichen Gewinn, muß zwangsläufig *inneren* Verlust zur Folge haben. Da aber *Glück* und körperliche *Gesundheit* dem *Herzensdenken* des Menschen entspringen, sind beide vermittels Geld, gleich welche Menge auch immer zur Verfügung stünde, nicht zu erlangen.

Jesus, der sicher einer der großen *Eingeweihten* gewesen ist, ließ keinen Zweifel an dieser Tatsache und sagte daher bei *Matthäus*, Kap. 6, Vers 24: *Niemand kann zwei Herren dienen. Entweder er wird einen hassen und den anderen lieben; oder wird einem anhangen, und den anderen verachten. Ihr könnt nicht zur gleichen Zeit Gott und dem Mammon dienen.*

Er kennt aber auch das tröstliche Ziel einer jeden *göttlich-kosmischen* Entwicklung und weiß, daß dem Abstieg in die materiellen Tiefen des absoluten *Stoffglaubens* unabdingbar der Aufstieg in das *geistige Lichtreich* der Schöpfung folgen muß. Ja, er sieht schon zu seiner irdischen Lebenszeit die *Morgenröte* einer neuen Ära am Horizont des menschlichen Bewußtseins heraufdämmern und sagt daher auch bei *Johannes*, Kap. 4, Verse 23 und 24: *Dennoch kommt die Stunde, und sie ist schon jetzt, daß die wahrhaftigen Anbeter werden den Vater anbeten im Geiste und in der Wahrheit. Gott ist ein Geist; und die ihn anbeten, die müssen ihn im Geist und in der Wahrheit anbeten.*

So wird nun im Zuge des *not-wendigen* Weltenwandels aus der inhaltlich fälschlich-verkümmerten Astrologie moderner Prägung jene, auf den *unumstößlich-kosmi- schen Gesetzen* beruhende *Astrodynamik* erstehen, deren *universell-essentielle Signatur* allem Leben innewohnt und es miteinander verbindet. Das *gegenwärtig-unheilvolle Chaos* mündet in eine *zukunftsträchtig-heilvolle Ordnung*. Der allein auf dem egoistischen *Ich* des Menschen konzentriert-ruhende Blick löst sich aus seiner *fischeähnlichen*

Starre und weitet sein Sehfeld zur *panoramagleichen schöpferischen Allsicht.*

Gerade die derzeit noch scheinbar jede weitere Entwicklung hemmenden *materiellen Verkettungen* erwecken in den Erdenmenschen das *innere Gewissen* und machen ihnen ihre von Gott gegebene Verantwortung für alles Leben bewußt. Das wiederum führt zur freiheitlichen Entfaltung des *Willens, Wollens* und der *Tat.* Mit aller, diesen drei *Bildekräften* innewohnenden *dynamischen Zielgerichtetheit* aber, werden die irdischen Völker den *geistigen Evolutionsweg* beschreiten, mitgestalten und dem alten *kosmischen Wissen* wieder jenen Platz in ihrem Dasein einräumen, der ihm von Anfang an gebührt. Die ersten Ansätze der *Verlebendigung* uralten *Weistums* sind schon heute deutlich erkennbar und schreiten unaufhaltsam fort.

Ein persisches Sprichwort sagt: *Jede dunkle Nacht hat ein helles Ende.* - Das helle Ende bedeutet aber gleichzeitig den Morgen eines neuen Tages. Dieses große *kosmische Gesetz* erfüllt sich in dieser Zeit, die zur *spirituellen Auferstehung* der Menschengeschlechter führt. So, wie es bei *Markus,* Kap. 12, Verse 25 und 27 geschrieben steht: *Wenn sie von den Toten auferstehen werden, so sind sie wie die Engel im Himmel. Denn Gott ist nicht ein Gott der Toten, sondern ein Gott der Lebendigen.*

Die kosmische Evolutionsspirale

> Ein jegliches hat seine Zeit, und alles Vornehmen unter dem Himmel hat seine Stunde.
> Prediger, Kap. 3, Vers 1

Bewegung ist Voraussetzung jeden Vorankommens. Ein Blick in die den Menschen umgebende Natur beweist diese Behauptung. Nichts steht still, alles befindet sich in einem ständig mobilen Zustand der Veränderung und Umwandlung. Die gesamte Schöpfung ist erfüllt von einer seit deren Beginn niemals unterbrochenen *dynamischen Aktivität*, deren ganzes *Streben* nur einem einzigen Ziele dient: *Durch evolutionäres Wachstum das Leben weiter entwickeln und zu vervollkommnen.*

Aus *rechter*, weil gemäß den *kosmischen* Gesetzen *gerichteter* Bewegung, ergibt sich zwingend die *harmonisch-fortschreitende Stabilität* der *universellen Gesamtheit*. Deutlich erkennbar im faszinierend geordneten Lauf der einzelnen Gestirnsgruppen. Die *Vitalität* des *Ganzen* findet so ihre Entsprechung im *Einzelnen* und umgekehrt. Sie allein garantiert *geistig-schöpferischen Fortschritt*, und nur dieser bürgt für wahre *Heilwerdung* und *Gesunderhaltung*. Alle erschaffenen *Wesenheiten* unterliegen dieser *ursächlichen Ordnung*, und der Mensch bildet dabei *keine* Ausnahme.

Das *verstofflichte Verstandesdenken* des heutigen *Homo sapiens* aber ist in aller Regel auf *Ruhe* und möglichst anhaltend-behagliches *Zurücklehnen* ausgerichtet. Besonders innerhalb von fast sämtlichen sogenannten *zivilisierten* Völkern dieser Erde hat sich bei der Mehrheit ihrer Bürger der Wunsch nach einem möglichst *langen* und *bequemen Hiersein* herausgebildet. Wobei dies nichts weiter als elegante Umschreibung für die weitverbreitete *Sehnsucht* nach *untätigem Wohlleben* darstellt. Denn die den sichtbaren Schöpfungsabläufen innewohnende *natürlich-dynamische* Abfolge *lebendiger* Prozesse, signalisierte dem weitgehend *verstofflichten Verstandesdenken* des Erdenmenschen eine *unabänderlich-zeitliche Begrenzung* seiner irdisch-materiellen Existenz. So versuchte er denn mit allen erdenklichen Mitteln diesem *äußeren*, scheinbar unentrinnbar-grausamen *Schicksal* zu entfliehen, indem alles *Wissen* um die immerwährenden *geistigen Wahrheiten* jeden *Seins* verdrängt wurden und inzwischen einer allgemeinen *Vergessenheit* anheim gefallen ist.

Die *pulsierend-regenerierende* Vitalität von *Mutter Erde* degenerierte im gleichen Maße, wie das Verantwortungsbewußtsein der Menschen für die gesamte *göttlich-irdische Schöpfungsgemeinschaft*. Der ganze Planet, mit allen *lebendigen* Wesen, die er beheimatet, ist zum *Statisten* des nach außen gerichteten menschlichen Fortschrittswahnes geworden. - Vergessen das Herzensgefühl *vertrauensvoll-warmer Freundschaft* zu den *geringeren* Tierbrüdern, wie sie von Kindern noch empfunden wird. -

Vergessen aller *aufrichtige* Dank gegenüber der *aufopfernd-liebevoll-nährenden Grünkraft* pflanzlicher *Geschwister*, wo diese doch allein *Gesundsein* garantiert. - Vergessen die *zurückhaltend-schimmernde* Schönheit *stummer Zuneigung* versteinerter *Freunde*, deren stilles *Werk* oft eine *Heilung* vollendet. - Vergessen die ungezählten *spirituellen Bindungen* untereinander, wo doch gerade dem *schöpferischen* Zusammenspiel dieses vielschwingenden *artesischen Urbrunnens* alle *Harmonie* des Universums entspringt. - Vergessen das *heilige Wissen* um die *evolutionär-geläutert-verwandelte Wiederkehr* allen Lebens im *ewig-schicksalverwobenen* Kreislauf der *kosmischen Evolutionsspirale*.

Alles fließt, stellte der griechische Philosoph *Heraklit* (544 - 483 v. Chr.) fest und verwies damit auf die unumstößliche Tatsache, daß wahre *Evolution* allein durch Bewegung möglich ist. Jegliche Unbeweglichkeit führt zwangsläufig zu Erstarrung und Verfall. Sie ist der Anfang vom Ende. Denn das Leben entwickelt sich in *spiralig-kreisförmigen Rhythmen*, deren *geist-dynamischer Fortschritt* einem auf die *essentielle Vervollkommnung* zielenden stetigen *Zug* nach oben folgt. Gleichzeitig weiten sich die aufeinanderfolgenden Bahnen *trichterförmig*. Auf diese einfache Weise sind *spirituelle Erhöhung* und *Erweiterung* absolut gewährleistet.

Jeder Bewegung ist unabdingbar die Veränderung mitgegeben. Somit ergibt sich für jede einzelne *Existenz* aus einer auf der *kosmischen Evolutionsspirale* jeweils erreichten *Position* auch eine neue *Situation.* Diese wiederum fordert entsprechende individuelle *Reaktionen* heraus, die das für alle weitere *evolutionäre* Entwicklung *notwendige Erfahrungspotential* auslösen. Schwächen verwandeln sich so in Stärken und vermeindliche Rückschläge oder Niederlagen in strahlende Siege, denn über alle *Unendlichkeiten* hinweg *regiert* letztendlich die allmächtige *ausgleichende Gerechtigkeit.* Sie allein vermittelt den Erdenvölkern das für deren *geistiges* Wachstum erforderliche *Lehrmaterial,* dessen *Lektion* den Bewußtseinsstand *erweitert* und dem Leben Einzelner *Bereicherung,* oder gar *Weisheit* beschert. Diese aber kann nur aus der *Erfahrung* gewonnen werden, die *rechtes Wissen* immer zum *rechten Augenblick* hervorbringt, niemals früher oder später.

Die Menschen der Moderne aber glauben, daß die Zeit an ihnen *vorrübereile* und unter ihren Fingern *zerrinne.* Dieser grundlegende *Irrtum* führt zu einer hektischen Aktivität in sämtlichen Lebensbereichen, denn alle sind getrieben von der angstvollen Sorge, sie könnten irgend etwas verpassen oder nicht mitbekommen. Vor allem aber jagen sie nach materiellem Besitz, in dem allein Heil und Rettung vermutet wird. In rücksichtsloser *Selbstkasteiung* wird jede schicksalhafte *Warnung* ihres *inneren* oder *äußeren* Kosmos mißachtet und versucht die *firmamentisch-elementischen Abläufe* gewaltsam unter den menschlichen Willen zu zwingen. Solche überzogenen, jede harmonische Entwicklung zerstörenden Anforderungen, führen evolutionsgesetzmäßig gesehen zunächst unweigerlich in ein scheinbar totales *Chaos*. Nur aus diesem aber kann und muß schließlich wieder *Ordnung* entstehen.

Wenn die Erdenmenschen davon sprechen, daß *die Zeit vergehe*, versuchen sie damit ihren *äußeren* Sinneneindruck zu verdeutlichen, der ihnen im vermeintlich unerbittlichen Ablauf von Minuten, Stunden, Tagen, Monaten und Jahren ständig vor Augen geführt wird. So gewinnen sie den Eindruck, von einem wildschäumenden *Schicksalsstrom* unaufhaltsam fortgerissen zu werden, einem *zukunftslos-tödlichen* Ende entgegen. Daher fühlen sie sich fast gänzlich im Stich gelassen, ihrem meist *unbekannt-ungeliebten* gnadenlosen Gott ausgeliefert und erkennen *noch* nicht, daß alles *Schicksal* nichts weiter ist, als eine selbstverursachte *Schickung* ihres eigenen *inneren Schöpfers*, der in seiner *materiellen Einkerkerung* einen völlig falschen Eindruck vom wirklichen Geschehen gewonnen hat.

Denn die *Zeit* ist als feststehende Konstante in der *kosmischen Evolutionsspirale* unverrückbar verankert. Nicht sie befindet sich in Bewegung, sondern alle *erschaffenen Wesenheiten* wandern über unzählige *Verkörperungen* ununterbrochen an ihr entlang, der gemeinsamen *spirituellen* Bestimmung entgegen. Daher wiederholen sich geschichtliche Ereignisse auch im Verlaufe ganz bestimmter *Zyklen* in ähnlicher Weise immer wieder. Lediglich an *äußerlichen* Einzelheiten sind *geistes-strukturelle Veränderungen* erkennbar, die ihre alleinige *Ursache* im jeweils situationsbestimmenden, *evolutionären Bewußtseinszustand* auf der gerade erreichten höheren *essentiellen Ebene* haben.

So war und ist alles *universelle Wissen* seit Anbeginn allen *Werdens* unauslöschlich in die Schöpfung eingebettet. Denn die *formbildende Gottesidee* hat von Anfang an das einzig anzustrebende *spirituell-evolutionäre Ziel* der einzelnen *Wesenheiten* ausgewiesen und sämtliche dorthin führenden *Wege* klar abgesteckt. Diese *Zielrichtung* erfassen, alle *gangbaren Pfade* suchend erkennen und mit freudigem Vertrauen in die *Allweisheit* des Schöpfers entschlossen zu betreten, ist wahre Aufgabe des Menschen. So führt ihn seine endlose Reise der *spirituellen Bewußtseinserweiterung* auf nach oben offenen spiraligen Kreisen aus den vernebelten Abgründen stoffgebundener *Denktäler* hinauf in immer *lichter* werdende *Daseinsregionen sonnenüberfluteter Geistesebenen.*

Jede *Daseinsrunde* läßt ihn solcherart immer wieder mit den gesamten *Urgesetzen kosmischer Weisheit* in Berührung kommen, deren *Wirkerleben* ihm ständig neue *Erfahrungen* vermittelt. Dieses *dynamische* Geschehen fordert den Menschen somit zu ganz bestimmten *Reaktionen* heraus, die seiner gerade erreichten *Evolutionsreife* entsprechen und alle für sein weiteres *geistiges Wachstum* wichtig-richtigen *Ereignisse* hervorrufen. Dem Gesetz der *ausgleichenden Gerechtigkeit* folgend, wird er so zum Gestalter seines eigenen *Schicksals*, denn er *erntet* immer genau das, was er vorher *aussäte*. Dies gilt nicht nur für einzelne Menschen, sondern ist auch bestimmend für ganze Volksgruppen, ja global gesehen die gesamte Erdbevölkerung.

Stillstand sei *Rückschritt*, sagt Volkesstimme und trifft damit den Kern der Sache. Denn allein aus *vitaler Bewegung* und *Tat* kann sich kontinuierlicher *Aufbau* entwickeln. Nur *entschlossene* Zielsetzung und *beharrliches* Bestreben dieses auch zu erreichen, garantieren letztendlich wirkliches *Vorankommen*. Jede Form des *Ruhenwollens* verliert ihre Existenzberechtigung innerhalb der *göttlich-dynamischen* Schöpfung, führt in die *Erstarrung* und mündet im unabdingbaren *Vergehensollen*. Dies trifft in besonderem Maße auf die heute weitverbreitete *geistige Ziellosigkeit* zu, denn sie ist *Ursache* einer jeden *inneren* und dieser auf dem Fuße folgenden *äußeren Rückentwicklung*.

Unzählige Erdenbewohner sind dem Irrtum verfallen, die Anhäufung materiellen Reichtums könnte ihnen ebenso zum ewigen Segen gereichen wie das tägliche Absolvieren eines schweißtreibenden Sportprogramms. Wobei einmal finanzielle Absicherung und zum anderen körperliches Wohlbefinden garantiert werden sollen. Nichts davon entspricht den tatsächlichen Gegebenheiten, obschon auch hierbei eine gewisse *Zielsetzung* nicht verleugnet werden kann. Es handelt sich dabei aber um angestrebte *Wunschvorstellungen*, denen jegliche *Zukunftsperspektive* fehlt, denn sie möchten den *alleinigen Erhalt* des *Vergänglichen*, in Wahrheit *Nichtlebendigen*, was gemäß den unumstößlich *geistigen Gesetzen* aller Evolution nicht möglich ist.

Schon *Jesus* hat in seiner *Bergpredigt* bei Matthäus, Kapitel 6, Verse 19 bis 21, auf diese Tatsache hingewiesen und gleichzeitig auch angedeutet, was für den *wahrhaftigen Fortschritt* des Menschen von wesentlicher Bedeutung ist: *Ihr sollt euch nicht Schätze sammeln auf Erden, da sie die Motten und der Rost fressen, und da die Diebe danach graben und sie stehlen. Sammelt euch aber Schätze im Himmel, da sie weder Motten noch Rost fressen, und da die Diebe nicht danach graben und sie stehlen. Denn wo euer Schatz ist, da ist auch euer Herz.*

Die angesprochenen *Himmelsschätze* sind *geistiger* Natur, und von daher auf *ewig* unvergänglich. Sie sind *lebendig-dynamisch*, weil dem unerschöpflichen *Weltengeiste* entsprungen, dessen *vitale* Potenz keinen *Stillstand* kennt, sondern auf ständig-evolutionäre *Weiterentwicklung* zielt. Entsprechend müssen auch die Ziele des menschlichen Wesens sein, voll *spiritueller Lebendigkeit* und demgemäß gestaltend *zielgerichteter Tätigkeit*. Denn in ihnen *schwingt* der *Geist* des Schöpfers und bringt so unter Beteiligung aller erschaffenen Existenzen jene große *kosmische Harmonie* zustande, von welcher das *symphonisch-universelle Lebenskonzert* kündet.

Im Verlaufe der jüngsten menschlichen Entwicklungsgeschichte wurde dem reinen *Verstandesdenken* immer größere Priorität eingeräumt, bis schließlich fast jegliche *Innenschau* der Dinge verloren ging. So richtete sich das

Hauptinteresse auf die sichtbaren Strukturen und entdeckte nichts als das, was schon den alten *Mystikern* samt allen frühen Kulturvölkern bewußt war: *Die absolut gesicherte Vergänglichkeit aller materiellen Erscheinungen.*

Alle Bemühungen, dieser Tatsache durch äußerlich-akrobatische Anstrengungen Einhalt zu gebieten, müssen scheitern. Denn jede *Körperlichkeit* verströmt ihre gesamte Schwingungsenergie *erdwärts* und endet in der Erstarrung und Auflösung. Der Alterungsprozeß schreitet umso schneller voran, je mehr alle Aufmerksamkeit stofflichen Werten geschenkt wird. Einzig und allein dem allen *äußeren Formen* innewohnenden *göttlich-geistigen Wesenskern* ist *ewig-lebendiger Bestand* beschieden, so, wie *Jesus* dies bei Johannes, Kap. 6, Vers 63, andeutet: *Der Geist ist es, der da lebendig macht; das Fleisch ist nichts nütze. Die Worte, die ich rede, die sind Geist und Leben.*

Förderlich allein sind *geistige Zielsetzungen*, denn ihre Richtung weist nach oben, *himmelwärts*. Ein ausschließlich auf *materiellen Erwerb* ausgerichtetes Leben hat aus *universeller Sicht* gesehen keine lange Dauer, weil ihm die Treibkraft *spiritueller Energie* fehlt. Ohne sie muß alles *äußere* Wissen *Stückwerk* bleiben. Nur was das *innere* Wesen *bewegt*, findet seine entsprechende *kosmisch-vitale Resonanz*. Allein dem *Geiste* ist es vorbehalten solche *Schwingungen* hervorzubringen, die über alle stofflichen Begrenzungen und Räume hinweg in der *Unendlichkeit* mit ihresgleichen eine *zukunftsorientierte*

Kommunikation aufnehmen und zu gegenseitigem *Wachstum* beitragen.

Alles *Essentielle* trägt die *Signatur* des *Unsterblichen* in sich und bleibt bis in alle *Ewigkeiten* bestehen. Nichts geht verloren. Jeder Gedanke, wann immer auch gedacht, ist eine *energetische Schwingung* und strebt seiner *Verstofflichung* entgegen, die exakt der *inneren Wertigkeit* entspricht. So zieht alles *Denken* entsprechende *Auswirkungen* nach sich. Besonders hier kommt der *erzieherische Einfluß* des Gesetzes von *Ursache* und *Wirkung* zum Vorschein. Denn allein durch den *Gehalt* dieser allmächtigen *geistigen Formkraft* werden *Unheil* oder *Heil* des Menschen *gewirkt*. Auf dem endlosen Weg durch *Täler* und über *Höhen* seiner ganz individuellen *kosmischen Evolutionsspirale*, berührt er unablässig das in dieser *lebendig* erhaltene, gesamte *universelle Wissen* und ist gleichzeitig ständig mit der *Verknüpfung* seines eigenen *Schicksalsgeflechtes* beschäftigt. Gleiches gilt für Familien, Völker und den gesamten Planeten.

So ist es bedeutsam, in den einzelnen Menschen das *Verständnis* für diese Zusammenhänge zu wecken. Ihnen darzulegen, daß heute der *Mitwelt* gegenüber gehegter *Haß* schon morgen den oder die *Ursacher* in Form von *Not* und *Siechtum* heimsucht. Dies gilt auch für Gefühlsregungen wie *Güte* oder *Liebe*, die zu gegebener Zeit als vielgestaltige *Segnungen* ihr einstmaliges *Heim* wieder *suchen* und, der *göttlichen Weisheit* des *ewigen Ausgleichs* folgend, auch finden. Der große *Gautama Buddha* hat dies in folgende Worte gefaßt: *Auf dem Verlangen beruht des Menschen Natur. Wie sein Begehren, so ist sein Streben; wie sein Streben, so ist seine Tat. Und wie seine Tat, so wird sein Dasein.*

Wie wahr, wenn der Volksmund davon spricht, daß des Menschen *Wille* sein *Himmelreich* sei. Diese einfachen Worte sind weithin *bekannt*, ihr tieferer Sinn wird aber kaum *erkannt*. Hier drückte sich ein Dichter schon deutlicher aus, als er sagte: *Im Denken und Tun, alle Geschicke ruhn; in ewigen Runden am Himmel gebunden, auf kreisenden Bahnen, erfüllt sich das Ahnen.*

Schon immer waren die Erdenvölker von der Ahnung erfüllt, daß alle *Weisheit* vom Himmel komme und auch nur dort zu finden sei. So befleißigten sie sich um deren Erkenntnis und fanden die *kosmische Evolutionsspirale*, als das ewige *Schöpfungsgesetz Gottes*, dem alles Erschaffene verpflichtet ist. Über Äonen hinweg wiederholen sich so auf in die *Unendlichkeit* weisenden *Kreisbahnen* sämtliche *Urprinzipien* allen Wachsens auf immer neuen *Bewußtseinsebenen*. Die Menschen erkannten im Verlaufe eines der unzähligen *Spiralenkreise* zwölf verschiedene *firmamentische Schwingungen*, deren unterschiedliche Charakteristiken ebenso viele *spirituelle Entwicklungsschübe* auf der Erde hervorriefen und die einzelnen *Kulturstufen* entscheidend beeinflußten. Sehr bald wurde ihnen aus dieser Beobachtung auch bewußt, daß diese *Gesetzmäßigkeit* für *Makro-* und *Mikrokosmos* gleichermaßen Bedeutung besaß, denn in ihr erfüllt sich das *Sein* einer jeden *Wesenheit*. Um dieses Wissen für alle *Ewigkeit* festzuhalten, zeichneten sie die *Symbolbilder* des *kosmischen Tyrkreises* an den Himmel. In ihnen sind Vergangenheit, Gegenwart und Zukunft unauslöschlich festgehalten, dem wahrhaft *Sehenden* wie ein offenes Buch.

Jene *subtilen Schwingungen* dieser einzelnen Felder besitzen nur für den *Unwissenden* scheinbar geheimnisvolle *Kräfte*, deren *Wirkmechanismen* dennoch für alle Menschen spür- und sichtbar tiefgreifende Veränderungen auslösen. Dies gilt nicht allein für den gesamten Planeten, sondern ist auch in besonderem Maße in allen Teilbereichen bedeutungsvoll. Denn die zum günstigsten Zeitpunkt entstehende *frequenz-sympathische Kommunikation* zwischen *Himmelsgemälden, Pflanzen* und *Steinen* ruft bei den einzelnen Menschen eine entsprechende *Reaktion* hervor, deren *heilende Wirkung* den frühen *Weisen* längst bekannt war.

Mit dem Übergang in das nun kommende *Wassermannzeitalter* wird sich den Erdenvölkern dieses alte *Wissen* wieder neu offenbaren. Und wie immer, wenn nach Jahrzehntausenden das *Ende* eines *kosmischen Weltenkreises* erreicht ist und ein *spirituell höherwertiges* Zeitalter beginnt, fällt der großen *Bewußtseinsumwandlung* irdischen *Seins* alles *Unbrauchbare* zum Opfer und versinkt bis auf bedeutungslose Reste in der Vergangenheit. Demgegenüber aber erhalten sämtliche, der *kosmischen Gesetzmäßigkeit* entsprechenden *Entwicklungstendenzen* eine *inhaltliche Aufwertung* durch den das jeweilige *Tyrkreisfeld* prägenden *Geistesstrahl.* Es erfolgt sozusagen auf der *Basis* des vorhandenen Erfahrungschatzes die neuerliche *Eingießung* aller *universeller Grundwahrheiten* zum Zwecke der *essentiellen Vervollkommnung* allen Lebens, so, wie es *Paulus* im ersten Brief an die Korinther, Kap. 13, Vers 10, angekündigt hat: *Wenn aber kommen wird das Vollkommene, so wird alles Stückwerk aufhören.*

Das planetare Kräftespiel

> Eine andere Klarheit hat die Sonne,
> eine andere Klarheit hat der Mond,
> eine andere Klarheit haben die
> Sterne; denn ein Stern übertrifft den
> anderen nach der Art seiner Klarheit.
> 1. Korinther, Kap. 15, Vers 41

Für die frühen Priester und Heiler aller Erdenvölker stellte das All keine *statische Größe* dar, dessen einzige Aufgabe darin bestand, die täglichen Wechsel zwischen *Licht* und *Dunkelheit* zu vollziehen. Sie erkannten in Sternen, Planeten und Sonnen *lebendige Kraftfelder* kosmischer Dimension, deren *spirituelle Dynamik* alle *Wesenheiten* ununterbrochen miteinander verbindet und ein vielstimmiges Echo hervorbringt. Ihre Weltsicht erschöpfte sich nicht allein mit der *äußeren* Betrachtung der Dinge. Sondern sie sahen in allem eine *Inkarnation* des ewigen *Schöpfergottes* und wußten sich selbst rein gefühlsmäßig als Teil des Ganzen. Aus diesem *erfühlten Wissen* resultierte auch jene ihnen eigene innige *geistige Verbundenheit* mit dem gesamten unendlichen Universum, die den heute lebenden Erdenvölkern verloren ging und im Verlaufe des nun stattfindenden *Zeitenwechsels* auf teilweise *schmerzliche* Weise wieder in *Erinnerung* gerufen wird.

Die großen *Eingeweihten* vorgeschichtlicher Menschheitskulturen verfügten über eine tiefschürfende *Innen-*

Sicht vom *geistigen Aufbau* der Schöpfung. Das Universum bedeutete ihnen kein fast *lichtlos-leeres Gebäude*, dessen Raum verstreut angeordnete *tote* Sternengebilde beherbergte, die einem schieren Zufall entsprungen waren. Viele *Weisen* erkannten im *planvoll-geordneten* Wechselspiel der Himmelsbewegungen und Erdenabläufe die unübersehbare Handschrift eines alles Geschaffene *ursachenden Allgeistes*. Sie spürten mit geradezu *sinnfälliger* Klarheit die *lebendig-kosmischen Rhythmen* und *essentiellen Schwingungen* planetarer Kraftfelder und deren *all-verbindend* wechselseitige Beziehungen untereinander. Ihr wacher Intellekt signalisierte ihnen den gleichartigen *inneren Ursprung* und identischen *elementischen Aufbau* einer jeden universellen Existenz.

So ergab sich ganz zwangsläufig die fundamentale Erkenntnis, daß alles *Lebendige* Ausdruck einer sich ständig noch erweiternden *Geistesdynamik* ist und vermittels vieler unsichtbarer *Ätherkanäle* ständigen *Kontakt* untereinander pflegt. Da einem gemeinsamen *essentiellen Ursprung* entstammend, wurde somit auch die *All-Verwandtschaft* sämtlicher Existenzen offenkundig. Gerade dieses *Wissen* um das *innere Verbundensein* der einzelnen *Wesenheiten* miteinander, wurde zum Fundament jener faszinierenden *kosmischen Medizin* der frühen Erdenvölker, der sich heute kaum mehr jemand erinnert.

Dem großen *Paracelsus* war es vorbehalten, die alten *Weisheiten* noch einmal aufleben zu lassen, bevor diese für Jahrhunderte fast gänzlich in Vergessenheit gerieten.

In seinem Buche *Von der Philosphey des himmlischen Firmaments*, schreibt er: *Der lebendige Geist ist der Anfang gewesen aller Ding. Erstlich ist ein Leib erschaffen der Obern und Undern Sphaer, also daß das Firmament ein leibliches Wesen hab, so auch alle Element in den Himmeln und auf Erden. Von demselbigen Geist ist geschaffen worden jegliches Corpus, aus welchem er die Wirkung vollbringt, die dann Gott in dasselbig verordnet hat. So sind denn die Element nichts als ein Subjectum, durch das etwas vollbracht werden soll. Diese Bewegung ist, was da regieret: Also ist ein Regierer und ein Herrscher in den Elementen, der aus ihnen treibt, was in ihnen ist. Dieser treibt das Feuer, das brennen muß, treibet die Erde, daß sie Frucht geben muß, treibt das Wasser, das Fisch muß erhalten, treibt die Luft über die ganze Erde, treibt die Sonne, den Mond und alle Sterne in ihrem Lauf. Das ist das Wesen, aus dem das Corpus geht in sein Wirkung, und wie das Wesen ist, also wird auch das Corpus gebraucht. Denn der Leib ist der Elementen, der Geist, der dem elementischen Leib geben ist, der ist vom Firmamente vermählet. Also teilt sich die Philosphia in zwei Theil, in das Wesen des Geistes und zum anderen in das Wesen des Leibes. Das ist in den Corpus und Spiritum. Darinnen so merkt, was die himmlischen Wirkungen vollbringen, das ist, was die etherischen Geist handeln und thun, was Gott ihnen gegeben hat, als den Leib der Sternen, Elementen, Menschen, des Viehes, der Kreuter, Steinen und Metallen.*

Auch *Hildegard von Bingen* kündet vom *Gewirke* der Sterne ebenso, wie von der *Ähnlichkeit* im Aufbau zwischen Firmament und Mensch. In ihrem Buche *Ursachen und Behandlung der Krankheiten*, teilt sie der Nachwelt mit: *Das Firmament wird durch die Sterne zusammengehalten, so daß es nicht auseinanderfallen kann, wie der Mensch durch seine Gefäße aufrechterhalten wird, damit er nicht auseinanderfließt und in Stücke zerfällt. So, wie die Gefäße den ganzen menschlichen Körper von den Füßen bis zum Kopf hin durchziehen, so auch die Sterne das Firmament. Und wie das Blut sich in den Gefäßen bewegt, ebenso bewegt sich auch das Feuer in den Sternen. Die Planeten aber werden niemals bewegt, außer wenn sie durch die Sonne und den Mond beeinflußt werden und jene größeren Sternbilder es bestimmen. Gott schuf die Sterne zum Dienste des Menschen. Sie geben deshalb auch seine Werke zu erkennen.*

Ein faszinierendes Bild des Universums, das von beiden *Mystikern* hier gezeichnet wird. Denn es ist weit entfernt von den rein mechanistischen Himmelsgemälden moderner Astronomie und mathematisch-blutleeren Computergraphiken heutiger Astrologie. Sie erkennen die *lebendig-erhabene* Gesamtheit der *Schöpfung* in den Zusammenhängen zwischen Mikro- und Makrokosmos als einen *geistigen Prozeß*, dessen Verständnis *kosmisches Denken* voraussetzt, das allein durch *Beobachten, Erfahren* und *Erkennen* erlernbar wird. Nur aus ihm kann schließlich jene *spirituelle Astrodynamik* entstehen, die dem Erdenmenschen den schöpferischen Weg zur *All-Weisheit* und *Ganz-Heilung* eröffnet, gleichzeitig aber auch das *vergessene Wissen* um *Kosmo-Sanitas, die göttliche Heilkunst,* wieder zugänglich macht.

Unmißverständlich stellt *Hildegard von Bingen* fest, daß die einzelnen Planeten von Sonne und Mond beeinflußt werden. Gleichzeitig aber fügt sie eine Anmerkung hinzu, die von größter Wichtigkeit ist: *Wenn......... jene größeren Sternbilder es bestimmen.* Dies bedeutet doch, daß zwischen *Sonne, Mond* und den verschiedenen *Sternbildern* ganz spezielle *Beziehungen* bestehen, deren unterschiedliche *geistige Strahlkraft* auf alle *Planeten* Einfluß ausübt und von der jeweiligen *Himmelsposition* zueinander abhängig ist. Folgerichtig muß, aufgrund der ununterbrochen stattfindenden *dynamischen* Bewegung aller Himmelskörper, die *Wirkintensität* dieses gegenseitigen *Energieaustausches* ebenfalls einem mehr oder minder ausgeprägten *Wechselspiel* unterliegen. Wobei einer zwischen den einzelnen *Körperlichkeiten* unzweifelhaft vorhandenen *spirituellen Sympathie* zu-, oder *Antipathie* gegeneinander ganz besondere *Gewichtung* zukommt.

Aus Landwirtschaft und Gartenbau ist weitgehend bekannt, daß zwischen dem Lauf des Mondes und den einzelnen Kulturpflanzen *geheimnisvolle* Beziehungen bestehen, deren genaue Kenntnis für *Aussaat, Wachstum* und *Ernte* von immenser Wichtigkeit sind. Inzwischen trifft eine Vielzahl entsprechender Literatur erfreulicherweise wieder auf ein breites Interesse seitens der Erdenmenschen, die gerade beginnen, das längst verlorengeglaubte *Weistum* ihrer frühen Vorfahren neu zu entdecken und, was sehr viel bedeutsamer ist, in ihrem täglichen Leben durch *praktische Tat* umzusetzen.

So finden denn sogenannte *Mondkalender* Verbreitung, in denen alte *Bauernweisheiten* und *Praktiken* publiziert werden, deren sich so mancher ältere Mitbürger noch schemenhaft erinnert. Ganz unverhofft stehen solche Menschen dann plötzlich im Mittelpunkt des Interesses, ist es ihnen doch möglich, zu der in aller Regel entstehenden regen Diskussion einige nicht unerhebliche Beiträge einzubringen.

Da diese *veränderlichen* Reaktionen während unterschiedlicher *Planetenkonstellationen* im Anbau der Kulturpflanzen für jeden deutlich erkennbar und praktisch nachvollziehbar sind, werden sie auch von keiner Seite ernsthaft angezweifelt. Lediglich die diesen Tatsachen zugrunde liegende *Ursache* ist nach wie vor Gegenstand erheblicher Meinungsverschiedenheiten innerhalb der *Fachwelt*. Denn eine nach naturwissenschaftlichen Kriterien *mess*- oder *wägbare* kosmische Kraftentfaltung unterschiedlicher Intensität konnte bisher trotz erheblicher Bemühungen noch nicht nachgewiesen werden.

Wie sollte es wohl auch möglich sein, vermittels *stofflich* orientierter, mathematisch-physikalischer Beweisführung, rein *geistige* Vorgänge *wissenschaftlich* aufzuklären? Ihre Wahrheit beweist sich *selbst-ständig* in allen äußeren Erscheinungen der Schöpfung. Dazu bedarf es keiner *materiellen An-*, sondern *spiritueller Einsicht*. Diese eröffnet sich dem Menschen aber nur, indem er sich durch *All-Innen-Schau* seinem eigenen *essentiellen Wesenskern* nähert und solcherart zu einem *kosmischen Bewußtsein* gelangt. Allein auf diesem Wege entwickelt sich jener *feinstoffliche Instinkt*, der ihn das eigene, unvergängliche *geist-energetische* Kraftfeld erkennen und *be-greifen* läßt, dessen stetiges Wachstum die wahre *Evolution* ausmacht.

Ausgestattet mit einem solchen Verständnis, wird es den Nachfahren der frühen *Aryas* schließlich möglich, in die unendlichen Tiefen *universeller Erkenntnis* vorzustoßen, um die *ewigen Wahrheiten* bewußt zu schauen. Denn diese lassen sich nur auf den ihnen eigens zugeordneten *höheren Ebenen* durch gleichartig-hochfrequente *Geistesschwingungen* enträtseln. Deutliche Worte zu dieser Tatsache spricht der Apostel *Paulus* in seinem ersten Brief an Johannes, Kap. 5, Verse 6 und 7: *Der Geist ist es, der da zeuget, daß Geist die Wahrheit ist. Denn drei sind, die da zeugen im Himmel: Der Vater, das Wort und der heilige Geist; und diese drei sind Eins.*

So werden dem Menschen zwar die einzelnen Gestirne und ihre wechselnden Positionen zueinander ebenso *augenfällig* wie deren unterschiedliche Reaktionen auf dem Planeten Erde, die auslösenden *Ursachen* dieses Geschehens aber bleiben ihm solange unverständlich, wie er seinem eigenen *innersten Wesen* als *Fremdling* gegenüber steht. Denn die wahren *Wirkenergien* des *planetaren Kräf-*

tespiels stellen sich nicht als physikalisch nachweis- oder berechenbare elektromagnetische Kraftfelder dar, sondern sind *geist-energetische Spezifika* höchster *Evolutionsdynamik*. Sie allein bestimmen aufgrund der *spirituellen Prägung* des einzelnen Gestirnes und aus ihrer jeweiligen *kosmischen Kombination* heraus die *Intensität* des zu erwartenden *Kommunikationseffektes*, der sich als *Aus(sen)wirkung* in der sichtbaren Welt deutlich darstellt.

Daher wird auch leicht erkennbar, daß allein die astronomisch-mathematischen Berechnungen der einzelnen Sternenstände dem Verständnis ihrer inneren Wesensqualität wenig dienlich sein können, wenn alle dazugehörenden *geistigen Ursächlichkeiten* unbeachtet bleiben, oder gänzlich unbekannt sind. Denn die *essentiellen Strahlungen* der einzelnen *Gestirnskonstellationen* unterhalten zu Menschen, Tieren, Pflanzen und Steinen über *Aetherkanäle* eine ständige Verbindung, um mit allen *gleichartigen Schwingungen* einen innigen Kontakt einzugehen. Dieser wiederum kann je nach seiner *inneren Färbung* auf- oder abbauenden Charakter haben und die betroffene *Wesenheit* in ihrem evolutionären Wachstum fördern, aber auch hemmen.

Das trifft nicht nur auf die Gesamtheit aller erschaffenen Existenzen zu, sondern hat auch eine ganz besondere Bedeutung im Zusammenhang mit den einzelnen *Körperorganen*. Denn deren unterschiedliche *geistige Schwingungen* finden in Pflanzen oder Steinen ebenso ihre Entsprechungen, wie im *aetherischen Strahlungsdruck* ganz bestimmter Sternenstellungen, die sozusagen als *kosmische Potenzierer* den *spirituellen Wirkungsgrad* untereinander bestimmen. So schreibt denn auch *Paracelsus* in seinem Buche *Von Erkandtnuß deß Gestirns: Blut und Fleisch schafft hie nichts, allein das Gestirn. Nun, daß ihr solches wohl verstanden, so wissen, daß die Sinn im Menschen ohn ein Leib sind. Was nun nicht leiblich ist, dasselbig ist ein Gestirn oder Aether. Deren aber so nicht Leib haben, sondern ohn Leib sind, sind vielerlei Species im Menschen.*

Dem großen *Mystiker* zufolge, stellt der Erdenmensch in seiner Gesamtheit das genaue *Ebenbild* des *universellen Weltenkörpers* dar. Alle *syderischen* und *elementischen Corpora* des *Firmamentes*, sowie deren *Bewegun- gen* finden in ihm ihr exaktes *Spiegelbild*. Er ist also *Universum* in sich selbst, gleichzeitig aber auch *Teil* eines größeren Ganzen. Diese Tatsache macht die tiefe *geistige* Verbundenheit und wechselseitige Abhängigkeit aller *Wesenheiten* untereinander offenkundig. So besteht denn über alle *kosmisch-räumliche* Unendlichkeiten hinweg eine geradezu *schicksalbauende* Vernetzung sämtlicher *Lebenskeime* miteinander. Damit trägt jeder *Einzelne* am *geistig-körperlichen* Wohlbefinden und *evolutionären* Wachstum der *Gesamtheit* die gleiche *Mitverantwortung*, wie das *Kollektiv* am mehr oder weniger *harmonisch* fortschreitenden *Entfaltungsstreben* eines jeden seiner auch noch so unscheinbaren *Teilwesen*.

Fundamentale Gesetzmäßigkeiten verlieren ihre ursächliche Gültigkeit auf keiner *Lebensebene*, haben daher ewigen Bestand und überall *bestimmenden* Charakter. So gilt denn das oben gesagte grundsätzlich auch für alle sichtbaren Körperlichkeiten auf dem Planeten Erde, seien es Menschen, Tiere, Pflanzen, Steine und Sterne. Denn einzelnen *Organen* und *Zellen* kommt am *Ergehen* ihres *Stoffgebäudes* die gleiche große *Bedeutung* zu, wie dieses für Wohl und Wehe einzelner Bestandteile verantwortlich zeichnet.

Aufgrund der aller Schöpfung innewohnenden *Evolutionsdynamik*, ist eine stetige *All-Veränderung* unabdingbar. Diese wird äußerlich sichtbar an wechselnden Ge- stirnsständen am Firmament, den jahreszeitlichen Abfolgen auf der Erde, dem unterschiedlichen Wachstum der Pflanzen und jenem unübersehbaren, dennoch aber unaufhaltsamen Alterungsprozeß aller materiellen Erscheinungsformen. Gleichzeitig sind aber auch in diesem *rhythmisch-kosmischen Gezeitenwechsel* äußerst unterschiedliche gegenseitige *Einflußnahmen* erkennbar, deren *Nutzbarmachung* für die *Heilwerdung* des Menschen von größter Wichtigkeit ist.

So rufen unterschiedliche *Konstellationen* zwischen Mond, Planeten und Tyrkreiszeichen in allen Menschen, Tieren, Pflanzen oder Steinen der jeweiligen Position entsprechende *spirituelle Resonanzen* hervor, die sich ihrer *Wirkrichtung* gemäß fördernd oder hemmend auswirken. Stimmen die *essentiellen Wesensschwingungen* zwischen

Zelle, Organ, Mensch, Pflanze, Stein und *momentaner* Gestirnsstellung weitestgehend überein, wird das gesamte *Lebensenergiefeld* aller Beteiligten durch den Einfluß des *planetaren Kräftespiels* um ein *Vielfaches* verstärkt und harmonisiert, worauf sich *geistiges* und *körperliches Wohlbefinden* ganz zwangsläufig einstellen müssen. Passen die inneren *Wirkmechanismen* nicht zueinander, können sich nur gegenteilige Reaktionen einstellen.

Dies ist jene Erkenntnis, die *Hildegard von Bingen*, *Paracelsus* und alle frühen *Priesterheiler* vermitteln wollen, daß einzelne *Gestirne* in Verbindung mit den verschiedenen *Tyrkreiszeichen* gleichermaßen *Indikator* (Anzeiger) und *Potenzierer* (Verstärker) des in den *Wesenheiten* latent vorhandenen *energetischen Potentials* sind. Nur so lassen sich Stimmungsschwankungen, der mitunter *unerklärlich-dramatische* Verlauf einer Krankheit, oder urplötzlich einsetzende *dynamische Heilprozesse* erklären. Wobei natürlich im Rahmen dieses Werkes das im Einzelfall vorliegende *Schicksalsgut* weitgehend unbeachtet bleiben muß, in seiner grundsätzlichen Bedeutung aber nicht verkannt werden darf. Denn im *karmischen Netzwerk* sind letztlich alle *Ereignisfäden* miteinander verknüpft, die aus der Vergangenheit das gegenwärtige *Zustandsbild* gestalten. Gleichzeitig aber erstellt eine jede *Existenz* ununterbrochen durch das jetzige *Denken* und *Tun* die *Vorlage* ihres zukünftigen *Daseins*. Dies gilt im Einzelnen ebenso, wie für das gesamte Kollektiv.

Wirkliches *Heilsein* kann dem Menschen nur zuteil werden, wenn er sich seines *Verwobenseins* in die *spirituelle Gitterstruktur* kosmischer Dimension bewußt wird, deren schlüssige Vollständigkeit alle Schöpfung umfaßt und miteinander verbindet. In ihr sind sämtliche *Lektionen* göttlicher Weisheit festgeschrieben und ähnlich einem Computerprogramm jederzeit abrufbar. So *fällt* dem Erdenmenschen immer jenes Wissen *zu*, das seinem jeweiligen geistigen Evolutionszustand entspricht, gleichzeitig bereits vorhandene Kenntnisse durch *Erfahrung* reformatorisch *optimiert* und somit den *Boden* für zukünftige Ereig- und weiterführende Erkenntnisse vorbereitet. Dies ist gleichermaßen *Verpflichtung* und *Verantwortung* des in die *Ewigkeit* weisenden *kosmischen Lernprozesses*, dem alles Leben unaufhörlich nachfolgt. Nichts anderes ist gemeint, wenn im ersten Buch *Mose*, Kap. 1, Vers 28, gesagt wird: *Seid fruchtbar und mehret euch, und füllet die Erde, und machet sie euch untertan.*

Der siebenfache Mond

> Zählst du die Mondmonate, die sie erfüllen. Oder hast du die Zeit, die sie hervorbringen, erkannt?
>
> Hiob, Kap. 39, Vers 2

Schon zu allen Zeiten lösten die Bewegungen der Gestirne am Firmament eine besondere Faszination auf den Erdenmenschen aus. Mit wachen Sinnen beobachtete er das grandiose Geschehen am Himmel und erkannte schon bald eine *Regel* in den festgefügten *kosmischen Rhythmen*, deren Ablauf sich im wechselnden Erscheinungsbild der irdischen Jahreszeiten widerspiegelte. Unübersehbar die direkt zusammenhängenden Wechselbeziehungen zwischen dem jeweiligen Stand von Sonne, Mond, Sternen und den einzelnen Zeitpunkten des Tages, Monates oder Jahres.

Herausragend *augenfällig* hierbei die Rolle des Mondes. Denn im Gleichlauf seiner sich monatlich wiederholenden *Perioden* offenbaren sich auch immer wieder beobachtbare Zustände oder Ereignisse auf dem Planeten Erde. Daraus resultierte die Erfahrung, daß es für alles irdische Vorhaben oder Ergehen *günstige* und weniger *gute* Zeiten gab, deren Kenntnis und praktische *Umsetzung* für die allgemeine Lebensgestaltung von größter Bedeutung sind. Denn nur aus der konsequenten Anwendung *kosmischer Gesetzmäßigkeiten* kann dem Menschen größtmöglicher *Nutzen* entstehen und *Schaden* weitestgehend vermieden werden. Harmonisches Denken und Handeln ist also in ganz besonderer Weise abhängig vom *rechten Zeitpunkt*, wenn entsprechende *Auswirkungen* hervorgerufen werden sollen. Dieser aber wird mit dem Lauf von Sonne und Mond für alle Ewigkeiten unverrückbar an den Himmel geschrieben. Wobei das Rund der *Himmelsuhr* die zwölf *Stern-* oder *Tyrkreiszeichen* umfaßt und der *Tagesstern* als *universeller Stundenanzeiger* seine Aufgabe wahrnimmt, während sämtliche *Minutenangaben* dem *Nachttrabanten* zukommen.

Bis zum Beginn des zwanzigsten Jahrhunderts waren daher Tages- und Lebensablauf der Menschen von den monatlichen *Mondphasen* bestimmt. Denn in allen irdischen Seinsbereichen stand ihnen dieser Einfluß deutlich vor Augen. Im Wettergeschehen, das in der Regel bei *Neumond* wechselt. Der Monatszyklus bei den Frauen zeigt ebenso offenkundig Zusammenhänge mit dem Lauf des Mondes wie Geburtsvorgänge von Mensch und Tier. Vögel sammeln das Baumaterial für ihre Nester entsprechend ganz bestimmter Mondstellungen, weil die Trockenzeiten nach Durchnässung durch Regengüsse dadurch deutlich herabgesetzt sind. In den *Vollmondnächten* heulen die Wölfe den Mond an und Menschen schlafen unruhiger, ja manche sind *mondsüchtig* und wandeln wie in *Trance* durch die Dunkelheit. Bei den Landwirten sind noch heute ganz bestimmte *Saat-* und *Erntezeiten* ein Begriff. Dies bezog sich in sehr unterschiedlicher Weise auf einzelne Kulturpflanzen und auch deren Düngung. Das *Holzschlagen* und seine Verarbeitung ist an den Mondlauf gebunden. So soll es weder *faul* noch *wurmstichig* und zunehmend *härter* werden, wenn es am 31. Januar, 1. und 2. Februar geschlagen wird. Die Einlagerung bei zunehmendem Mond verhindert Schimmelbildung. Holzböden bei abnehmendem Mond im Zeichen des Steinbock verlegt reißen nicht und bleiben glatt.

Es wurden bestimmte *Schlachttage* eingehalten, das Fleisch nach den *kosmischen Regeln* verarbeitet und verzehrt. Durchaus ein Hinweis darauf, daß die ohnehin auftretenden, in heutiger Zeit kaum mehr bestrittenen Gesundheitsschäden durch Fleischgenuss nicht allein der Massentierhaltung und chemischen Fütterung oder Behandlung zuzuschreiben sind, sondern auch auf das *Nichtbeachten* universeller *Vorschriften* zurückgeführt werden können. Die Zubereitung der Speisen, Essen, Haareschneiden, Waschen, Zimmer- oder Hausrenovierung, kurzum der gesamte Lebensablauf ist vom Lauf der Gestirne beeinflußt.

Dies gilt in ganz besonderem Maße für den Umgang mit allen Pflanzen, die als *Heilmittel* zum Einsatz kommen. Denn ihre *Wirkintensität* hängt direkt vom Zeitpunkt des Einsammelns und Behandelns ab. Unumstößliche Tatsachen, der sich jeder *wahre Therapeut* sowie alle einschlägigen *Arzeneimittelhersteller* unabdingbar bewußt werden müssen, wenn sie ihren kranken Mitmenschen wirklich helfen wollen. Denn auch Verabreichung, Dosis und zu erwartende *Heilentfaltung* aller naturgegebenen Medikamente stehen in direktem Zusammenhang mit dem kosmisch aufgezeigten günstigsten Zeitpunkt. Dies gilt auch für Operationen. Nähere Erläuterungen zur medizinischen Praxis des *himmlischen Geschehens* werden im nachfolgenden Kapitel und praktischen Anhang dieses Buches gegeben.

Wie tiefgreifend die *firmamentischen Einflüsse*, insbesondere jene des Mondes sind, schildert auch *Hildegard von Bingen* in ihrem Buche *Ursachen und Behandlung der Krankheiten* in ihrer bildhaften Sprache mit besonderer Eindringlichkeit: *Der Mond aber nimmt die üblen, unnützen Dünste aus der Luft in sich auf wie auch die Wärme der reinen Luft, die nutzbringende mäßige Bewegung der Luft, die Gefahren der Unwetter, die kräftige Luft, welche alles Wachstum bedingt, die Luft, die Früchte werden läßt, und die, welche Dürre und Mangel herbeiführt, und dies ist der Winter. Dies alles sammelt er in sich auf wie ein Mann, der Wein in einen Schlauch füllt, in diesem aufhebt und dann wieder austrinkt. Ebenso sammelt der Mond dies alles beim Zunehmen in sich auf und trinkt es beim Abnehmen wieder aus. Daher sind seine Tage einmal gut, ein andermal schlecht, die einen nutzbringend, die andern unnütz, einige stark, andere schwach, einige häßlich und andere schön grün, einige sind trocken, andere wieder schädigen dauernd den Ertrag der Früchte. Wie der Mond alle diese wechselnden Eigenschaften besitzt, so erweist sich auch an der Feuchtigkeit im menschlichen Körper der Wechsel und die Veränderlichkeit im Schmerz, bei der Arbeit, in der Klugheit und im Glück. Man darf nicht daran denken, daß die Säfte der menschlichen Körper von der Sonne bestimmt und so von ihr beeinflußt würden, weil diese selbst sich immer gleich bleibt und weder zu- noch abnimmt. Auch nach den Sternen dürfen sie nicht beurteilt werden, weil die Sterne nicht nur aus sich selbst heraus handeln, sondern vom Monde abhängig sind. Alles wird nach dem Mond geregelt, weil er die Mutter aller Jahreszeiten ist und, wie die Söhne einer Mutter nach dieser gezählt werden, so auch alle Zeiten nach dem Mond gerechnet werden. Deshalb sind auch die Zeiten des Mondes gesund und ungesund, reif und unreif. Weil aber der Mensch sich in seinem Ungehorsam (Entscheidungsfreiheit) über die Furcht vor und die Liebe zu Gott hinwegsetzt, überschreiten auch alle Elemente und Zeiten ihre Rechte. Das läßt sich mit den Eingeweiden im Menschen vergleichen. Denn wenn der Mensch das ihm zustehende Maß überschreitet, so folgen ihm die Eingeweide. Mit schlechten Werken setzt er sich über die Gerechtigkeit hinweg, beschwert und verdunkelt Sonne und Mond: und diese lassen dann, dem ihnen gegebenen Beispiele folgend, Stürme, Regengüsse und Dürre (im Menschen) auftreten. Die Zeit des Mondes regiert nicht über die menschliche Natur, wie wenn er ihr Gott sei und als ob der Mensch irgendwelche Naturkraft von ihm erhielte, oder als ob der Mond der menschlichen Natur irgend etwas zuwende oder entzöge oder für irgend etwas bestimm-*

te. Vielmehr begegnet der Mond dem Menschen im Luftgeschmack eines jeden seiner Lebenswerke. So werden das Blut und die Säfte, die im Menschen sind, nach dem Zeitpunkt der Mondbewegung bewegt.

Die Aussage der großen *Mystikerin* läßt keinen Zweifel offen. Zwischen den unterschiedlichen Mondphasen und dem Geschehen auf der Erde, insbesondere im menschlichen Körper, bestehen Zusammenhänge, deren Kenntnis von fundamentaler Wichtigkeit ist. Gleichzeitig klärt sie aber auch einen bis zum heutigen Tage strittigen Punkt auf. Denn die Frage, ob nun die jeweils vorliegenden Gestirnskonstellationen einen *direkt-zwingenden* Einfluß ausüben, oder ihre Positionen lediglich eine *innere Geneigtheit* zu ganz bestimmten *Reaktionen* anzeigen, sofern entsprechende *Voraussetzungen* gegeben sind, konnte bisher im Sinne der Wissenschaft noch nicht befriedigend geklärt werden.

Die *Seherin* aus dem Rheinland gibt hierzu eindeutig Antwort. Denn sie spricht vom *Zeitpunkt* der *Mondbewegung*, deren Einfluß alle *Körpersäfte* des Menschen unterworfen sind. Die Zeiten des Erdtrabanten bezeichnet sie aber gleichzeitig als *gesund* und *ungesund*, *reif* oder *unreif*. Der Einfluß von den *Gestirnen* ist also vorhanden, wirkt sich aber entsprechend festgefügter *Rhythmen* völlig unterschiedlich aus. Wobei dem jeweiligen *Mondzustand*, seiner momentanen *Stellung* innerhalb des *Tyrkreises* und der *psycho-somatischen* (*geist-körperlichen*) Situation des einzelnen Menschen eine bedeutende Rolle zukommt.

Gleichzeitig darf aber auch die *kosmologische Signatur* eines menschlichen Wesens nicht unbeachtet bleiben, denn in ihr sind alle *evolutionsspezifischen Grundmuster* seines *Denkens* und *Handelns* für den gegenwärtigen *Daseinszustand* festgelegt. Allein durch diese *himmlische Prägung* finden unterschiedliche *Gestirnskonstellationen* ihre *spirituelle Resonanz* im Menschen und sind so zur gegebenen *Zeit* in erheblichem Maße an der Entscheidung über dessen *Gesamtbefinden* beteiligt.

Je mehr er sein *innerstes Wesen* auf den Zustrom *essentieller Kraftflüsse* universeller Herkunft einstellt, die *Ätherkanäle* freimacht, bewußt eine direkte Verbindung mit allen ihm *sympathischen Schwingungsfeldern* sucht und unablässig der *All-Einheit* entgegenstrebt, um so eher wird ihm in immer stärkerem Maße *Antwort* zuteil. Denn jede durch *kosmische Energie* ausgelöste *Wirkreaktion* ist nichts anderes, als ein *Echo* auf die entsprechende *geistige Gestimmtheit* des Einzelnen. Wenn diese *entschlossen* in ihrer *Zielrichtung* und trotz aller zunächst zu erwartenden scheinbaren Behinderungen *unerschütterlich* im *Gottvertrauen* bleibt, muß der ausgelöste *Nachhall* ein *vielfach-weittragendes, umfassendes* Ausmaß erreichen. Dies gilt gleichermaßen für die *gesunden* und *ungesunden, reifen* oder *unreifen* Zeitmomente innerhalb der *Mondbewegungen.*

Daher ist es von größter Bedeutung, die wichtigsten *Zeiten, Zustände* und deren hauptsächliche *Einflußbereiche* zu kennen, um dementsprechend *agieren* zu können.

Nur auf der Basis dieses *ältesten Menschheitswissens* werden Erfolge *vor-bereitet* und Niederlagen *ab-gewendet*. Denn ein Mensch, der sich mit den ewigen *Schöpfungsgesetzen* vertraut macht und diese *anerkennend* seinem täglichen *Tun* zugrunde legt, *schreitet* im wahrsten Sinne des Wortes auf dem *geistigen Höhenweg* zur *Heilwerdung* beispielgebend voran. Jeden *Schritt* sorgsam prüfend, hält er beim Herannahen an eine abgrundtiefe Schlucht *vorausschauend* inne und *wendet* sich schließlich jenem Pfade zu, der weiter nach oben führt.

Natürlich können diese alten *Weisheiten* nicht in einem Tage zurückgewonnen werden. Zu lange waren sie *verschollen, mißachtet* und *verlacht*. Dennoch, es ist selten zu früh und niemals zu spät. Gerade in diesen Tagen beginnt sich das Interesse wieder zu regen, behutsam zwar, aber *beharrlich*. In aller Welt erwachen immer mehr Menschen zu einem *neuen Denken*, das in Wahrheit so alt ist wie die Schöpfung selbst. Zunächst völlig unabhängig voneinander, begeben sich einzelne auf die *geistige Suche* und lösen, fast gänzlich unerwartet, ein *vielfaches* Echo aus, weil sie mit den gerade vorherrschenden *kosmischen Rhythmen* auf einer neuen *Zeitebene* schwingen. So wird der irdische *Resonanzraum* inzwischen von einer unaufhaltsam weiter um sich greifenden *spirituellen Frequenz* durchdrungen und zur gleichklingenden *essentiellen Vibration* angeregt, deren *reinigende* Wirkung im *Chaos* einer globalen *Heilkrise* deutlich sichtbar wird.

Der Lebensraum des irdischen Sonnensystemes wird zum gegenwärtigen Zeitpunkt sozusagen von der Anfangsphase eines *kosmischen Neumondes* bestrahlt, dessen *Aufstieg* zusätzlich mit dem am Horizont des Universums anbrechenden *Weltentag* des *Water Man* (Wassermann) zusammenfällt. Sind beide Tatsachen gemäß dem aus jahrtausendelanger Erfahrung gewachsenen *Weistum* aller alten Kulturvölker schon jede für sich allein *Künder* und *Vollender* der *Auflösung* erstarrter Strukturen, *Umgestaltung* vorherrschender Hierarchien und des *Neubeginns* zukunftsorientierter Entwicklungen, um wievieles *stärker* muß sich daher deren sämtliche bisherigen Werte veränderndes *Zusammenspiel* auswirken! Diese *Konstellation* ruft eine *Potenzierung* der *geistig-firmamentischen Formkräfte* hervor, die in ihren Auswirkungen bereits heute für jeden deutlich spürbar sind. So werden in den kommenden Jahrhunderten *Geschehen* und *Ergehen* auf dieser *Welteninsel* im Sinne *göttlich-evolutionären Wachstums* der Gesamtheit richtungsweisend beeinflußt.

Entsprechend verhält es sich mit den *Einflüssen* des Erdenmondes auf den Planeten und alle diesen belebenden *Wesen*. Siebenfach sind die *Zeitzustände* seines *geistigen Wirkstrahles* und bringen in den jeweils *zwölf* unterschiedlichen Positionen ebenso vielfältige *Resonanzen* hervor. *Neumond, zunehmender Mond, Vollmond, abnehmender Mond,* der jeweilige Stand innerhalb eines Bildes im *kosmischen Tyrkreis, aufsteigender* und *absteigender Mond* sind deren *Indikatoren* (Anzeiger) am Himmelsrund. Diese *Signale* erkennen, *innere Zusammenhänge* verstehen lernen und die sinngemäße Anwendung ihrer *spirituellen Mechanismen*, werden jenes *vergessene Erbe* wieder zum medizinischen *Allgemeingut* machen, das den frühen Völkern *Selbstverständlichkeit* war.

Das *vital-geistige Feuer* kosmischer Dimension *verwandelt* so alle Trümmer einer *festgefahren-verstofflichten* Weltanschauung in die *gereinigte Schmelze* ewig *schöpferischer Weisheit*, deren *Nutzung* die kommenden Menschengenerationen wieder ein Stück ihres endlosen *Evolutionsweges* nach oben, ihrer wahren Bestimmung näher bringt. Denn aus dem glühenden Tiegel *universellen Wissens* wird jene *lichtgoldglänzende heil(ig)ende Gralsschale ärztlichen Einblicks* gegossen, die allein den Namen *Heilkunst Gottes* verdient.

Dies zu erlangen, bedarf des entschlossenen *Lernwillens* und der vertrauenden *Beharrlichkeit* aller menschlichen Wesen in das *weise Walten* des Schöpfers. So, wie es im Buche *Jesus Sirach*, Kap. 1, Verse 14 - 20, geschrieben steht: *Der Weisheit Anfang ist die Gottesfurcht, und mit den Treuen ward sie schon im Mutterschoß gebildet. Sie schuf schon immer sich ein Wohnzelt bei den Menschen und will bei ihren Kindern dauernd bleiben. Der Weisheit Fülle ist die Furcht des Herrn, sie sättigt sie mit ihren Früchten überreich. Ihr ganzes Haus füllt sie mit Schätzen an, die Speicher mit den Gütern, die sie schenkt. Der Weisheit Krone ist die Furcht des Herrn, läßt Heil und blühende Gesundheit sprießen. Verstand und einsichtsvol-*

les Wesen gießt sie aus und mehrt die Ehre aller, die an sie sich halten. Der Weisheit Wurzel ist die Furcht des Herrn, und ihre Zweige sind ein langes Leben.

Kosmo-Sanitas, das vergessene Erbe

> Siehe, ich führe für sie Genesung und Gesundheit herbei, und ich will sie heilen und ihnen eine Fülle von Frieden und Wahrheit offenbaren.
>
> Jeremia, Kap. 33, Vers 6

In immer stärkerem Maße werden sich die Erdenmenschen in den nun kommenden Jahrzehnten der Tatsache bewußt, daß sie, zusammen mit allen anderen *Existenzen*, Teil eines *geistigen Universums* voller *Strahlungen, Schwingungen* und *energetischer Wellen* unterschiedlichster *Intensitätsfrequenz* sind, die in einer ständigen *Wechselbeziehung* zueinander stehen. Ununterbrochen durchdringen diese *spirituell-lebendigen Quellflüsse* verschieden *gerichteter Stärke* die endlosen Räume der Schöpfung und üben somit überall einen wechselseitigen *Einfluß* aus. Gigantischen *Mäandern* gleich, tragen sie alles *Wissen* und alle *Information* in unbegrenzten Kreisläufen durch die *zeitlose Ewigkeit* des *Alls*.

Überall verrichten diese *lebendigen Wasser* ihr *weltenverwandelndes Werk*, schleifen gebirgig-verhärtete *Auswüchse* und *Überhänge* glatt, zermahlen steinig-grobe Schutt- oder Geröllteile mit unwiderstehlich-umwälzender Kraft zu feinstem Sand, um ihn an anderer Stelle zu den herrlichsten sonnenüberfluteten Stränden *geistigen Erwachens* aufzuschwemmen. Nichts wird jemals verloren oder bleibt unberührt vom unerschöpflich fließenden *Golfstrom* des *kosmischen Urmeeres*; keine der allerkleinsten, noch so weit entfernten *Unendlichkeiten* vergessen. Denn er ist das *tätige Werkzeug* des sich ständig erweiternden und neuorganisierenden *unsterblichen Schöpfergeistwillens*, mit dessen Hilfe dieser aus der *Vergangenheit* über die *Gegenwart* das *Zukünftige* gestaltend *ausformt*.

Für den irdischen Lebensraum schließt sich zum gegenwärtigen Entwicklungszeitpunkt der *spiralige Kreis* des *kosmo-energetischen Informationsflusses*. Nach einer jahrzehntausendelangen *galaktischen Rundreise* schwenkt nun das Erdsonnensystem mit seinen Trabanten in jenen *Ätherstrahlenbereich* des Universums ein, dessen *Schwingungsfrequenz* die *Signatur* einer höheren *inneren Vibration* trägt. Deren *geistiger Inhalt* aber ist nichts anderes, als das die jeweilige Evolutionsstufe richtungsweisend verwandelnde, *potenzierte Grundgesetz* göttlichen Wirkens. Daher erfolgt die *zukunftsweisend-regulierende Anpassung* an die zwingend festgeschriebenen Wachstumsrhythmen allen *Seins* durch den sich in unendlichen *Zyklen* ständig wiederholenden *Einstrom* allgültiger *Wirkkräfte* auf immer *höher-geistigen* Ebenen.

So werden die Erdenvölker ununterbrochen von einem *spirituellen Wissen* berührt, dessen *fundamentale Wahrheiten* den *essentiellen Nachlaß* der gesamten Schöpfung darstellen. Dieses *vergessene Erbe*, das längst in den Nebeln aller bisherigen Menschheitsgeschichte verloren schien, durchdringt heute in immer stärkerem Maße die modernen *intellektuell-materiellen Denk-* und *Verhaltens-*

muster irdisch-menschlicher Prägung mit dem strahlend-geistigen *Urlicht* wahrhaft *göttlicher Herzensdemut*. Denn allein aus ihr werden jene *Wärme* und *Liebe* geboren, die zum tieferen Verständnis der *vitalen Schöpfungsprozeße* erforderlich sind. Aus diesem Vestehen aber erwächst dem Menschen alle für sein weiteres Voranschreiten *not-wendige Erkenntnis*. Dies trifft in ganz besonderem Maße auf den Bereich des *medizinischen Wissens* zu.

Der große *Paracelsus* sagte einmal: *Der Organismus der Natur und der Organismus des Menschen sind wie Vater und Sohn. Wer den einen erkannt hat, erkennt auch den anderen.* - Von daher ist es erforderlich, daß der *wahre Arzt* sich um eine *tiefere, philosophische Naturerkenntnis* bemüht. Nur aus ihr werden ihm die *inneren Zusammenhänge* des Lebens offenbar. Denn die Welt der *Erscheinungen* in *Mikro-* und *Makrokosmos* ist *Auswirkung* der dem sehenden Auge verborgenen *geistigen Formkräfte*. Sie allein *gestalten*, *bilden* und *regieren* das materielle Gefüge aller Welten und sind *Ursacher* von *Wohl* oder *Wehe*. Auch das kleinste *Geschehen*, sei es noch so unscheinbar, hat seine *unsichtbare Wurzel*.

Die Entwicklung der näheren Zukunft wird immer mehr Menschen hervorbringen, denen eine *innere Sicht* der Dinge aufgrund ihrer *spirituellen Evolutionsreife* möglich ist, sofern sie sich darum bemühen. Sie werden mit ihrer Fähigkeit des *geistigen Schauens* jenes *universelle Erbe* antreten, das aus dem heute noch praktizierten *medizinischen Handwerk* wieder jene *göttliche Heilkunst* des großen *Paracelsus* werden läßt, die in der Überschrift dieses Kapitels mit *Kosmo-Sanitas* bezeichnet wurde.

Dazu ist es nicht unbedingt erforderlich, daß die zukünftigen *Heiler* wahre *Hellseher* von *höheren Graden* sein müssen. Wichtig allein wird sein, daß sich die Menschen einer *spirituelle Weltsicht* bewußt werden, ihre versandeten *Ätherkanäle* öffnen und den *Einstrom* entsprechender *kosmischer Informationen* zulassen, im wahrsten Sinne des Wortes *zu-sich-kommen-lassen*. Die *geistigen Voraussetzungen* dazu werden mit dem Eintritt in das *Äon* des *Water man* geschaffen.

Durch Erkenntnis um die *essentiellen Ursachen* aller sichtbarer Wirkungen, wird es möglich, deren *disharmonische Erscheinungen* in *harmonische* umzuwandeln. Nicht auf der Basis von unwägbaren *Spekulationen*, sondern im *Einklang* mit den *inneren Gesetzen*. Dazu bedarf es der tiefen *geistigen Durchdringung* aller materiellen Existenz. Diese aber ist nur mit Hilfe einer ausgeprägten *Intuition* möglich. Denn in diesem *Sich-Hineinfühlen* und *Empfinden* können liegt der Schlüssel einer jeden wahren *Heilung*. Dies kann nicht durch rein *schulische Unterrichtung* gelehrt werden, sondern wird einzig und allein in der *meditativen Innenschau* erlangt. Denn diese *göttliche Gabe* der *Intuition* ist Ziel einer ganz persönlich-evolutionären *Vergeistigung*, die aus sich ständig erweiternden *Anlagen* und *mehrlebenslang* andauerndem *entschlossen-beharrlichem Bemühen* errungen wird. Nichts anderes kennzeichnete den Weg aller frühen *Priesterheiler* und *Druiden*. Sie haben eine ganze Reihe ihrer ungezählten *verstofflichten Lebenszustände* einzig und allein der *Liebe* zur *Wahrheit* und *göttlichen Weisheit* gewidmet. Am *Ende* eines dieser sicher oft mühsamen *Daseinskreise* stand schließlich der *Anfang* eines Neuen, dessen Beginn vom *Öffnen* des *inneren Auges* geprägt war und so den langersehnten Blick auf das faszinierende *Panorama* der Schöpfung freigab. Genau dies ist es, was den Erdenmenschen zum gegenwärtigen Zeitpunkt *global* bevorsteht.

Jede *Wandlung* muß zunächst im *Geiste* vollzogen werden, bevor sie sich in der äußeren Welt manifestieren kann. Daher raten schon von altersher alle wahrhaft *Weisen* zur *Selbstversenkung* und *Selbstbesinnung* als einzigem Weg der *individuellen Vervollkommnung*. Denn nur in der Stille ihres tiefsten Seelengrundes begegnen die Menschen ihrem *fylgja*, jenem allen Wesen eigenen *inneren Gottfreund* der frühen nordischen Völker, der alle Fragen beantworten kann und sie *forspâr*, das bedeutet *hellsichtig* und *hellhörig* macht für die *essentiellen Schöpfungszusammenhänge*. So allein erhalten *Dasein, Dinge* und *Ereignisse* eine neue *Prägung* oder *Gewichtung*. In den *geist-dynamischen* Tiefen des *Seins* entfalten sich die *Innensinne*, werden aufnahmefähig für das gleichnishaft *ewig-vitale Raunen* der *göttlichen Runen*, denen alle *Weissagungen*, da *weis(e) (ge)sagt* und *Weisungen*, weil *wei(se) (ge)sungen*, entspringen. Im wahrhaft *redseligen Schweigen* innerster *Ein-* und *Heimkehr* versinkt die

Außenwelt, um gleichzeitig den *lebendig-klaren Urquell* aller *Lebensäußerung* dem *Suchenden* offenzulegen.

So schreibt den *Paracelsus* in seinem Buche *Paragranum* auch: *Daß man den Astralkörper nicht sehen kann, hindert nicht dessen Vorhandensein. Man kann die Luft auch nicht sehen und dennoch leben wir in ihr so, wie die Fische im Wasser. Der Mensch gleicht einem Ei. Das Ei bewahrt das Leben und das Wesen. Der Dotter bedeutet die untere Sphaer, das Klare die obere. Eins wird von dem anderen getragen. Das ganze Ei ist Himmel und Erde. So du nun das Klare des Eies, welches nicht sichtbar ist, nicht erkennest, wie willst du die Ursachen der Krankheiten erkennen?*

Die *inneren* Zusammenhänge sind also bedeutsam und deren Kenntnis von allergrößter Wichtigkeit für den wahren Arzt. Ohne dieses *ursächliche Wissen* muß jedes Bemühen um *Heilung* unvollkommen, ja *stümperhaft* bleiben. Denn das wirksame *Prinzip* des *Arcanums* (Heilmittel) ist nicht der sichtbare, *materielle* Leib, sondern dessen *ätherisches* Wesen. Daher bleibt jede Verabreichung *stofflicher* Arznei auch ein auf längere Sicht gesehen verhängnisvoller *Unterdrückungsversuch* der *Symptomatik* tiefer liegender *Ursachen*. Deutlich die unüberhörbare *Warnung*, eine *firmamentische Krankheit* nicht mit einer *elementischen* Medizin *anzugreifen* und unübersehbar das Bemühen aller großen *Heiler*, die als *Heilmittel* zum Einsatz kommenden *Steine, Metalle* oder *Pflanzen* vermittels *Potenzierung* oder anderer *subtiler* Verfahren zu *vergeistigen*.

Keineswegs kann wirkliche *Heilkunst* darauf hinauslaufen, alle auf den Menschen einwirkenden *sichtbaren* und *unsichtbaren* Kräfte oder Einflüsse auszuschalten. Ein solches Unterfangen würde zur totalen *Erstarrung* aller *lebendigen Prozesse* führen und müßte ganz zwangsläufig in einer *statisch-tödlichen Katastrophe* enden, da gegen sämtliche *dynamisch-vitalen Schöpfungsgesetze* gerichtet. Gesunderhaltung kann nur darin gipfeln, daß der Mensch sich selbst als in die *Wirkprinzipien* von *Mikro-* und *Makrokosmos* eingebettete *individuelle Einheit* erkennt, deren als *bewußtes Selbst* frei zu entscheidende *evolutionäre Aufgabe* darin besteht, sämtliche *Denkimpulse* und *Tätigkeitsstrukturen* in *Übereinstimmung* mit den fundamentalen *kosmischen Gesetzmäßigkeiten* zu bringen.

Die sichtbare Körperlichkeit einer jeden Existenz ist derzeitiges *Endprodukt* eines *geistig-ursachenden* Prinzips, das ständigem *Weiterwachstum* unterworfen ist. Dies trifft in ganz besonderem Maße auf den Menschen zu, der auf dem irdischen Lebensplan zweifellos die bisher höchste *Entwicklungsstufe* darstellt, gleichsam aber auch als notwendige *spirituelle Durchgangsstation* zu weitaus höherem *Sein* angesehen werden muß. Denn alles *Irdische* strebt danach *Mensch* zu werden, dessen *Sehnen* aber zielt in den *Himmel*.

So stellt die Erkenntnis um das *innere Wesen* alles *Geschaffenen* und seine vielfältigen Beziehungen zu den *es-*

sentiellen *Schöpferenergien* des *Universums* jenes *unerschütterlich-felsenfeste* Fundament dar, auf dem das *heilig-lichtvolle Gebäude* wahren medizinischen Wissens der Zukunft errichtet wird. Auch diese Tatsache wurde von *Paracelsus* in klaren Worten zum Ausdruck gebracht: *Weil der Mensch aus Erde und Himmel geboren ist, muß er leiden, was sie leiden, und anziehen, was in ihnen ist. Weil er aus Erde ist, muß er essen; weil er aus Wasser ist, muß er trinken; weil er aus Luft ist, atmen, und weil er aus dem Elemente des Feuers ist, muß er Wärme haben. So zieht ein Kräftezentrum in ihm gleichartige Kräfte an, und aus dem Punkte wird ein Kreis. So entstehen Krankheiten in ihm. Ist aber kein Anziehungspunkt vorhanden, so findet auch keine Anziehung statt. Der Arzt soll wissen, was im Himmel und in der Erde ist, in Wasser, Luft und Feuer, damit er erkenne, was die Bande sind, die den Menschen binden und wie er sich aus denselben befreien kann. Der Himmel ist der Mensch, und der Mensch ist der Himmel, und alle Menschen ein Himmel, und der ganze Himmel nur ein einziger Mensch.*

    Der *spirituelle* Mensch ist *zentraler Brennpunkt* der gesamten Schöpfung. Als *Akkumulator* (Speicher) zieht er mit seinen *Denk-* und *Willenskräften* die *geistigen Energieströme* des Universums an, um sie wie ein *Transformator* (Umwandler) in *potenzierter* Form wieder zurückzustrahlen. Auf diese Weise unterliegt er nicht nur einem gewissen Einfluß, der von außen an ihn herangetragen wird, sondern übt auch einen solchen ununterbrochen aus. Seine *geistigen Strahlen* umfließen und durchströmen alle Welten, berühren *Menschen, Tiere, Pflanzen* oder *Steine* gleichermaßen wie die entferntesten *Galaxien* mit ihren einzelnen *Sternen* und rufen, gemäß ihrer *inneren Qualität*, das entsprechende *Echo* hervor, dessen vielfach-zurückflutender *Widerhall* in ihm selbst wieder *Resonanzen* auslöst. Diese aber sind es, die sich *verstofflichen*, deren *essentielles Potential* in der sichtbaren Welt *Auswirkungen* zeitigt.

So wird der Mensch zum *Gestalter* seines eigenen *Evolutions-* oder *Heilungsprogrammes*. Er ist gleichzeitig *Sender* und *Empfänger* dessen, was in seine *geistige Botschaft* hineingelegt wurde. Denn es können nur solche Sendungen empfangen werden, die auf der gleichen *Wellenlänge* schwingen wie sein *inneres Gestimmtsein* dies vorgibt. Mit ihm aber ruft jeder Einzelne *Harmonie* oder *Disharmonie* in seinem *Dasein* hervor. Denn es ist *wandelbar* und unterliegt, wie alles *dynamisch-lebendige*, aufgrund von *Aktion* und *Reaktion* durch Einwirkung *kosmo-energetischer Wirkmechanismen*, zeitweilig erheblichen *Schwankungen*, deren Kenntnis für *Verhalten* und *Therapie* von größter Bedeutung sind.

Nichts ist rein *zufällig*, alles verläuft nach festgefügten Gesetzen, jedes *Zusammenspiel* einzelner *Schwingungsfelder* in einer wohlgeordneten *zeitlichen* Abfolge. So sind in alles *Seiende* gewaltige *geistige Kräfte* gelegt, die aus *unwissender Ignoranz* zur *Unzeit* erweckt größten Schaden, vom wahrhaft *Weisen* zum *rechten Zeitpunkt* gerufen aber auch *höchstmögliche Heilwirkung* hervorrufen können. Erst die *Kenntnis* all dieser *Zusammenhänge* macht aus dem handwerklichen Arzt der Moderne jenen *genialen Heilkünstler* zukünftiger Prägung, wie es *Paracelsus* einst gewesen ist. In diesem Sinne ist seine grundsätzliche Forderung zu verstehen, die er immer wieder erhob: *Der wahre Arzt muß auch ein Astronom sein, denn er sollte den Einfluß der Jahreszeiten, Hitze und Kälte, Trockenheit, Feuchtigkeit, den Einfluß der Sonne, des Mondes und der Gestirne kennen. Ein jedes Ding hat seine Zeit, und was in einer Stunde nützlich sein kann, das kann zu einer anderen Zeit schaden. Es gibt eine Zeit für Regen und eine andere für Sonnenschein und blühende Rosen, und es genügt nicht, daß der Arzt weiß, was sich heute ereignet, er sollte auch wissen, was morgen geschehen wird. Die Zeit ist die Herrin des Menschen und spielt mit ihm wie die Katze mit der Maus.*

Hier zeigt sich die wahre Meisterschaft des *Hohenheimers*, der alle *Einflüsse* in seine Erwägungen mit einbezieht, um sie dann erst in seiner *Heiltätigkeit* zu gebrauchen. Ob sichtbar oder unsichtbar, nichts erscheint zu gering, daß ihm keine große Bedeutung zukommen könnte. Die *geistigen, materiellen* und *zeitlichen* Aspekte müssen zwingend beachtet werden, wenn Mißerfolg vermieden werden soll. Dies zeigt, daß er nicht nur ein *genialer Mystiker* war, dem die *göttliche Vorsehung* tiefere Einsicht in die *innere Wesensart* der Dinge verliehen hatte, sondern auch ein nüchterner Realist, der sein Wissen äußerst *zielgerichtet* in die Tat umsetzte. Er sah in der materiellen Welt mit all ihren *Problemen* und *Leiden* eine *geistige Lernstätte*, die den Menschen im Sinne *evolutionären Wachstums* auf seine wahre Lebensaufgabe vorbereiten soll, ihn zu *kosmischem Denken* erzieht. Er wußte auch, daß alles *Geschehen* und *Ergehen* in den *ewigen Zeitplan* des *Schöpfers* eingebettet ist und immer zur rechten Zeit hervorgebracht wird, auch das *Heilen*, so, wie es in *Prediger*, Kap. 3, Verse 1 und 3, zu lesen steht: *Ein jegliches hat seine Zeit, und alles Vornehmen unter dem Himmel hat seine Stunde. Zeit zu Töten und zu Heilen.*

Der bevorstehende Weltenwandel wird den Erdenmenschen ihr *vergessenes medizinisches Erbe* wieder in das Bewußtsein rücken und dazu beitragen, daß den Kranken und Leidenden aller Völker im Sinne, von *Kosmo-Sanitas*, der *göttlichen Heilkunst*, segensreiche Hilfe zuteil wird. Denn nur durch die demütig-vertrauensvolle *geistige Ein-* und *Heimkehr* zu dem *einen universellen Schöpfervater* wird sich ihnen alle *kosmische Weisheit* offenbaren und jenes große *Heilungsversprechen* erfüllen, das in der *Offenbarung* des Apostels *Johannes*, Kap. 22, Verse 1 und 2, gegeben wurde: *Und er zeigte mir einen lauteren Strom des lebendigen Wassers, klar wie ein Kristall. Auf beiden Seiten des Stromes standen Bäume des Lebens, diese trugen zwölferlei Früchte und brachten ihre Früchte alle Monate hervor; und die Blätter der Bäume dienten zur Heilung aller Nationen.*

Epilog

> Heil euch Asen, Heil euch Asinnen,
> Heil dir, fruchtbare Erde! Wort und
> Weisheit gewähret den Edlen. Und
> immer heilende Hände!
>
> Edda, Sigrdrifumal, Vers 4

Der Blick in das irdische Naturgeschehen und hinauf zu den Sternen offenbart den Menschen eine grundlegende Tatsache. Alle Welten, vom kleinsten sonnenlichtglänzenden Erdenstäubchen bis hin zu den entferntesten Universen befinden sich in einer ununterbrochen *vitalen Bewegung*, deren *gesetzmäßig-harmonische Rhythmik* den ewigen Fortgang *kosmo-evolutionärer* Wachstumsabläufe garantiert und ständig neu organisiert. Denn auf ihren, dem Prinzip der stetigen Ausdehnung gehorchenden spiraligen *Kreisbahnen*, berühren die Planetensysteme in langsam *intensiver* werdenden *Wirkabständen* immer wieder gleiche Schwingungsfelder universell-spiritueller Information. Diese bleibt ihrer tieferen *schöpfungs-grundsätzlichen* Inhaltlichkeit nach zwar unverändert, ruft aber aufgrund der *andauernd-dynamischen* Weiterentwicklung innerhalb des Gesamtgeschehens eine rein *geistig* gesehen deutlich *höherfrequente* Resonanz hervor. Durch sie wird das *essentielle Potential* allen Lebens in den einzelnen Seinsbereichen unablässig *transformiert* (umgeformt) und neu *angepaßt,* auf jenes dem Schöpferwillen entsprechende ursprüngliche *Evolutionsziel* ausgerichtet, das in einer fernen *Unendlichkeit* angesiedelt ist.

Umformen, Anpassen, Ausrichten beinhalten Tätigkeit oder Bewegung, provozieren *Veränderung*, entsprechen somit genau dem gegenwärtigen Weltgeschehen. Denn in allen Lebensbereichen herrschen Um- und Aufbruchstimmung. Ängste und Hoffnungen werden in eine von der Mehrzahl aller Menschen noch nicht überschaubare Zukunft projiziert, wobei erstere im Augenblick offenkundig überwiegen. Dies rührt daher, weil den meisten heute lebenden Erdenvölkern die schon immer vorhandenen phantastischen Möglichkeiten kreativer Gestaltung dessen was kommen soll nicht mehr bewußt sind. Sie haben den Blick und das Gespür für die *wahren inneren Werte* der Schöpfung verloren. Ihre Seele ist vom materiellen Glanz des Goldes erblindet, der Gesichtskreis immer mehr eingeengt und erstarrt, daher wurden sie unfähig *vorausschauenden Weitblick* zu entwickeln, dem entsprechend zukunftsweisende *Aktion* hätte folgen können.

So zwingt die *geistig-kosmische Schwingung* des heraufziehenden neuen *Zeitalters* dem Menschen zunächst sozusagen eine *mentale Verschnaufpause* auf, die ihm die Chance eröffnet, sich in die *veränderten* Gegebenheiten zu integrieren, alle Möglichkeiten abzuwägen und an deren Gestaltung mitzuwirken. Denn die Zukunft wurde nur in ihren *grundsätzlichen Strukturen* festgelegt, niemals aber in allen Einzelheiten fixiert. An deren *Ausschmückung* ist jedes einzelne *Wesen* entsprechend seines gerade erreichten *spirituellen Entwicklungsstandes* zur *Mitarbeit* aufgerufen. Dies drücken auch die Worte eines Gebetes der *Blackfoot-Indianer* aus: *Hört meine Stimme, ihr mächtigen Berge, hört meine Stimme, ihr grünen Wälder, hört, ihr klaren rauschenden Flüsse. Ihr seid das Herrlichste, was ich gesehen. Hört mich, ihr Narren und Machtanbeter, hört die Weisheit der Alten. Ihr, die ihr im Silberturm lebt und euer Knie dem Golde beugt. Ihr wißt nicht, was wahren Wert besitzt, ihr seid wie kleine Kinder, denn um euere nichtige Gier zu stillen, besudelt ihr die Welt. Werft dieses törichte Leben ab, bringt euer Denken zurück auf den Boden, laßt die Schuppen von euren Augen fallen, und ihr werdet sehen, was wahren Wert hat, ist für jedermann da. Lies diese Zeilen noch einmal, Freund, das wird deinem Leben mehr Freude geben.*

Weiter oben wurde schon einmal erwähnt, daß die *Veränderung* das einzige ist, was wirklichen Bestand hat. Zum gegenwärtigen Zeitpunkt wird sie besonders deutlich spürbar, da der gesamte Planet in immer stärkerem Maße offenkundig von einer feinstofflichen Schwingung *kosmischer Herkunft* erfaßt wird, deren Einfluß sich niemand und nichts entziehen kann. So ist auf breiter Front eine deutliche *geistige Offenheit* für sogenannte *alternative* Denkstrukturen und Verhaltensmuster erkennbar. Die sich allgemein immer stärker durchsetzende *Abkehr* von *destruktiven, lebensfeindlichen* Mechanismen, wird zunehmend ersetzt durch *optimistische Aufgeschlossenheit* und *kreativ-tätige Hinwendung* zu *konstruktiven, vital-energe-*

tischen Organismen. Dies gilt in besonderem Maße für den Bereich der Medizin, wo die *lebensfreundliche Weisheit* der frühen *Priesterheiler* und *Ärzte* inzwischen wieder weitverbreitetes Interesse findet.

Der sich gegenwärtig mit zunehmender Dynamik vollziehende große *Weltenwandel* ist in erster Linie geprägt von einer beglückend-tiefgreifenden *Erleuchtung* des menschlichen Bewußtseins. Erscheinen auch manche Geschehen noch geheimnisvoll und viele Weltereignisse unheilschwanger, wird aus dem drohenden *Chaos* dennoch jene *kosmische Ordnung* erststehen, die den Erdenvölkern zur Erkenntnis ihrer *Alleinheit* mit der *Gesamt-Schöpfung* verhilft. Aus dieser aber offenbart sich ihnen schließlich ihre *ursächlich-spirituelle Verwandtschaft* mit allem *Lebendigen*. So erkennen sie in den vielen Myriaden von *lebendigen Existenzen* aller Universen, die ihrem eigenen *innersten Wesen* seit Urzeiten nahestehenden *geistigen Schwestern* und *Brüder,* deren ganzes Sehnen gleich ihnen einzig und allein nach *selbstlos-tätiger Nächstenliebe* trachtet. Denn ausschließlich in dieser erfüllt sich jede menschliche Evolution, gipfelt alles *Wirken* der unerforschlichen *Gottheit*, deren *essentieller Funke* auch dem unscheinbarsten Leben innewohnt.

So wird der Mensch des heraufziehenden *Water-Man-Äons* sich letztendlich als *kosmischer Bruder* unter seinen *All-Geschwistern* erkennen. Sein Leben und Schicksal, wie das aller anderen, sieht er in der *gemeinsamen Bestimmung* und mit dem *universellen Geschehen* verwoben, im *innersten Seelenkern* untrennbar verbunden. In diesem aber spürt er die *lebendige* Gegenwart *Gottes* und dessen alle *Welten* und *Wesen* durchströmenden *schöpferischen Atem*. Er empfindet im tiefsten Grunde seines *Seins* die *liebevoll-wärmende Glut* des *Großen Geistes* und begreift sich als *Erbe* der *ewig-wahrhaftigen Weisheit*.

Diese aber kennt kein *Vergessen*, sondern sich ständig erneuernde *Ergänzung*. Auch nicht die kleinsten Gedanken bleiben ohne Erinnerung. Der Dufthauch einer noch so versteckt blühenden Blume verweht niemals gänzlich spurlos, und das leiseste Lied eines unscheinbaren Vogels verhallt keineswegs völlig ungehört. Nichts geht verloren in den unendlichen Weiten des *göttlichen Bewußtseins* universeller Prägung, das sich noch in der winzigsten erschaffenen Existenz Ausdruck verleiht und die Gesamtheit *spiritueller Entfaltung* in sich unablässig wiederho- lenden Rhythmen vorantreibt.

Im Zuge seiner *geistigen Evolution* aber wird sich der Mensch des *All-Gesetzes* innerhalb der unendlichen Schöpfung bewußt, das allein die *Liebe* ist. Denn sie weitet seinen Blick für das *innere Geschehen* und macht ihm das gemeinsame *Ringen* aller Wesen in *Mikro-* und *Makrokosmos* nach *Selbstentfaltung* und *Verwirklichung* offenkundig. Nur in der *intuitiv* herbeigeführten *Innenschau* entfalten sich kosmisches *Wissen* und universelle *Weisheit*. So drückte es der große Mystiker *Jakob Boehme* aus, als er sagte: *All meine Erkenntnis habe ich nicht aus Büchern geschöpft, sondern aus meinem eigenen Innern;*

denn Himmel und Erde, der Kosmos und alles, was darin lebt, und Gott selbst wohnt im Innersten der Seele. Alle Erkenntnis gipfelt daher in der Tatsache, daß alles *Sein* der *tätigen Liebe* des unermeßlichen *Weltengottes* entspringt, die sich als ganz individueller *Lichtgedanke* in den einzelnen *Wesenheiten* offenbart und gleichzeitig alle Universen *behütend-nachsichtig* umspannt. In ihr allein sind *Wissen* und *Weisheit* der gesamten Schöpfung aufbewahrt und gegenwärtig. Für den nun zum *kosmischen Bewußtsein* erwachenden Erdenmenschengeist jederzeit abruf- und umsetzbar.

Suchte der Mensch bisher die Antworten auf alle seine existentiellen Fragen außerhalb seiner selbst, werden die kommenden Veränderungen ihn der *Innewerdung* befähigen und zur *Selbstbesinnung* führen. Je weiter diese aber fortschreitet, umso tiefer wird er über sein *Ego* in den inneren *Gottesgrund* der Dinge eindringen und sich der *ewigen Weisheit* nähern. So schaut er nicht nur die *geistige Unsterblichkeit* allen Lebens, sondern auch dessen das gemeinsame Wachstum hemmende oder fördernde Zusammenhänge. Er sieht dann das *Dasein* im Lichte einer höheren Wirklichkeit und ist bestrebt, diese in seinem als eines von vielen erkannten Erdenleben *heilbringend* für alle einzusetzen.

Der große *Laotse* sagte: *Wer andere erkennt, ist klug; wer sich selbst erkennt, ist erleuchtet!* - Selbstbesinnung und Selbsterkenntnis wird das heraufziehende *kosmische Zeitalter* den Erdenvölkern vermitteln. Tiefe Einsichten und erlösende Erkenntnisse beginnen sich Raum zu verschaffen in den Herzen der Menschen und verändern die Situation auf diesem Planeten zusehends. Wichtigste Gewißheit wird sein, daß das *Innerste* eines jeden *lebendigen Wesens* unvergänglich ist und alles sich gemäß den evolutionären Gesetzen des Universums in spiraligen Kreisen immer höher entwickelt. Der körperliche Tod wird als *Formwechsel* auf eine andere *Daseinssphäre* erkannt. Jedes *Geborenwerden* setzt ein *Sterben* auf einer anderen *Ebene* voraus und umgekehrt: Jedem *Sterben* folgt sofort ein *Geborenwerden*! Deutliche Worte finden sich hierzu in *Psalm* 90, Verse 3 und 4: *Gott, der Du die Menschen lässest sterben und sprichst: Kehret wieder, Menschenkinder! Tausend Jahre sind vor Dir wie ein Tag, der gestern vergangen ist, und wie eine Nachtwache.*

Aus dieser Erkenntnis heraus aber werden die Menschen beginnen behutsamer mit sich selbst und der sie umgebenden Schöpfung umzugehen, so, wie es ihnen einmal aufgetragen wurde. Der Geist des *Water Man* öffnet ihnen Sinn und Herz für die subtileren Zusammenhänge und deren zwangsläufige Auswirkungen. Ganz besonders im Umgang mit den *Heilungsuchenden* finden *altes Wissen* und *neue Kenntnisse* zu einer wahrhaft *heilenden Symbiose*, wobei *Therapeut* und *Patient* sich ihrer gegenseitigen *Verantwortung* im Sinne *kosmischer Gesetzmäßigkeit* absolut bewußt sind. Denn nur aus deren strikter Beachtung kann für beide Seiten wahrhafte *Heil(ig)ung* erwachsen.

Nichts in den unermeßlichen Weiten der Universen bleibt ohne entsprechendes Echo. Alles besteht aus unterschiedlichen Schwingungen, die sich bis in die Unendlichkeit fortsetzen und irgendwann wieder zu ihrem Ausgangspunkt zurückkehren. Die frühen Tempelpriester und Heiler waren sich dieser Tatsachen bewußt. Daher unterließen sie alle Handlungen, die eine unerwünschte *Rückwirkung* heraufbeschwören konnten. Ihre *Heiltätigkeit* war einzig und allein auf *Liebe* zu ihrem leidenden Mitmenschen und *Dankbarkeit* gegenüber dem Schöpfer gegründet. Nur so sahen sie sich in der Lage, ihre bis heute aus naturwissenschaftlicher Sicht nicht erklärbaren *Heilwunder* zu vollbringen.

Liebe, Dankbarkeit und Glaube sind entscheidend für den Erfolg. Kein geringerer als *Jesus* hat immer wieder auf diese Tatsachen hingewiesen. Alles, was der Mensch im *rechten Maße* wünscht wird im zufallen, sagte auch *Hildegard von Bingen*, und *Paracelsus* spricht von der *Imagination*, die in der Lage ist *Berge zu versetzen*, wenn *Gott* nicht vergessen wird.

In ihrem Sinne erwacht die *göttliche Heilkunst* im Zuge des großen *Weltenwandels* wieder und erblüht zu einer wahren *Ganzheitsmedizin* , deren *segensreiche Heilwirkung* allen Menschen auf diesem dann in die *intergalaktische Planetenfamilie* aufgenommenen *Erdenstern* zuteil wird. Dies ist jene *schöpferische Vision*, die das heraufdämmernde Zeitalter allen irdischen Völkern gegenwärtig neu vermittelt. Je mehr Herzen diese *mächti-*

ge Geistesflamme erfaßt und deren glühende *Sehnsucht* nach *innerer All-Einung* den *firmamentisch-spirituellen Sendboten* des großen *kosmischen Tyrkreises* entgegenschwingt, umso überwältigend vielfältiger wird die *geistige Resonanz* des *reinigenden Echos*, das aus den unendlichen Weiten des *Universums* zurückstrahlt, um den Prozeß der *Veränderung* zu beschleunigen. An dessen Ende steht keine, derzeit von so vielen *'Endzeitpropheten'* verkündete totale *Vernichtung* des terrestrischen Lebensraumes, sondern die *Errichtung* jenes *sonnendurchflutetharmonischen Weltsystems*, dessen Beginn von *Christus* nach einer *apokryphen Überlieferung* mit den Worten vorausgesagt wurde: *Von nun an tausend und nicht mehr ganz tausend Jahre.*

So wird der neue *Geistmensch* zum Gestalter und Verwalter seiner in seinem *innersten Wesen* längst vorgeformten nahen *lichtvollen Zukunft*, deren *kosmische Morgenröte* bereits am Horizont sichtbar ist. Im vollen Bewußtsein der allem Leben innewohnenden *göttlichen Verantwortung* für die Gesamtheit der *Schöpfung* steigt er immer weiter auf, um schließlich in der absoluten *spirituellen Erleuchtung* seine Erfüllung zu finden. Denn allein im *Lieben, Dienen, Ehren* und *Heilen* liegt der Sinn allen *Seins*, wie der berühmte *Michelangelo* bemerkte: *Dorthin, woher er kam, zurückzukehren, erschien dein Geist in irdischem Gewande, als wie ein Engel, der vor Mitleid brannte, den Sinn zu heilen und die Welt zu ehren.*

Mit dem strahlenden Lichte erkenntnisträchtig-schöpferischer *Weisheit* ausgestattet, im *Geiste universellen Bewußtseins* und einer auf ihrem *all-mächtigen Gottvertrauen* gründenden *selbstlos-reinen Nächstenliebe*, treten dann die *Heilerinnen* und *Heiler* des kommenden *kosmischen Äons* ihr fast vergessenes Erbe an, um durch ihre wahrhaft *heil(ig)ende Tätigkeit* der alten Tradition *neuen Glanz* zu verleihen. Denn es werden wieder solche Frauen und Männer sein, die aus tiefster Überzeugung heraus der *vollkommenen Lehre* ihres großen Vorbildes *Jesus* nachfolgen, der vor nunmehr fast zweitausend Jahren bei *Johannes*, Kap. 7, Vers 38, sagte: *Wer an mich glaubt, aus dem werden Ströme lebendigen Wassers fliessen!*

Praktischer Anhang

Die heute lebenden Menschen sind stets voller Sorgen, ständig auf der Jagd nach Erfolg, Glück und Gesundheit. Alles zusammen wird im stofflichen Bereich des Lebens gesucht und in der Regel dort nicht gefunden. Denn materieller Reichtum ist noch lange kein Garant für *Glücklichsein* und körperliches *Wohlbefinden*, da beide einem *innigen Herzensdenken* entspringen. Nur dem rechten *Gesinntsein* entspringt wahres *Gesundsein*.

Der weitverbreitete *Irrglaube*, Besitz an *Hab* oder *Gut* wäre Voraussetzung für *innere Harmonie*, zeigt gerade in der jetzigen Zeit des großen Weltenwandels seine dramatischen Folgen. Denn besonders in den sogenannten *wohlhabenden* Ländern dieses Planeten werden ständig mehr *Menschenwesen* immer unzufriedener, unglücklicher und in zunehmendem Maße ungerechter gegenüber sich selbst und ihrer Mit- oder Umwelt. Der inzwischen immensen Fülle *äußeren Wissens* steht eine gähnende *innere Leere* gegenüber. Trotz fast aller Erkenntnisse um die chemische Zusammensetzung und physikalischen Gesetze der stofflichen Welt, kennen sie sich selbst weniger als vor zweitausend Jahren. Ihr wahres, weil *geistiges Wesen* ist ihnen *fremder* denn je, genau wie das der gesamten *wunderbar-vollkommenen* Schöpfung. Sie wissen nicht mehr wer sie sind, woher sie kommen, warum sie hier inkarnierten und welches *Ziel* ihr Leben hat. Es fehlt ihnen jede *Sinnerfüllung* ihres *Da-Seins*. Die zumeist *lichtvoll-heitere Lebensgelassenheit* und *Gestimmtheit* des Kinder-, Tier-, Pflanzen- und Mineralreiches erscheint den *Erwachsenen* als unerreichbares, weil scheinbar *unrealistisches* Ideal, im Bereich ihrer eigenen Existenz nicht umsetzbar. Denn dieser, seit Jahrtausenden auf stoffliche Werte ausgerichtet, fehlt das *begeistert-visionär* entfachte *läuternde Feuer spiritueller Befreiung* und damit gleichzeitig auch jede tiefe *Wesenszufriedenheit*.

So findet denn jene *Traurigkeit des Herzens* weite Verbreitung, die nach *Hildegard von Bingen* als *Hauptursache* einer jeden Erkrankung anzusehen ist und in der *essentiellen Gottesferne* vieler Menschen ihren Ausgangspunkt nimmt, um nach ihrem *Seelenleib* auch den äußeren *Körper* mit *Krankheit* zu *schlagen*. Entsprechend ihrer materiellen Weltsicht haben die Erdenbürger ein Medizinsystem entwickelt, das den *substantiellen (seelischen) Ursachen* von fast allen Erkrankungen ebensowenig Beachtung schenkt, wie deren *naturgegeben-inneren Zusammenhängen* bei der Therapie. Daher finden unzählige *Leidende* keine *wirkliche Heilung*, sondern bleiben in der Regel *lebenslang* einem einseitig *chemisch-mechanistisch* orientierten *Reparaturbetrieb* ausgeliefert, der auf diese Weise zwar *kommerziellen Erfolg* garantiert, mit *göttlich-wahrhaftiger Heilkunst* gemäß *hildegardisch-paracelsischer* Prägung aber kaum mehr etwas gemein hat.

Um eventuell auftretenden Mißverständnissen entgegenzuwirken, sei an dieser Stelle nochmals darauf hingewiesen, daß dieses vorliegende Buch nicht geschrieben wurde, um bestehende *Gräben* zu vertiefen. Vielmehr ist es Ausdruck eines *zutiefst-hoffnungsvollen* Bedürfnisses, dort Brücken zu bauen, wo alle Stege bereits abgerissen scheinen.

Wer allerdings *Patentrezepte* sucht, oder gar die Auflistung sogenannter *Wundermittel* erwartet, wie sie ja in der heutigen Zeit allenthalben angepriesen und mit immer dem gleichen *Negativerlebnis* für die Konsumenten zu Unsummen verkauft werden, der wird enttäuscht sein. Denn solche *Universal-Elexiere*, die alle Folgen falscher Lebensgewohnheiten ausgleichen oder sämtliche Krankheiten ohne *ehrlich-konsequentes Bemühen* des Betroffenen ausheilen, hat es niemals gegeben und sind weder heute, noch in einer fernen Zukunft verfügbar.

Dem offenen Geiste aber werden hier *Richtlinien* und *Zusammenhänglichkeiten* aufgezeigt, die so alt sind wie die *Schöpfung* selbst. An *Gültigkeit* und *Wirkintensität* haben sie über alle Zeiten hinweg *nichts* eingebüßt. Ihr *weise-vertrauensvolles Be-folgen* führt ganz zwangsläufig zu *glückhaft-durchlichteten Er-folgen*. Dies gilt gleichermaßen für *Heilungssuchende* als auch *Therapeuten*. Denn wahres *Heilsein* entspringt nur einer auf gegenseitigem Vertrauen ruhenden Zusammenarbeit beider und *folgt* dem *überzeugt-beharrlich-hingebungsvollen (Ver)folgen* der *göttlich-schöpferischen Gesetzmäßigkeiten* in deren *Gesamtheit*.

Um in *Therapie* und *täglichem Gebrauch* auch den Nutzen dieser *firmamentischen Kriterien* zu erhalten, ist es bedeutungsvoll, diese mit möglichst vielen ihrer gegenseitigen *Abhängigkeiten* und *Einflußnahmen* zu kennen. Die nachfolgend aufgeführten Zusammenstellungen sind das Ergebnis jahrzehntelanger Studien und praktischer Erfahrung. Vergleichbare Schriften ähnlichen Umfanges liegen nicht mehr vor, sofern es solche jemals gegeben hat. Dennoch darf auch hier nicht von Vollständigkeit gesprochen werden, auch wenn das Bemühen für den gegenwärtigen Zeitpunkt darauf abzielte. Es wurde bewußt darauf verzichtet, die homöopathischen Arzneimittelbilder zu wiederholen, da diese in einer Reihe bekannter einschlägiger Werke nachgelesen werden können. Gleiches gilt für die Hildegard-Heilmittel, Steine und Farben.

So sind denn alle *Heilmittel* gemäß ihrer *kosmischen Signatur* dem (der) dieser *Prägung* entsprechenden *Tyrkreiszeichen (Planetenschwingung)* zugeordnet, was zwingend einen direkten Bezug zu ganz bestimmten *Organsystemen* bedingt. Dies trifft sowohl in *geistiger*, als auch *körperlicher* Hinsicht auf den Menschen zu. Da er eine *Doppelnatur* hat, wie *Paracelsus* es ausdrückte, deren Vorhandensein bei jeglicher *Therapie* uneingeschränkter Beachtung bedarf, denn der *siderische* (geistige) Corpus *regieret* den *terrestrischen* (materiellen) Corpus.

Daher stellen *Zeugungs-* und *Geburtszeitpunkt* die entscheidenden *Fakten* dar. Im Augenblick der *Empfängnis* erfolgt die *spirituelle Signatur* des sich neun Monate später auf der *stofflichen Ebene* durch die Geburt in der sichtbaren Welt manifestierenden menschlichen Wesens. Aufgrund dieser beiden *Kriterien* ergeben sich unumstößliche *Bezugspunkte* zu einer *relativ begrenzten* Anzahl von *Pflanzen, Steinen* und *Sternen,* deren *Be-* oder *Mißachtung* zum sich aus diesen Zusammenhängen ergebenden *richtigen,* bzw. *falschen Zeitpunkt* im täglichen Leben von entscheidendem Einfluß sein müssen.

Denn der Mensch als *lebendig-dynamisches System* verändert seine *Reaktionslage* aufgrund ständig auf ihn *einströmender* und *selbstverursachter* fließender Prozesse ununterbrochen, ebenso wie alle anderen *Wesenheiten* auch. Aus diesen Gründen kann es keine immer wieder anwendbaren *Pauschalierungen* geben, sondern ausschließlich *fundamentale Richtlinien,* deren *Einhaltung* für den Erfolg zwar zwingend erforderlich wird, in jedem einzelnen Falle aber *intuitiv* im *vorgegebenen Rahmen* entschieden werden muß. Somit sind exakt-individuelle *Prüfung, Austestung* und *Indikationsstellung* absolut unerläßlich, um den größtmöglichen *Heileffekt* zu erzielen. Die gegenseitige *Wirkintensität* aller *energetischen Strukturen* ist also abhängig von der Übereinstimmung ihrer *kosmischen Signatur,* dem günstigsten *Zeitpunkt* des Einflusses und der optimalen *Substanzkonzentration* (homöopathische Potenzierung/Verdünnung).

So wird das *Lichtgebäude* der *wahren Heilkunst* von *drei* Säulen getragen:

1. *Kosmische Signatur*: Diese ergibt sich aus den Wesensmerkmalen der vorherrschenden Tyrkreiszeichen zum *Zeitpunkt* von *Zeugung* und *Geburt* der einzelnen Wesen. Um zum Zeugungszeichen zu kommen, wird einschließlich dem Geburtszeichen *neun* Symbole zurückgerechnet.

Beispiel: Geburt im Zeichen *Fische* (Neptun/Jupiter)
Zeugung im Zeichen *Krebs* (Mond)
oder
Geburt im Zeichen *Skorpion* (Mars)
Zeugung im Zeichen *Fische* (Neptun/Jupiter)

2. *Einflußzeitpunkt*: Er wird bestimmt vom *Lauf* des *Mondes* durch die einzelnen *Tyrkreiszeichen*, denn dieser signalisiert *günstige* und *ungünstige* Tage für eine *Therapie* und deren *Wirkrichtung*. Entscheidend dabei auch die unterschiedlichen *Mondqualitäten* (Neumond, zunehmender Mond, Vollmond, abnehmender Mond, auf- oder absteigender Mond), da diese den *Wirkeinfluß* aufzeigen.

Wirkrichtung: Alle *Organsysteme*, die in *geistiger*, als auch *stofflicher* Hinsicht *direkt* angesprochen werden. Zum Beispiel Mond im *Tyrkreiszeichen*:

Fische/Krebs = Atemwege, Verdauung, Unterleib, Füße.

Skorpion/Fische = Galle/Leber, Verdauung, Geschlechtsorgane, Kopf.

Wirkeinfluß: Neumond (●) = Entgiften, Ausscheidungen anregen, Fasten.

zunehmender Mond (←) = Aufbauen, Stärken, Unterstützen.

Je *näher* zu *Vollmond*, um so ungünstiger die *Heilungsprozeße* von *Verletzungen* und *Operationsfolgen*.

Vollmond (O) = Aderlaß, Schröpfen, Baunscheidtieren. Operationen meiden, da *verlängerte Blutungsneigung* sehr groß.

abnehmender Mond (→) = Alles, was die Organe entlastet. Günstigste Zeit für Operationen, *ausgenommen* jener Organbereich, der dem *Tyrkreiszeichen* zugeordnet ist, das vom abnehmenden Mond gerade durchwandert wird.

aufsteigender Mond (↑) = Die Zeichen *Widder, Stier, Schütze,* Steinbock, Wassermann und *Fische*.

Kopf, Nacken, Hals, Schultern, Arme, Wirbelsäule, Hüften, Oberschenkel, Knie, Unterschenkel und Füße.

absteigender Mond (↓) = Die Zeichen *Zwillinge,* Krebs, Löwe, *Jungfrau, Waage* und *Skorpion*.

Brust, Lunge, Herz, Leber, Magen, Pankreas, Därme, Nieren und Geschlechtsorgane.

Grundsätzlich gilt:
Operationen und mechanische Eingriffe an Organen oder Körperregionen, die jenem Zeichen entsprechen, das der Mond zum jeweiligen Zeitpunkt gerade durchläuft, bergen ein hohes Komplikationsrisiko.

Dieses wird noch erheblich verstärkt durch den zunehmenden (←) Mond. In der Vollmondphase (O) kann es zu lebensbedrohenden hohen Blutverlusten kommen.

Chirurgische Maßnahmen möglichst nur bei abnehmendem (→) **Mond.**

Chirurgische Maßnahmen im Kopf, Nacken, Schulterbereich, an der Wirbelsäule und den Extremitäten sollten immer bei abnehmendem (→) **und aufsteigendem (↑) Mond, möglichst in den Monaten Oktober bis März vorgenommen werden. Immer ausgenommen jene Region, die dem Zeichen unterstellt ist, das der Mond gerade durchwandert.**

Chirurgische Maßnahmen an sämtlichen inneren Organen von Brust bis Unterleib sollten vorzugsweise bei abnehmendem (→) **und absteigendem (↓) Mond, möglichst in den Monaten April bis September vorgenommen werden. Immer ausgenommen jenes Organ, das dem Zeichen unterstellt ist, das der Mond gerade durchwandert.**

Notfälle gehorchen zwar besonderen Gesetzen, die oben genannten Regeln werden aber dadurch nicht außer Kraft gesetzt. Daher sollte bei unvermeidbaren Notoperationen zur Unzeit **ganz besondere Sorgfalt walten.**

Alle belastenden Maßnahmen, ernährungsphysiologisch oder medikamentös, strapazieren jene Körperregion (Organe) in ganz besonderer Weise, deren zugeordnetes Zeichen vom Mond gerade durchwan-

dert wird. Bei zunehmendem (←) Mond in abgeschwächter Form, im abnehmenden (→) Mond um so dramatischer. Aufsteigend (↑) Kopf, Nacken, Hals, Schultern, Arme, Wirbelsäule, Hüften, Oberschenkel, Knie, Unterschenkel und Füße betreffend. Absteigend (↓) alle inneren Organe von Brust bis Unterleib berührend.

Alle fördernden Maßnahmen, ernährungsphysiologisch oder medikamentös, harmonisieren jene Körperregion (Organe) in ganz besonderer Weise, deren zugeordnetes Zeichen vom Mond gerade durchwandert wird. Zunehmender (←) Mond aufbauend, stärkend und ernährend. Abnehmender Mond ausleitend und entgiftend. Aufsteigend (↑) Kopf, Nacken, Hals, Schultern, Arme, Wirbelsäule, Hüften, Oberschenkel, Knie, Unterschenkel und Füße betreffend. Absteigend (↓) alle inneren Organe von Brust bis Unterleib berührend.

An den nachfolgend aufgeführten Terminen, die im allgemeinen Sprachgebrauch als "verworfene Tage" oder "Schwendtage" (verschwendete Tage und Mühe) **bezeichnet werden, sollten weder eine neue Therapie begonnen, noch Operationen oder ein Aderlaß durchgeführt werden:**

Januar: 02. / 03. / 04. / 18.
Februar: 03. / 06. / 08. / 16.
März: 13. / 14. / 15. / 29.
April: 19.

Mai: 03. / 10. / 22. / 25.
Juni: 17. / 30.
Juli: 19. / 22. / 28.
August: 01. / 17. / 21. / 22. / 29.
September: 21. / 22. / 23. / 24. / 25. / 26. / 27. / 28.
Oktober: 03. / 06. / 11.
November: 12.

Auch hier gilt, was bereits weiter oben zu den Notfällen gesagt wurde.

Die Zeichen und ihre Entsprechungen:

Widder ♈ **/ 21.03. - 20. 04.**
Planet: Mars
Tag: Dienstag
Körperregion: Kopf, Gesicht, Galle, Leber, Milz, Herz
Steine: Diamant, Amethyst, Opal
Metall: Eisen (Fe)
Farben: rot, gelb
Hildegard-Heilmittel:
Apfelknospen-Öl,
Aronstabelexier,
Bachbungensaft,
Bärwurzpulvermischung,
Gedächtnisöl,
Gehörpulver,
Goldkur,
Grippepulver,
Mariendisteltinktur,
Muskatpulvermischung,
Nasenkräuter,
Nervenkräuter,
Petersilienhonigwein,
Pflaumenaschenlauge,
Rebtropfen (ölige),
Rebtropfen (einfache),
Riechkräuter,
Schlafkräuter,
Veilchenöl,
Wasserlinsenelexier,
Zahnwehkräuter,
Zitwerelexier.

Pflanzen:
Aesculus hippocastanum (Roßkastanie),
Agaricus muscarius (Fliegenpilz),
Agaricus phalloides (Knollenblätterpilz),
Ajuga chamaepitys (Ackergünsel),
Aletris farinosa (Sternwurzel),
Allium sativum (Knoblauch),
Allium cepa (Zwiebel),
Alnus glutinosa (Schwarzerle),
Aloe (Aloe),
Alpina officinarum (Galgant),
Ammi visnaga (Khella),
Amygdalae amarae (Bittermandel),
Anacardium orientale (indischer Elefantenlausbaum),
Anemone nemorosa (Buschwindröschen),
Angustura (Kuspabaum),
Anhalonium lewinii (Peyotl),
Anisum stellatum (Sternanis),
Aralia racemosa (amerikanische Narde),
Aristolochia clematitis (Osterluzei),

Arthemisia absinthium (Wermut),
Arum maculatum (Aronstab),
Asa foetida (Stinkasant),
Avena sativa (Hafer),
Badiaga (Flußschwamm),
Baptisia tinctoria (Indigo),
Basilicum ocimum (Basilienkraut),
Berberis vulgaris (Sauerdorn),
Beta vulgaris rubra (rote Beete),
Boldo (Boldobaum),
Bovista (Riesenbovist),
Bryonia dioica (Zaunrübe),
Bucco (Buccoblätter),
Cactus grandiflorus (Königin der Nacht),
Cannabis indica (indischer Hanf),
Capsella bursa pastoris (Hirtentäschel),
Capsicum annuum (spanischer Pfeffer),
Carduus benedictus (Benediktendistel),
Carum carvi (Kümmel),
Caryophyllus (Gewürznelke),
Cascarilla (Kaskarillrinde),
Castanea sativa (Edelkastanie),
Centaurea caleipitra (Flockenblume),
China regia (Chinarinde),
Chionanthus virginica (virginischer Schneeflockenbaum),
Cimicifuga racemosa (Wanzenkraut),
Cina (Zitwerblüte),
Cineraria maritima (Aschenpflanze),
Cinnamomum ceylanicum (Ceylonzimt),
Citrus aurantium amara (Pomeranze/Orange),
Citrus medica (Zitrone),
Coca (Kokastrauch),
Cocculus (Kokkuluskörner),
Cochlearia armoracia (Meerrettich),
Coffea arabica (Kaffee),
Collinsonia canadensis (kanadische Grießwurz),
Colocynthis (Koloquinte),
Colombo (Kolombowurzel),
Condurango (Kondurangorinde),
Coriandrum sativum (Koriander),
Corylus avellana (Haselnuß),
Crataegus oxyac. (Weißdorn),
Crataegus monog. (Hagedorn),
Croton eleuteria (Kaskarille),
Croton tiglium (Purgierkörner),
Cubeba piper (Kubebenpfeffer),
Cucurbita pepo (Kürbis),
Curcuma longa (Gelbwurz),
Cynosbatus Hagebutte),
Damiana turnera (Damiana),

Dolichos pruriens (Juckbohne),
Echinacea angustifolia (schmalblättriger Sonnenhut),
Echinacea purpurea (purpurfarbener Sonnenhut),
Equisetum hiemale (Winterschachtelhalm),
Erica vulgaris (Heidekraut),
Eukalyptus globulus (Euklayptus),
Eupatorium purpureum (roter Wasserhanf),
Exogonium purga (Jalapen-Harz),
Fucus amylaceus (Ceylonmoos),
Fucus vesiculosus (Blasentang),
Gaultheria procumbes (amerikanisches Wintergrün),
Gelsemium (wilder Jasmin),
Gentiana panonica (gelber Enzian),
Geranium robertianum (stinkender Storchenschnabel),
Ginkgo biloba (Ginkgobaum),
Ginseng (Ginsengwurzel),
Glycyrrhiza glabra (Süßholz),
Gossypium herbaceum (Baumwollpflanze),
Gratiola officinalis (Gnadenkraut),
Grindelia robusta (Grindelkraut),
Guajacum officinalis (Guajakbaum),
Hedera helix (Efeu),
Helonias dioica (falsches Einkorn),
Herba basilica (Basilienkraut),
Humulus lupulus (Hopfen),
Hydroctyle asiatica (Wassernabel),
Ignatia (Ignatiusbohne),
Ilex paraguayensis (Mate-Wurzel),
Imperatoria (Meisterwurz),
Inula helenium (Alant),
Ipecacuanha (Brechwurz),
Jaborandi pilocarpus (Jaborandistrauch),
Juglans regia (Walnuß),
Juniperus sabina (Sadebaum),
Kalmia (Berglorbeer),
Kola vera (Kolanuß),
Kosso (Kossobaum),
Larix decidua (Lärche),
Laurocerasus prunus (Kirschlorbeer),
Lichen pulmonarius (Lungenmoos),
Linum usitatissimum (echter Flachs),
Matico piper (Matico-Pfeffer),
Muira puama (Potenzholz),
Myristica fragans (Muskatbaum),
Myristica sebifera (Muskat-Gewächse),

Myrrha (Myrrhe),
Myroxilon balsamum pereirae (Perubalsam),
Myrtillocactus (Cactaceae),
Myrtillus vaccinium (Heidelbeere),
Myrtus communis (Myrte),
Nux moschate (Muskatnuß),
Nux vomica (Brechnuß),
Oleander nerium (Rosenlorbeer),
Olea europaea (Olive),
Opuntia ficus indica (Feigenkaktus),
Orthosiphon stamineus (Katzenbart),
Oxydendron andromeda (Rosmarinheide),
Pareira brava (Gießwurz),
Paullina sorbus (Guarana pasta),
Physostigma venenosum (Kalabarbohne),
Picea excelsa (Rotfichte),
Pinus montana (Bergkiefer),
Pinus silvestris (Kiefer/Föhre),
Piper methysticum (Kava-Kava),
Piper nigrum (schwarzer Pfeffer),
Pirola rotundifolia (rundblättriges Wintergrün),
Plantago arenaria (Sandwegerich),
Podophyllum (Entenfuß),
Polygala senega (Senegawurzel),
Polypodium vulgare (Engelsüß),
Polyporus pinicola (Löcherpilz),
Quassia amara (Bitterholz),
Quebracho (Quebracho),
Quercus robur cortex (Stieleichenrinde),
Ranunculus acris (scharfer Hahnenfuß),
Ranunculus bulbosus (Knollenhahnenfuß),
Ratanhia (Ratanhiawurzel),
Rauwolfia (Schlangenwurz),
Rheum palmatum (Rhabarber),
Rhododendron (Alpenrose),
Rhus glabra (glatter Sumach),
Ricinus communis (Rizinusbaum),
rubia tinctorum (Krapp),
Sabadilla officinalis (Läusesamen),
Sabal serrulatum (Sägepalme),
Sanguinaria candensis (kanadische Blutwurz),
Santalum album (weißes Sandelholz),
Sarsaparilla (Stechweide),
Sassafras officinale (Fenchelholz),
Scilla maritima (Meerzwiebel),
Secale cornutum (Mutterkorn),
Sinapis (Senf),
Spigelia anthelmia (Wurmkraut),

Spiraea ulmaria (echtes Mädesüß),
Spongia (Meerschwamm),
Sticta pulmonaria (Lungenflechte),
Sumbulus moschatus (Moschuswurzel),
Syzygium jambolanum (Jambulbaum),
Tabacum (Tabakpflanze),
Tamarindus indica (Tamarinde),
Taxus baccata (Beeereneibe),
Thea sinensis (chinesischer Teestrauch),
Thuja occidentalis (Lebensbaum),
Trillium pendulum (Frauenblume),
Triticum spelta (Dinkel),
Urtica dioica (Brennessel),
Valeriana (Baldrian),
Vanilla planifolia (Vanille),
Viscum album (Mistel / in Kombination mit ihren Bäumen entsprechend wirksam),
Vitis vinifera (Weinrebe),
Yagé (Yagé),
Yohimbé (Yohimbé).

Stier ♉ / 21.04. - 20.05.
Planet: Venus
Tag: Freitag
Körperregion: Hals, Rachen, Schilddrüse, Nieren, Hormonsystem (Endokrinum)
Steine: Achat, Edeltopas, Smaragd, Turmalin, Chrysokoll
Metall: Kupfer (Cu)
Farben: gelb, blau
Hildegard-Heilmittel:
Afrikanischer Kalk,
Aronstabelexier,
Bärenfettasche,
Bertramwein,
Chrysocard-Pulver,
Grippepulver,
Muskatpulvermischung,
Nasenkräuter,
Pflaumenaschenlauge,
Preisselbeerelexier,
Rainfarnsaft,
Rainfarnwein,
Raute-Fenchelgranulat,
Rautegranulat,
Strumakräuter,
Wermutelexier.

Pflanzen:
Aesculus hippocastanum (Roßkastanie),
Agaricus muscarius (Fliegenpilz),
Agaricus phalloides (Knollenblätterpilz),
Ajuga reptans (griechender Günsel),
Alchemilla vulgaris (Frauenmantel),
Aletris farinosa (Sternwurz),
Allium cepa (Zwiebel),
Allium sativa (Knoblauch),
Alnus glutinosa (Schwarzerle),
Aloe (Aloe),
Alpinia officinarum (Galgant),
Althaea officinalis (gemeiner Eibisch),
Amarathus (Amaranth),
Ammi visnaga (Khella),
Amygdalae amarae (Bittermandel),
Anacardium orientale (indischer Elefantenlausbaum),
Anchusa tinctoria (rote Ochsenzunge),
Angustura (Kuspabaum),
Anhalonium lewinii (Peyotl),
Anisum stellatum (Sternanis),
Antirrhinum (Nabelkraut),
Aquilegia vulgaris (Akelei),
Aralia racemosa (amerikanische Narde),
Arctium lappa (gemeine Klette),
Aristolochia clematitis (Osterluzei),
Artichoc (Artischocke),

Asa foetida (Stinkasant),
Avena sativa (Hafer),
Badiaga (Flußschwamm),
Baptisia tinctoria (wilder Indigo),
Basilicum ocimum (Basilienkraut),
Bellis perennis (Gänseblümchen),
Beta vulgaris rubra (rote Beete),
Boldo (Boldobaum),
Bovista (Riesenbovist),
Bucco (Buccoblätter),
Cactus grandiflorus (Königin der Nacht),
Calendula (Ringelblume),
Capsella bursa pastoris (Hirtentäschel),
Capsicum (spanischer Pfeffer),
Carum carvi (Kümmel),
Caryophyllus (Gewürznelke),
Cascarilla (Kaskarillrinde),
China regia (Chinarinde),
Chionanthus virginica (virginischer Schneeflockenbaum),
Cimicifuga racemosa (Wanzenkraut),
Cina (Zitwer),
Cineraria maritima (Aschenpflanze),
Cinnamomum ceylanicum (Ceylonzimt),

Citrus aurantium amara (Pomeranze/Orange),
Citrus medica (Zitrone),
Cocculus (Kokkelskörner),
Coffea arabica (Kaffee),
Colchicum autumnale (Herbstzeitlose),
Collinsonia canadensis (kanadische Grießwurz),
Colocynthis (Koloquinte),
Colombo (Kolombowurzel),
Condurango (Kondurangorinde),
Coriandrum sativum (Koriander),
Corylus avellana (Haselnuß),
Croton eluteria (Kaskarille),
Croton tiglium (Purgierkörner),
Cubeba piper (Kubebenpfeffer),
Cucurbita pepo (Kürbis),
Curcuma longa (Gelbwurz),
Cynosbatus (Hagebutte),
Damiana turnera (Damiana),
Digitalis purpurea (roter Fingerhut),
Dipsacus sylvestris (Waldkarde),
Dolichos pruriens (Juckbohne),
Echinacea angustifolia (schmalblättriger Sonnenhut),
Echinacea purpurea (purpurfarbener Sonnenhut),
Equisetum hiemale (Winterschachtelhalm),

Eryngium campestre (Männertreu),
Erythraea centauri (Tausendgüldenkraut),
Eucalyptus globulus (Eukalyptus),
Eupatorium purpureum (roter Wasserhanf),
Exogonium purga (Jalapen-Harz),
Fragaria vesca (Erdbeere),
Fucus amylaceus (Ceylonmoos),
Fucus vesiculosus (Blasentang),
Galium cruciatum (gemeines Labkraut),
Gaultheria procumbens (amerikanisches Wintergrün),
Gelsemium (wilder Jasmin),
Gentiana cruciata (Kreuzenzian),
Geranium robertianum (Storchenschnabel),
Ginkgo biloba (Ginkgobaum),
Ginseng (Ginsengwurzel),
Glechoma hederacea (Gundelrebe),
Glycyrrhiza glabra (Süßholz),
Gossypium herbaceum (Baumwollstaude),
Grindelia robusta (Grindeliakraut),
Guajacum officinalis (Guajakholz),
Hedera helix (Efeu),
Helonias dioica (falsches Einkorn),
Hernaria glabra (Bruchkraut),
Hydrocotyle asiatica (Wassernabel),
Ignatia strychnos (Igantiusbohne),
Ilex paraguayensis (Mate-Wurzel),
Inula helenium (Alant),
Ipecacuanha (Brechwurz),
Iris germanica (deutsche Schwertlilie),
Iris versicolor (bunte Schwertlilie),
Jaborandi pilocarpus (Jaborandistrauch),
Juglans regia (Walnuß),
Kalmia latifolia (Berglorbeer),
Kola vera (Kolanuß),
Kosso (Kossobaum),
Lappa officinalis (Klettenkraut),
Larix decidua (Lärche),
Laurocerasus prunus (Kirschlorbeer),
Leonurus cardiaca (Wolfstrap),
Lichen pulmonarius (Lungenmoos),
Ligustrum vulgare (Rainweide),
Lithospermum arvense (Ackersteinsamen),
Matico piper (Matico-Pfeffer),
Matricaria (Mutterkraut),

Mercurialis perennis (Bingelkraut),
Meum athamanticum (Bärwurz),
Millefolium achillea (Schafgarbe),
Muira puama (Potenzholz),
Myristica fragans (Muskatbaum),
Myristica sebifera (Muskatgewächse),
Myrrha (Myrrhe),
Myroxilon balsamum pereirae (Perubalsam),
Myrtillocactus (Cactaceae),
Myrtillus vaccinium (Heidelbeere),
Myrtus communis (Myrte),
Nepeta glichoma (Katzenminze),
Nux moschata (Muskatnuß),
Nux vomica (Brechnuß),
Oleander nerium (Oleander),
Olea europaea (Olive),
Opuntia vulgaris (Feigenkaktus),
Orchis morio (Knabenkraut),
Orthosiphon staminus (Katzenbart),
Oxalis acetosella (Hasenklee),
Oxydendron andromeda armorea (Rosmarinheide),
Pareira brava (Grießwurz),
Paullina sorbus (Guarana pasta),
Physostigma venenosum (Kalabarbohne),
Picea excelsa (Rotfichte),
Pinus pumilio (Latschenkiefer),
Pinus silvestris (Kiefer/Föhre),
Piper methysticum (Kava-Kava),
Piper nigrum (schwarzer Pfeffer),
Plantago arenaria (Sandwegerich),
Plantago major (Breitwegerich),
Podophyllum (Entenfuß),
Polygala senega (Senegawurzel),
Polypodium vulgare (Engelsüß),
Polyporus pinicola (Löcherpilz),
Primula veris (Schlüsselblume),
Prunella vulgaris (gemeine Prunelle),
Prunus cerasus (Sauerkirsche),
Pulicaria (Flöhkraut),
Quassia amara (Bitterholz),
Quebracho blanco (weißer Quebracho),
Quercus robur cortex (Stieleichenrinde),
Ratanhia (Ratanhiawurzel),
Rauwolfia serpentina (Schlangenwurz),
Rhododendron ferrugineum (Alpenrose),
Rhus glabra (glatter Sumach),
Ribes (Stachelbeere),
Ricinus communis (Rizinus),
Rumex (Sauerampfer),

Sabadilla officinalis (Läusesamen),
Sabal serrulatum (Sägepalme),
Sanguinaria canadensis (kanadische Blutwurz),
Santalum album (weißes Sandelholz),
Saponaria officinalis (Seifenwurz),
Sarsaparilla (Stechweide),
Sassafras officinale (Fenchelholz),
Scilla maritima (Meerzwiebel),
Secale cornutum (Mutterkorn),
Senecio vulgaris (gemeines Kreuzkraut),
Spigelia anthelmia (Wurmkraut),
Spiraea ulmaria (echtes Mädesüß),
Spongia officinalis (Meerschwamm),
Sticta pulmonaria (Lungenflechte),
Sumbulus moschatus (Moschuswurzel),
Sysimbrium silvestre (Münze),
Syzygium jambolanum (Jambulbaum),
Tamarindus indica (Tamarinde),
Taxus baccata (Beereneibe),
Thea sinensis (chinesischer Teestrauch),
Thuja occidentalis (Lebensbaum),
Thymus vulgaris (Quendel),
Tormentilla (Ruhrkraut),
Trillium pendulum (Frauenblume),
Triticum (Weizen),
Tussilago farfara (Huflattich),
Urtica dioica (große Brennessel),
Urtica urens (kleine Brennessel),
Vanilla planifolia (Vanille),
Viola odorata (Veilchen),
Viscum album (Mistel / in Kombination mit ihren Bäumen entsprechend wirksam),
Vitis vinifera (Weinrebe),
Yagé (Yagé),
Yohimbé (Yohimbé).

Zwilling ♊ / 21.05. - 21.06.
Planet: Merkur
Tag: Mittwoch
Körperregion: Schultern, Arme, Hände, Lunge, Bronchien, Herz, Darm
Steine: Topas, Jaspis, Aquamarin, Moosachat
Metall: Quecksilber (Mercurius / Hg)
Farben: violett, weiß, grün
Hildegard-Heilmittel:
Akelei-Honig,
Beifußelexier,
Bertramwein,
Bronchialpaste,
Edelkastanienbad,
Engelsüßpulvermischung,
Farnbad,
Fenchelgranulat,
Flohsamen,
Galganttabletten,
Galgantwein,
Heckenrosenelexier,
Herzpillen,
Herzsaft,
Selleriemischpulver,
Tannensalbe,
Wermutelexier,
Zitwerpulver.
Pflanzen:
Abrotanum (Eberraute),
Aesculus hippocastanum (Roßkastanie),
Agaricus muscarius (Fliegenpilz),
Agaricus phalloides (Knollenblätterpilz),
Aletrtis farinosa (Sternwurz),
Allium cepa (Zwiebel),
Allium sativum (Knoblauch),
Alnus glutinosa (Schwarzerle),
Aloe (Aloe),
Alpinia officinarum (Galgant),
Althaea officinalis (Eibisch),
Ammi visnaga (Khella),
Amygdalae amarae (Bittermandel),
Anacardium orientale (indischer Elefantenlausbaum),
Anemone nemorosa (Buschwindröschen),
Anethum graveolens (Dill),
Angustura (Kuspabaum),
Anhalonium lewinii (Peyotl),
Anisum stellatum (Sternanis),
Apium graveolens (Sellerie),
Apocynum cannabinum (hanfartiger Hundswürger),
Aralia racemosa (amerikanische Narde),
Aristolochia clematis (Osterluzei),
Artemisia vulgaris (Wermut),
Asa foetida (Stinkasant),

Atropa (Alraune),
Avena sativa (Hafer),
Badiaga (Flußschwamm),
Baptistia tinctoria (wilder Indigo),
Basilicum ocimum (Basilienkraut),
Bellis perennis (Gänseblümchen),
Berberis vulgaris (Sauerdorn),
Beta vulgaris rubra (rote Beete),
Betula alba (weiße Birke),
Boldo (Boldobaum),
Boletus laricis (Lärchenschwamm),
Bovista (Riesenbovist),
Bucco (Buccoblätter),
Cactus grandiflorus (Königin der Nacht),
Caltha palustris (Sumpfdotterblume),
Capsella bursa pastoris (Hirtentäschel),
Capsicum annum (spanischer Pfeffer),
Carum carvi (Kümmel),
Caryophyllus (Gewürznelke),
Cascarilla (Kaskarillrinde),
Caulophyllum thalictroides (Frauenwurz),
Chelidonium (Schöllkraut),
China regia (Chinarinde),
Chionanthus virginica (virginischer Schneeflockenbaum),
Cichorium (Endivie),
Cimicifuga racemosa (Wanzenkraut),
Cina (Zitwer),
Cineraria maritima (Aschenpflanze),
Cinnamomum ceylanicum (Ceylonzimt),
Citrus aurantium amara (Pomeranze/Orange),
Citrus medica (Zitrone),
Cocculus (Kockelskörner),
Coffea arabica (Kaffee),
Collinsonia canadensis (kanadische Grießwurz),
Colocynthis (Koloquinte),
Colombo (Kolombowurzel),
Condurango (Kondurangorinde),
Convallaria majalis (Maiglöckchen),
Coriandrum sativum (Koriander),
Corydalis cava (Lerchensporn),
Corylus avellana (Haselnuß),
Croton eluteria (Kaskarille),
Croton tiglium (Purgierkörner),
Cubeba piper (Kubebenpfeffer),
Cucurbita pepo (Kürbis),
Curcuma longa (Gelbwurz),
Cynoglossum (Hundszunge),
Cynosbastus (Hagebutte),

Damiana turnera (Damiana),
Daucus carota (Mohrrübe),
Dolichos pruriens (Juckbohne),
Echinacea angustifolia (schmalblättriger Sonnenhut),
Echinacea purpurea (purpurfarbener Sonnenhut),
Equisetum hiemale (Winterschachtelhalm),
Eucalyptus globulus (Eukalyptus),
Eupatorium purpureum (roter Wasserhanf),
Euphorbia (Wolfsmilch),
Exogonium purga (Jalapen-Harz),
Filix mas (Wurmfarn),
Foeniculum vulgare (Fenchel),
Fucus amylaceus (Ceylonmoos),
Fucus vesiculosus Blasentang),
Gaultheria procumbens (amerikanisches Wintergrün),
Gelsemium (wilder Jasmin),
Geum urbanum (Nelkenwurz),
Ginkgo biloba (Ginkgobaum),
Ginseng (Ginsengwurzel),
Glechoma hederacea (Gundelrebe),
Glycyrrhiza glabra (Süßholzwurzel),
Gossypium herbaceum (Baumwollstaude),
Grindelia robusta (Grindeliakraut),
Guajacum officinale (Guajakholz),
Hedera helix (Efeu),
Helleborus niger (schwarze Nießwurz),
Helonias dioica (falsches Einkorn),
Hepatica triloba (Leberblümchen),
Hydrocotyle asiatica (Wassernabel),
Ignatia strychnos (Ignatiusbohne),
Ilex paraguayensis (Mate Tee),
Inula helenium (Alant),
Ipecacuanha (Brechwurz),
Iris germanica (deutsche Schwertlilie),
Iris versicolor (bunte Schwertlilie),
Jaborandi pilocarpus (Jaborandistrauch),
Juglans regia (Walnuß),
Kalmia latifolia (Berglorbeer),
Kola vera (Kolanuß),
Kosso (Kossobaum),
Lamium album (weiße Taubnessel),
Larix decidua (Lärche),
Laurocerasus prunus (Kirschlorbeer),

Lavendula (Lavendel),
Lichen pulmonarius (Lungenmoos),
Majorana (Majoran),
Marrubium album (weißer Andorn),
Matico piper (Matico-Pfeffer),
Mezereum daphne (Seidelbast),
Morus (Maulbeere),
Muira puama (Potenzholz),
Myristica fragans (Muskatbaum),
Myristica sebifera (Muskatgewächse),
Myrrha (Myrrhe),
Myroxilon balsamum pereirae (Perubalsam),
Myrtillocactus (Cactaceae),
Myrtillus vaccinium (Heidelbeere),
Myrtus communis (Myrte),
Nux moschata (Muskatnuß),
Nux vomica (Brechnuß),
Oleander nerium (Oleander),
Olea europaea (Olive),
Ononis spinosa (Hauhechel),
Opuntia vulgaris (Feigenkaktus),
Orchis morio (Knabenkraut),
Orthosiphon stamineus (Katzenbart),
Oxydendron andromeda armorea (Rosmarinheide),
Papaver rhoeas (Klatschmohn),

Pareira brava (Grießwurz),
Parietaria officinalis (Glaskraut),
Pastinaca sativa (Zuckerwurz),
Paullina sorbus (Guarana pasta),
Petasites officinalis (Pestwurz),
Physostigma venenosum (Kalabarbohne),
Picea excelsa (Rotfichte),
Pilosella (Nagelkraut),
Pimpinella saxifraga (Bibernell),
Pinus pumilio (Latschenkiefer),
Pinus silvestris (Kiefer/Föhre),
Piper methysticum (Kava-Kava),
Piper nigrum (schwarzer Pfeffer),
Plantago arenaria (Sandwegerich),
Plantago lanceolata (Spitzwegerich),
Podophyllum (Entenfuß),
Polygala senega (Senegawurzel),
Polypodium vulgare (Engelsüß),
Polyporus pinicola (Löcherpilz),
Populus alba (Silberpappel),
Populus candicans (Ontario-Pappel),
Populus nigra (Schwarzpappel),
Populus tremulo (Zitterpappel),
Primula veris (Schlüsselblume),
Prunus spinosa (Schlehe),
Pulmonaria officinalis (Lungenkraut),
Quassia amara (Bitterholz),

Quebracho blanco (weißer Quebracho),
Quercus robur cortex (Stieleichenrinde),
Ratanhia (Ratanhiawurzel),
Rauwolfia serpentina (Schlangenwurz),
Rhamnus cathartica (kreuzdorn),
Rheum palmatum (chinesischer Rhabarber),
Rhododendron ferrugineum (Alpenrose),
Rhus glabra (glatter Sumach),
Rhus toxicodendron (Giftsumach),
Ricinus communis (Rizinus),
Sabadilla officinalis (Läusesamen),
Sabal serrulatum (Sägepalme),
Salix alba (Silberweide),
Salix nigra (Schwarzweide),
Salix purpurea (Purpurweide),
Sambucus ebulus (Zwergholunder),
Sanguinaria canadensis (kanadische Blutwurz),
Santalum album (weißes Sandelholz),
Saponaria officinalis (Seifenkraut),
Sarsaparilla (Stechweide),
Sassafras officinale (Fenchelholz),
Satureia (Gartenbohne),
Scilla maritima (Meerzwiebel),
Secale cornutum (Mutterkorn),
Senecio vulgaris (gemeines Kreuzkraut),
Spigelia anthelmia (Wurmkraut),
Spiraea ulmaria (echtes Mädesüß),
Spongia officinalis (Meerschwamm),
Stellaria media (Vogelmiere),
Sticta pulmonaria (Lungenflechte),
Sumbulus moschatus (Moschuswurzel),
Syzygium jambolanum (Jambulbaum),
Tamarindus indica (Tamarinde),
Taraxacum (Löwenzahn),
Taxus baccata (Beereneibe),
Teucrium (Gamander),
Thea sinensis (chinesischer Teestrauch),
Thuja occidentalis (Lebensbaum),
Thymus vulgaris (Thymian),
Tormentilla (Blutwurz),
Trillium pendulum (Frauenblume),
Tussilago farfara (Huflattich),
Ulmus campestris (Ulme),
Uva ursi (Bärentraube),
Valeriana (Baldrian),

Vanilla planifolia (Vanille),
Viola odorata (Veilchen),
Viscum album (Mistel / in Kombination mit ihren Bäumen entsprechend wirksam),
Vitis vinifera (Weinrebe),
Yagé (Yagé),
Yohimbé (Yohimbé).

Krebs ♋ / 22.06. - 22.07.
Planet: Mond
Tag: Montag
Körperregion: Bronchien, Lunge, Magen, Unterleibsorgane
Steine: Smaragd, Opal, Mondstein, Moosachat
Metall: Silber (Ag)
Farben: grün, rosa
Hildegard-Heilmittel:
Akeleihonig,
Ambrosiustee,
Aronstabelexier,
Beifußelexier,
Betramwein,
Bronchialpaste,
Edelkastanienhonig,
Edelkastanienmehl,
Engelsüßpulvermischung,
Fenchelgranulat,
Flohsamen,
Heckenrosenelexier,
Hirschzungenelexier,
Hustenelexier,
Hustenkräuter,
Ingwerpulvermischung,
Kornelkirschmus,
Mutterkümmelmischpulver,
Raute-Fenchelgranulat,
Rautegranulat,
Sclareaelexier,
Tannensalbe,
Wasserlinsenelexier,
Wermutelexier,
Zitwerpulver.
Pflanzen:
Abies alba (Weißtanne),
Acanthus mollis (echte Bärenklaue),
Actaea spicata (Christophskraut),
Adonis vernalis (Adonisröschen),
Aesculus hippocastanum (Roßkastanie),
Agaricus muscarius (Fliegenpilz),
Agaricus phalloides (Knollenblätterpilz),
Ajuga reptans (kriechender Günsel),
Aletris farinosa (Sternwurz),
Allium cepa (Zwiebel),
Allium sativum (Knoblauch),
Allium ursinum (Bärlauch),
Alnus glutinosa (Schwarzerle),
Aloe (Aloe),
Alpinia officinarum (Galgant),
Althaea officinalis (Eibisch),
Ammi visnaga (Khella),
Amygdalae amarae (Bittermandel),
Anacardium orientale (indischer Elefantenlausbaum),
Anemone nemorosa (Buschwindröschen),

Angustura (Kuspabaum),
Anhalonium lewinii (Peyotl),
Anisum stellatum (Sternanis),
Apocynum cannabium (hanfartiger Hundswürger),
Aralia racemosa (amerikanische Narde),
Arctium lappa (Klette),
Aristolochia clematis (Osterluzei),
Asa foetida (Stinkasant),
Asarum europaeum (Haselwurz),
Avena sativa (Hafer),
Badiaga (Flußschwamm),
Baptistia tinctoria (wilder Indigo),
Basilicum ocimum (Basilienkraut),
Bellis perennis (Gänseblümchen),
Berberis vulgaris (Sauerdorn),
Beta vulgaris rubra (rote Beete),
Betula alba (weiße Birke),
Boldo (Boldobaum),
Boletus laricis (Lärchenschwamm),
Bovista (Riesenbovist),
Bryonia (Zaunrübe),
Bucco (Buccoblätter),
Cactus grandiflorus (Königin der Nacht),
Caltha palustris (Sumpfdotterblume),
Capsella bursa pastoris (Hirtentäschel),
Capsicum annum (spanischer Pfeffer),
Cardamine pratensis (Wiesenschaumkraut),
Carum carvi (Kümmel),
Caryophyllus (Gewürznelke),
Cascara sagrada (amerikanischer Faulbaum),
Cascarilla (Kaskarillrinde),
Caulophyllum (Frauenwurz),
Ceanothus americanus (Seckelblume),
Cetraria islandia (Islandmoos),
Cheiranthus cheiri (Gelbveigelein),
Chelidonium majus (Schöllkraut),
Chimophila (Wintergrün),
China regia (Chinarinde),
Chionanthus virginica (virginischer Schneeflockenbaum),
Cichorium intybus (Wegwarte),
Cimicifuga racemosa (Wanzenkraut),
Cina (Zitwer),
Cineraria maritima (Aschenpflanze),
Cinnamomum ceylanicum (Ceylonzimt),

Cistus canadensis (Sonnenröschen),
Citrus aurantium amara (Pomeranze/Orange),
Citrus medica (Zitrone),
Cocculus (Kockelskörner),
Coffea arabica (Kaffee),
Collinsonia canadensis (kanadische Grießwurz),
Colocynthis (Koloquinte),
Colombo (Kolombowurzel),
Condurango (Kondurangorinde),
Convallaria (Maiglöckchen),
Convolvulus arvensis (Ackerwinde),
Coriandrum sativum (Koriander),
Corydalis cava (Lerchensporn),
Corylus avellana (Haselnuß),
Croton eluteria (Kaskarille),
Croton tiglium (Purgierkörner),
Cubeba piper (Kubebenpfeffer),
Cucurbita pepo (Kürbis),
Curcuma longa (Gelbwurz),
Cynoglossum officinale (Hundszunge),
Cynosbastus (Hagebutte),
Damiana turnera (Damiana),
Dictamus albus (Diptam),
Dioscorea villosa (Yamswurzel),
Dolichos pruriens (Juckbohne),
Echinacea angustifolia (schmalblättriger Sonnenhut),
Echinacea purpurea (purpurfarbener Sonnenhut),
Equisetum arvense (Ackerschachtelhalm / Zinnkraut),
Equisetum hiemale (Winterschachtelhalm),
Eryngium campestre (Männertreu),
Eucalyptus globulus (Eukalyptus),
Eupatorium purpureum (roter Wasserhanf),
Euphorbia cyparissias (Zypressenwolfsmilch),
Exogonium purga (Jalapen-Harz),
Frangula rhamnus (Faulbaum),
Fraxinus excelsior (Esche),
Fucus amylaceus (Ceylonmoos),
Fucus vesiculosus (Blasentang),
Galium aparine (klebendes Labkraut),
Galium mollugo (weißes Labkraut),
Gaultheria procumbens (amerikanisches Wintergrün),
Gelsemium (wilder Jasmin),
Genista tinctoria (Färberginster),
Gentiana lutea (gelber Enzian),
Geranium maculatum (gefleckter Storchenschnabel),
Geum urbanum (Nelkenwurz),
Ginkgo biloba (Ginkgobaum),

Ginseng (Ginsengwurzel),
Glechoma hederacea (Gundelrebe),
Glycyrrhiza glabra (Süßholzwurzel),
Gossypium herbaceum (Baumwollstaude),
Grindelia robusta (Grindeliakraut),
Guajacum officinale (Guajakholz),
Hedera helix (Efeu),
Helleborus niger (schwarze Nießwurz),
  Helonias dioica (falsches Einkorn),
Hepatica triloba (Leberblümchen),
Hydastis canadensis (kanadische Gelbwurz),
Hydrocotyle asiatica (Wassernabel),
Ignatia strychnos (Ignatiusbohne),
Ilex paraguayensis (Mate Tee),
Imperatoria ostruthium (Meisterwurz),
Inula helenium (Alant),
Ipecacuanha (Brechwurz),
Iris germanica (deutsche Schwertlilie),
Iris versicolor (bunte Schwertlilie),
Jaborandi pilocarpus (Jaborandistrauch),
Juglans regia (Walnuß),
Juniperus communis (Wacholder),
Kalmia latifolia (Berglorbeer),
Kola vera (Kolanuß),
Kosso (Kossobaum),
Lactura (Salat),
Lamium album (weiße Taubnessel),
Larix decidua (Lärche),
Laurocerasus prunus (Kirschlorbeer),
Lemna minor (Wasserlinse),
Leptandra virginica (virginischer Ehrenpreis),
Levisticum officinale (Liebstöckel),
Lichen pulmonarius (Lungenmoos),
Lythrum salicaria (Weiderich),
Mandragora (Alraune),
Matico piper (Matico-Pfeffer),
Mercurialis perennis (Bingelkraut),
Mezereum daphne (Seidelbast),
Muira puama (Potenzholz),
Myristica fragans (Muskatbaum),
Myristica sebifera (Muskatgewächse),
Myrrha (Myrrhe),

295

Myroxilon balsamum pereirae (Perubalsam),
Myrtillocactus (Cactaceae),
Myrtillus vaccinium (Heidelbeere),
Myrtus communis (Myrte),
Nasturtium officinale (Brunnenkresse),
Nux moschata (Muskatnuß),
Nux vomica (Brechnuß),
Oleander nerium (Oleander),
Olea europaea (Olive),
Ononis spinosa (Hauhechel),
Opuntia vulgaris (Feigenkaktus),
Orchis morio (Knabenkraut),
Orthosiphon stamineus (Katzenbart),
Oxalis acetosella (Sauerklee),
Oxydendron andromeda armorea (Rosmarinheide),
Papaver rhoeas (Klatschmohn),
Pareira brava (Grießwurz),
Paullina sorbus (Guarana pasta),
Petasites officinalis (Pestwurz),
Petroselinum sativum (Petersilie),
Physostigma venenosum (Kalabarbohne),
Picea excelsa (Rotfichte),
Pimpinella saxifraga (Bibernell),
Pinus pumilio (Latschenkiefer),
Pinus silvestris (Kiefer/Föhre),
Piper methysticum (Kava-Kava),
Piper nigrum (schwarzer Pfeffer),
Pirus malus (Apfelbaum),
Plantago arenaria (Sandwegerich),
Plantago lanceolata (Spitzwegerich),
Podophyllum (Entenfuß),
Polygala senega (Senegawurzel),
Polygonum (Bergknöterich),
Polypodium vulgare (Engelsüß),
Polyporus pinicola (Löcherpilz),
Populus alba (Silberpappel),
Populus candicans (Ontario-Pappel),
Populus nigra (Schwarzpappel),
Populus tremulo (Zitterpappel),
Portulaca oleracea (Kohlportulak),
Primula obconica (amerikanische Primel),
Primula veris (Schlüsselblume),
Prunus avium (Süßkirsche),
Prunus cerasus (Sauerkirsche),
Prunus spinosa (Schlehe),
Pulmonaria officinalis (Lungenkraut),
Punica granatum (Granatapfel),
Quassia amara (Bitterholz),
Quebracho blanco (weißer Quebracho),
Quercus robur cortex (Stieleichenrinde),

Ratanhia (Ratanhiawurzel),
Rauwolfia serpentina (Schlangenwurz),
Rhamnus cathartica (Kreuzdorn),
Rheum palmatum (chinesischer Rhabarber),
Rhododendron ferrugineum (Alpenrose),
Rhus glabra (glatter Sumach),
Rhus toxicodendron (Giftsumach),
Ribes nigrum (schwarze Johannisbeere),
Rosa centifolia (Gartenrose),
Rosas damascena (Damaszener-Rose),
Ricinus communis (Rizinus),
Sabadilla officinalis (Läusesamen),
Sabal serrulatum (Sägepalme),
Sabina (Stinkwacholder),
Sagittaria (Pfeilkraut),
Salix alba (Silberweide),
Salix nigra (Schwarzweide),
Salix purpurea (Purpurweide),
Salvia officinalis (Salbei),
Sambucus ebulus (Zwergholunder),
Sanguinaria canadensis (kanadische Blutwurz),
Sanicula europaea (Heildolde),
Santalum album (weißes Sandelholz),
Saponaria officinalis (Seifenkraut),
Sarsaparilla (Stechweide),
Sassafras officinale (Fenchelholz),
Saxifraga (Steinbrech),
Scabiosa arvensis (Honigblume),
Scilla maritima (Meerzwiebel),
Secale cornutum (Mutterkorn),
Sedum acre (Mauerpfeffer),
Sencio vulgaris (gemeines Kreuzkraut),
Spigelia anthelmia (Wurmkraut),
Spiraea ulmaria (echtes Mädesüß),
Spongia officinalis (Meerschwamm),
Stellaria media (Vogelmiere),
Sticta pulmonaria (Lungenflechte),
Sumbulus moschatus (Moschuswurzel),
Symphytum officinalis (Beinwell),
Syzygium jambolanum (Jambulbaum),
Tamarindus indica (Tamarinde),
Taraxacum officinale (Löwenzahn),
Taxus baccata (Beereneibe),

Thea sinensis (chinesischer Teestrauch),
Thuja occidentalis (Lebensbaum),
Trillium pendulum (Frauenblume),
Tormentilla potentilla (Blutwurz),
Ulmus campestris (Ulme),
Uva ursi (Bärentraube),
anilla planifolia (Vanille),
Vinca minor (Immergrün),
Viola odorata (Veilchen),
Viscum album (Mistel / in Kombination mit ihren Bäumen entsprechend wirksam),
Vitis vinifera (Weinrebe),
Yagé (Yagé),
Yohimbé (Yohimbé).

Löwe ♌ / 23.07. -23.08.
Planet: Sonne
Tag: Sonntag
Körperregion: Herz, Pankreas, Nieren
Steine: Rubin, Goldtopas, Tigerauge, Granat
Metall: Gold (Au)
Farben: orange, rot
Hildegard-Heilmittel:
Bärenfettasche,
Bertramwein,
Edelkastanienmehl,
Galgantgranulat,
Galganthonig,
Galgantlatwerge,
Galganttabletten,
Galgantwein,
Herzpillen,
Herzpulver,
Herzsaft,
Muskatpulvermischung,
Petersilienhonigwein,
Pflaumenaschenlauge,
Wasserlinsenelexier,
Wermutelexier,
Zitwerpulver.
Pflanzen:
Abis alba (Weißtanne),
Absinthium artemisia (Wermut),
Actaea spicata (Christophskraut),
Adiantum capillus veneris (Frauenhaar),
Adonis vernalis (Adonisröschen),
Aesculus hippocastanum (Roßkastanie),
Agaricus muscarius (Fliegenpilz),
Agaricus phalloides (Knollenblätterpilz),
Ajuga reptans (kriechender Günsel),
Alchemilla vulgaris (Frauenmantel),
Aletris farinosa (Sternwurz),
Allium cepa (Zwiebel),
Allium sativum (Knoblauch),
Allium ursinum (Bärlauch),
Alnus glutinosa (Schwarzerle),
Aloe (Aloe),
Alpinia officinarum (Galgant),
Althaea officinalis (Eibisch),
Ammi visnaga (Khella),
Ampelopsis quinquefolia (wilder Wein),
Amygdalae amarae (Bittermandel),
Anacardium orientale (indischer Elefantenlausbaum),
Anacyclus officinarum (Bertram),
Anagallis arvensis (Acker-Gauchheil),

Anchusa officinale (Ochsenzunge),
Anethum graveolens (Dill),
Angelica sylvestris (Waldengelwurz),
Angustura (Kuspabaum),
Anhalonium lewinii (Peyotl),
Anisum stellatum (Sternanis),
Apocynum cannabium (hanfartiger Hundswürger),
Aquilegia vulgaris (Akelei),
Aralia racemosa (amerikanische Narde),
Arctium lappa (Klette),
Arenaria lappa (Sandkraut),
Aristolochia clematis (Osterluzei),
Armoracia cochlearia (Meerrettich),
Artemisia dracunculus (Estragon),
Arum maculatum (Aronstab),
Asa foetida (Stinkasant),
Asarum europaeum (Haselwurz),
Asparagus officinalis (Spargel),
Asperula odorata (Waldmeister),
Aster amellus (Bergaster),
Avena sativa (Hafer),
Badiaga (Flußschwamm),
Baptistia tinctoria (wilder Indigo),

Basilicum ocimum (Basilienkraut),
Bellis perennis (Gänseblümchen),
Berberis aquifolium (Mahonie),
Berberis vulgaris (Sauerdorn),
Beta vulgaris rubra (rote Beete),
Betula alba (weiße Birke),
Boldo (Boldobaum),
Boletus laricis (Lärchenschwamm),
Bovista (Riesenbovist),
Bryonia dioica (Zaunrübe),
Bucco (Buccoblätter),
Cactus grandiflorus (Königin der Nacht),
Calendula officinalis (Ringelblume),
Caltha palustris (Sumpfdotterblume),
Capsella bursa pastoris (Hirtentäschel),
Capsicum annum (spanischer Pfeffer),
Carex arenaria (Sandsegge),
Carlina acaulis (Eberwurz),
Carum carvi (Kümmel),
Caryophyllus (Gewürznelke),
Cascara sagrada (amerikanischer Faulbaum),
Cascarilla (Kaskarillrinde),
Caulophyllum thalictroides (Frauenwurz),

Ceanothus americanus (Seckelblume),
Centaurea jacea (gemeine Flockenblume),
Centaurea nigra (schwarze Flockenblume),
Cetraria islandica (Islandmoos),
Chamomilla matricaria (echte Kamille),
Chamomilla romana (römische Kamille),
Cheiranthus cheiri (Goldlack),
Chelidonium majus (Schöllkraut),
China regia (Chinarinde),
Chionanthus virginica (virginischer Schneeflockenbaum),
Cichorium intybus (Wegwarte),
Cimicifuga racemosa (Wanzenkraut),
Cina (Zitwer),
Cineraria maritima (Aschenpflanze),
Cinnamomum ceylanicum (Ceylonzimt),
Cistus canadensis (kanadisches Sonnenröschen),
Citrus aurantium amara (Pomeranze/Orange),
Citrus medica (Zitrone),
Clematis recta (aufrechte Waldrebe),
Cocculus (Kockelskörner),
Cochlearia officinalis (Löffelkraut),
Coffea arabica (Kaffee),
Colchicum autumnale (Herbstzeitlose),
Collinsonia canadensis (kanadische Grießwurz),
Colocynthis (Koloquinte),
Colombo (Kolombowurzel),
Condurango (Kondurangorinde),
Convallaria majalis (Maiglöckchen),
Coriandrum sativum (Koriander),
Corydalis cava (Lerchensporn),
Corylus avellana (Haselnuß),
Crataegus oxyacantha (Weißdorn),
Croton eluteria (Kaskarille),
Croton tiglium (Purgierkörner),
Cubeba piper (Kubebenpfeffer),
Cucurbita pepo (Kürbis),
Curcuma longa (Gelbwurz),
Cydonia vulgaris (Quitte),
Cynoglossum officinale (Hundszunge),
Cynosbastus (Hagebutte),
Cypripedium calceolus (Frauenschuh),
Damiana turnera (Damiana),
Delphinium consolida (Rittersporn),
Dictamus albus (Diptam),

Dioscorea villosa (Yamswurzel),
Dolichos pruriens (Juckbohne),
Drosera rotundifolia (Sonnentau),
Dulcamara (Bittersüß),
Echinacea angustifolia (schmalblättriger Sonnenhut),
Echinacea purpurea (purpurfarbener Sonnenhut),
Echium vulgare (gemeine Natterwurz),
Ephedra vulgaris (Meerträubchen),
Equisetum arvense (Ackerschachtelhalm / Zinnkraut),
Equisetum hiemale (Winterschachtelhalm),
Eryngium campestre (Männertreu),
Erythraea centaurium (Tausendgüldenkraut),
Eucalyptus globulus (Eukalyptus),
Eupatorium perfoliatum (Wasserhanf),
Eupatorium purpureum (roter Wasserhanf),
Euphorbia cyparissias (Zypressenwolfsmilch),
Euphrasia officinalis (Augentrost),
Exogonium purga (Jalapen-Harz),
Fragaria vesca (Walderdbeere),
Frangula rhamnus (Faulbaum),
Fraxinus excelsior (Esche),
Fucus amylaceus (Ceylonmoos),
Fucus vesiculosus (Blasentang),
Fumaria officinalis (Erdrauch),
Gaultheria procumbens (amerikanisches Wintergrün),
Gelsemium (wilder Jasmin),
Genista tinctoria (Färberginster),
Gentiana lutea (gelber Enzian),
Geranium maculatum (gefleckter Storchenschnabel),
Geum urbanum (Nelkenwurz),
Ginkgo biloba (Ginkgobaum),
Ginseng (Ginsengwurzel),
Glechoma hederacea (Gundelrebe),
Glycyrrhiza glabra (Süßholzwurzel),
Gnaphalium polycephalum (Ruhrkraut),
Gossypium herbaceum (Baumwollstaude),
Gratiola officinalis (Gottesgnadenkraut),
Grindelia robusta (Grindeliakraut),
Guajacum officinale (Guajakholz),
Hedera helix (Efeu),
Helianthus annuus (Sonnenblume),

Helleborus niger (schwarze Nießwurz),
Helonias dioica (falsches Einkorn),
Hepatica triloba (Leberblümchen),
Hydrastis canadensis (kanadische Gelbwurz),
Hydrocotyle asiatica (Wassernabel),
Hypericum perforatum (Johanniskraut),
Hyssopus officinalis (Ysop),
Iberis amara (Schleifenblume),
Ignatia strychnos (Ignatiusbohne),
Ilex aquifolium (Stechpalme),
Ilex paraguayensis (Mate Tee),
Imperatoria ostruthium (Meisterwurz),
Inula helenium (Alant),
Ipecacuanha (Brechwurz),
Iris germanica (deutsche Schwertlilie),
Iris versicolor (bunte Schwertlilie),
Jaborandi pilocarpus (Jaborandistrauch),
Juglans regia (Walnuß),
Juniperus communis (Wacholder),
Kalmia latifolia (Berglorbeer),
Kola vera (Kolanuß),
Kosso (Kossobaum),
Lactuca sativa (Kopfsalat),
Lactuca virosa (Giftlattich),
Lamium album (weiße Taubnessel),
Larix decidua (Lärche),
Laurocerasus prunus (Kirschlorbeer),
Laurus (Lorbeer),
Lavendula officinalis (Lavendel),
Ledum palustre (Sumpfporst),
Lemna minor (Wasserlinse),
Leptandra virginica (virginischer Ehrenpreis),
Levistum officinale (Liebstöckel),
Lichen pulmonarius (Lungenmoos),
Lilium tigrinum (Tigerlilie),
Lobelia inflata (Lobelie),
Lythrum salicaria (Weiderich),
Mandragora officinarum (Alraune),
Matico piper (Matico-Pfeffer),
Mentha crispa (Krausminze),
Mentha piperita (Pfefferminze),
Menyanthes (Bitterklee),
Mercurialis perennis (Bingelkraut),
Meum athamanticum (Bärenfenchel),
Mezereum daphne (Seidelbast),

Millefolium (Schafgarbe),
Muira puama (Potenzholz),
Myosotis arvensis (Ackervergißmeinnicht),
Myristica fragans (Muskatbaum),
Myristica sebifera (Muskatgewächse),
Myrrha (Myrrhe),
Myroxilon balsamum pereirae (Perubalsam),
Myrtillocactus (Cactaceae),
Myrtillus vaccinium (Heidelbeere),
Myrtus communis (Myrte),
Nasturtium officinale (Brunnenkresse),
Nuphar luteum (gelbe Teichrose),
Nux moschata (Muskatnuß),
Nux vomica (Brechnuß),
Oenanthe crocata (Rebendolde),
Oleander nerium (Oleander),
Olea europaea (Olive),
Ononis spinosa (Hauhechel),
Opuntia vulgaris (Feigenkaktus),
Orchis morio (Knabenkraut),
Ornithogalum umbellatum (Milchstern),
Orthosiphon stamineus (Katzenbart),
Oxydendron andromeda armorea (Rosmarinheide),

Paeonia (Pfingstrose),
Papaver rhoeas (Klatschmohn),
Papaver somniferum (Schlafmohn),
Pareira brava (Grießwurz),
Paris quadrifolia (Einbeere),
Paullina sorbus (Guarana pasta),
Petasites officinalis (Pestwurz),
Petroselinum sativum (Petersilie),
Phellandrinum aquaticum (Wasserfenchel),
Physostigma venenosum (Kalabarbohne),
Phytolacea decandra (Kermesbeere),
Picea excelsa (Rotfichte),
Pimpinella anisum (Anis),
Pimpinella saxifraga (Bibernell),
Pinqucula vulgare (Fettkraut),
Pinus pumilio (Latschenkiefer),
Pinus silvestris (Kiefer/Föhre),
Piper methysticum (Kava-Kava),
Piper nigrum (schwarzer Pfeffer),
Pirus malus (Apfelbaum),
Plantago arenaria (Sandwegerich),
Plantago lanceolata (Spitzwegerich),
Plantago major (Breitwegerich),
Podophyllum (Entenfuß),

Polygala amara (bittere Kreuzblume),
Polygala senega (Senegawurzel),
Polypodium vulgare (Engelsüß),
Polyporus pinicola (Löcherpilz),
Populus tremulo (Zitterpappel),
Potentilla anserine (Gänsefingerkraut),
Potentilla aurea (Goldfingekraut),
Potentilla recta (aufrechtes Fingerkraut),
Primula farinosa (Mehlprimel),
Primula obconica (amerikanische Primel),
Primula veris (Schlüsselblume),
Prunus avium (Süßkirsche),
Prunus cerasus (Sauerkirsche),
Prunus spinosa (Schlehe),
Pulmonaria officinalis (Lungenkraut),
Pulsatilla pratensis (Kuhschelle),
Punica granatum (Granatapfel),
Quassia amara (Bitterholz),
Quebracho blanco (weißer Quebracho),
Quercus robur cortex (Stieleichenrinde),
Ranunculus acris (scharfer Hahnenfuß),
Ranunculus bulbosus (Knollenhahnenfuß),
Ratanhia (Ratanhiawurzel),
Rauwolfia serpentina (Schlangenwurz),
Rhamnus cathartica (Kreuzdorn),
Rheum palmatum (chinesischer Rhabarber),
Rhododendron ferrugineum (Alpenrose),
Rhus glabra (glatter Sumach),
Rhus toxicodendron (Giftsumach),
Ribes nigrum (schwarze Johannisbeere),
Ricinus communis (Rizinus),
Robinia pseudiaca (Robinie),
Rosa centifolia (Gartenrose),
Rosa damascena (Damaszener-Rose),
Rosmarinus officinalis (Rosmarin),
Rubus fruticosus (Brombeere),
Rubus idaeus (Himbeere),
Rumex acetosa (Sauerampfer),
Ruta graveolens (Weinraute),
Sabadilla officinalis (Läusesamen),
Sabal serrulatum (Sägepalme),
Sabina (Stinkwacholder),
Salix alba (Silberweide),
Salix nigra (Schwarzweide),
Salix purpurea (Purpurweide),
Salvia officinalis (Salbei),

Sambucus ebulus) Zwergholunder),
Sanguinaria canadensis (kanadische Blutwurz),
Sanicula europaea (Heildolde),
Santalum album (weißes Sandelholz),
Saponaria (Seifenkraut),
Sarsaparilla (Stechweide),
Sassafras officinale (Fenchelholz),
Saxifraga granulata (Steinbrech),
Scabiosa arvensis (Honigblume),
Scilla maritima (Meerzwiebel),
Scolopendrium vulgare (Hirschzunge),
Scrophularia nodosa (Knotenbraunwurz),
Secale cornutum (Mutterkorn),
Semprevivum (Hauswurz),
Senecio vulgaris (gemeines Kreuzkraut),
Senega (Kreuzblume),
Sorbus aucuparia (Eberesche),
Spartium scoparium (Besenginster),
Spigelia anthelmia (Wurmkraut),
Spilanthes oleracea (Parakresse),
Spiraea ulmaria (echtes Mädesüß),
Spongia officinalis (Meerschwamm),
Stellaria media (Vogelmiere),

Sticta pulmonaria (Lungenflechte),
Strophanthus (Strophantus),
Sumbulus moschatus (Moschuswurzel),
Symphytum officinale (Beinwell),
Syzygium jambolanum (Jambulbaum),
Tamarindus indica (Tamarinde),
Taraxacum officinale (Löwenzahn) Taxus baccata (Beereneibe),
Thea sinensis (chinesischer Teestrauch),
Thuja occidentalis (Lebensbaum),
Thymus vulgaris (Thymian),
Tormentilla (Blutwurz),
Trifolium pratense (roter Klee),
Trillium pendulum (Frauenblume),
Triticum repens (gemeine Quecke),
Ulmus campesstris (Ulme),
Urtica dioica (Brennessel),
Urtica urens (kleine Brennessel),
Ustilago maydis (Maisbrand),
Uva ursi (Bärentraube),
Vaccinium vitis (Preiselbeere),
Vanilla planifolia (Vanille),
Veronica beccabunga (Bachbunge),

Viburnum opulus (Schneeball),
Vinca minor (Immergrün),
Viscum album (Mistel / in Kombination mit ihren Bäumen entsprechend wirksam),
Vitis vinifera (Weinrebe),
Yagé (Yagé),
Yohimbé (Yohimbé).

Jungfrau ♍ / 24.08. - 23.09.
Planet: Merkur
Tag: Mittwoch
Körperregion: Bauch, Magen, Darm, Lunge
Steine: Roter Jaspis, Turmalin, Hyazinth, Amethyst
Metall: Quecksilber (Hg)
Farben: violett, purpur
Hildegard-Heilmittel:
Afrikanischer Kalk,
Ambrosiustee,
Beifußelexier,
Bertramwein,
Bruchkräuter,
Dinkelkörner,
Durchfallei-Pulver,
Edelkastanienmehl,
Engelsüßpulvermischung,
Flohsamen,
Galganthonig,
Ingwerpulvermischung,
Mutterkümmelmischpulver,
Sclareaelexier,
Sivesan-Pulver,
Wasserlinsenelexier,
Wermutelexier.
Pflanzen:
Abies alba (Weißtanne),
Abrotanum (Eberraute),
Aconitum napellus (echter Sturmhut),
Adiantum capillus veneris (Frauenhaar),
Aesculus hippocastanum (Roßkastanie),
Aethusa cynapium (Hundspetersilie),
Agaricus muscarius (Fliegenpilz),
Agaricus phalloides (Knollenblätterpilz),
Agnus castus (Keuschlamm),
Agrimonia eupatoria (kleiner Odermennig),
Ajuga reptans (kriechender Günsel),
Alchemilla vulgaris (Frauenmantel),
Aletrtis farinosa (Sternwurz),
Allium cepa (Zwiebel),
Allium sativum (Knoblauch),
Allium ursinum (Bärlauch),
Alnus glutinosa (Schwarzerle),
Aloe (Aloe),
Alpinia officinarum (Galgant),
Althaea officinalis (Eibisch),
Ammi visnaga (Khella),
Ampelopsis quinquefolia (wilder Wein),
Amygdalae amarae (Bittermandel),
Anacardium orientale (indischer Elefantenlausbaum),

Anagallis arvense (Acker-Gauchheil),
Anacyclus officinarum (Bertram),
Anchusa officinale) Ochsenzunge),
Anethum graveolens (Dill),
Angustura (Kuspabaum),
Anhalonium lewinii (Peyotl),
Anisum stellatum (Sternanis),
Antyllis vulneraria (Wundklee),
Apium graveolens (Sellerie),
Apocynum cannabinum (hanfartiger Hundswürger),
Aquilegia vulgaris (Akelei),
Aralia racemosa (amerikanische Narde),
Arctium lappa (Klette),
Arenaria lappa (Sandkraut),
Aristolochia clematis (Osterluzei),
Armoracia cochlearia (Meerrettich),
Arnica montana (Bergwohlverleih),
Artemisia vulgaris (Wermut),
Artemisia dracunculus (Estragon),
Arum maculatum (Aronstab),
Asa foetida (Stinkasant),
Asarum europaeum (Haselwurz),
Aparagus officinalis (Spargel),

Aperula odorata (Waldmeister),
Atropa (Alraune),
Avena sativa (Hafer),
Badiaga (Flußschwamm),
Baptistia tinctoria (wilder Indigo),
Basilicum ocimum (Basilienkraut),
Belladonna (Tollkirsche),
Bellis perennis (Gänseblümchen),
Berberis aquifolium (Mahinie),
Berberis vulgaris (Sauerdorn),
Beta vulgaris rubra (rote Beete),
Betonica officinalis (echter Heilziest),
Boldo (Boldobaum),
Boletus laricis (Lärchenschwamm),
Borrago officinalis (Borretsch),
Bovista (Riesenbovist),
Brassica nigra (schwarzer Senf),
Bryonia dioica (Zaunrübe),
Bucco (Buccoblätter),
Cactus grandiflorus (Königin der Nacht),
Calamus aromaticus (Kalmus),
Calendula officinalis (Ringelblume),
Caltha palustris (Sumpfdotterblume),
Capsella bursa pastoris (Hirtentäschel),

Capsicum annum (spanischer Pfeffer),
Carduus benedictus (Benediktendistel),
Carex arenaria (Sandsegge),
Carlina acaulis (Eberwurz),
Carum carvi (Kümmel),
Caryophyllus (Gewürznelke),
Cascara sagrada (amerikanischer Faulbaum),
Cascarilla (Kaskarillrinde),
Ceanothus amerikanus (Seckelblume),
Centaura cyanus (Kornblume),
Cetraria islandica (Islandmoos),
Chamomilla matricaria (echte Kamille),
Chamomilla romana (römische Kamille),
Cheiranthus cheiri (Goldlack),
Chelidonium (Schöllkraut),
Chenopodium ambrosioides (wohlriechender Gänsefuß),
Chimaphila umbellata (Wintergrün),
China regia (Chinarinde),
Chionanthus virginica (virginischer Schneeflockenbaum),
Cichorium (Endivie),
Cicuta virosa (Wasserschierling),
Cimicifuga racemosa (Wanzenkraut),
Cina (Zitwer),
Cineraria maritima (Aschenpflanze),
Cinnamomum ceylanicum (Ceylonzimt),
Cistus canadensis (kanadisches Sonnenröschen),
Citrus aurantium amara (Pomeranze/Orange),
Citrus medica (Zitrone),
Clematis recta (aufrechte Waldrebe),
Cocculus (Kockelskörner),
Cochlearia officinalis (Löffelkraut),
Coffea arabica (Kaffee),
Collinsonia canadensis (kanadische Grießwurz),
Colocynthis (Koloquinte),
Colombo (Kolombowurzel),
Condurango (Kondurangorinde),
Convallaria majalis (Maiglöckchen),
Coriandrum sativum (Koriander),
Coronilla varia (Kornwicke),
Corylus avellana (Haselnuß),
Crataegus oxyacantha (Weißdorn),
Croton eluteria (Kaskarille),
Croton tiglium (Purgierkörner),
Cubeba piper (Kubebenpfeffer),
Cucurbita pepo (Kürbis),

Curcuma longa (Gelbwurz),
Cyclamen europaeum (Alpenveilchen),
Cydonia vulgaris (Quitte),
Cynoglossum (Hundszunge),
Cynosbastus (Hagebutte),
Cypripedium calceolus (Frauenschuh),
Cytisus laburnum (Goldregen),
Damiana turnera (Damiana),
Daucus carota (Mohrrübe),
Delphinium consolida (Rittersporn),
Dictamus albus (Diptam),
Digitalis purpurea (roter Fingerhut),
Dioscorea villosa (Yamswurzel),
Dolichos pruriens (Juckbohne),
Dulcamara (Bittersüß),
Echinacea angustifolia (schmalblättriger Sonnenhut),
Echinacea purpurea (purpurfarbener Sonnenhut),
Ephedra vulgaris (Meerträubchen),
Equisetum arvense (Ackerschachtelhalm / Zinnkraut),
Equisetum hiemale (Winterschachtelhalm),
Eryngium campestre (Männertreu),
Erythraea centaurium (Tausendgüldenkraut),
Eucalyptus globulus (Eukalyptus),
Eupatorium cannabium (gemeiner Wasserdost),
Eupatorium perfoliatum (Wasserhanf),
Eupatorium purpureum (roter Wasserhanf),
Euphorbia (Wolfsmilch),
Euphrasia officinalis (Augentrost),
Exogonium purga (Jalapen-Harz),
Foeniculum vulgare (Fenchel),
Foenum graecum (Bockshornklee),
Fragaria vesca (Walderdbeere),
Frangula rhamnus (Faulbaum),
Fraxinus excelsior (Esche),
Fucus amylaceus (Ceylonmoos),
Fucus vesiculosus (Blasentang),
Fumaria officinalis (Erdrauch),
Galium mollugo (gemeines Labkraut),
Gaultheria procumbens (amerikanisches Wintergrün),
Gelsemium (wilder Jasmin),
Genista tinctoria (Färberginster),
Gentiana lutea (gelber Enzian),
Geranium maculatum (gefleckter Storchenschnabel),
Geranium robertianum (Ruprechtskraut),

Geum urbanum (Nelkenwurz),
Ginkgo biloba (Ginkgobaum),
Ginseng (Ginsengwurzel),
Glechoma hederacea (Gundelrebe),
Glycyrrhiza glabra (Süßholzwurzel),
Gnaphalium polycephalum (Katzenpfötchen),
Gossypium herbaceum (Baumwollstaude),
Gratiola officinalis (Gottesgnadenkraut),
Grindelia robusta (Grindeliakraut),
Guajacum officinale (Guajakholz),
Hedera helix (Efeu),
Helianthus annuus (Sonnenblume),
Helleborus niger (schwarze Nießwurz),
Helonias dioica (falsches Einkorn),
Hepatica triloba (Leberblümchen),
Heracleum spondylium (Bärenklau),
Hernaria glabra (Bruchkraut),
Hydrastis canadensis (kanadische Gelbwurz),
Hydrocotyle asiatica (Wassernabel),

Hyoscyamus niger (Bilsenkraut),
Hypericum perforatum (Johanniskraut),
Hyssopus officinalis (Ysop),
Ignatia strychnos (Ignatiusbohne),
Ilex aquifolium (Stechpalme),
Ilex paraguayensis (Mate Tee),
Imperatoria ostruthium (Meisterwurz),
Inula helenium (Alant),
Ipecacuanha (Brechwurz),
Iris germanica (deutsche Schwertlilie),
Iris versicolor (bunte Schwertlilie),
Jaborandi pilocarpus (Jaborandistrauch),
Juglans regia (Walnuß),
Juniperus communis (Wacholder),
Kalmia latifolia (Berglorbeer),
Kola vera (Kolanuß),
Kosso (Kossobaum),
Lactuca sativa (Kopfsalat),
Lactuca virosa (Giftlattich),
Lamium album (weiße Taubnessel),
Larix decidua (Lärche),
Lathyrus sativus (Platterbse),
Laurocerasus prunus (Kirschlorbeer),
Laurus nobilis (Lorbeer),

Lavendula (Lavendel),
Ledum palustre (Sumpfporst),
Lemna minor (Wasserlinse),
Leonurus nigra (schwarzer Andorn),
Leptandra virginica (virginischer Ehrenpreis),
Levisiticum officinale (Liebstöckel),
Lichen pulmonarius (Lungenmoos),
Lilium alba (weiße Lilie),
Lilium tigrinum (Tigerlilie),
Linaria vulgaris (gemeines Leinkraut),
Linum catharticum (Wiesenlein),
Linum officinalis (Flachs),
Lobelia inflata (Lobelie),
Lythrum saicaria (Weiderich),
Malva silvestris (Silbermalve),
Mandragora officinarum (Alraune),
Marrubium album (weißer Andorn),
 Matico piper (Matico-Pfeffer),
Mentha crispa (Krauseminze),
Mentha piperita (Pfefferminze),
Mentha pulegium (Poleiminze),
Menyanthes trifoliata (Bitterklee),
Mercurialis perennis (Bingelkraut),
Meum athamanticum (Bärenfenchel),
Millefolium achilea (Schafgarbe),
Muira puama (Potenzholz),
Myosotis arvensis (Ackervergißmeinnicht),
Myrica cerifera (Wachsbeere),
Myristica fragans (Muskatbaum),
Myristica sebifera (Muskatgewächse),
Myrrha (Myrrhe),
Myroxilon balsamum pereirae (Perubalsam),
Myrtillocactus (Cactaceae),
Myrtillus vaccinium (Heidelbeere),
Myrtus communis (Myrte),
Nasturtium officinale (Brunnenkresse),
Nigella sativa (Schwarzkümmel),
Nuphar lutea (gelbe Teichrose),
Nux moschata (Muskatnuß),
Nux vomica (Brechnuß),
Oenanthe crocata (Rebendolde),
Oleander nerium (Oleander),
Olea europaea (Olive),
Ononis spinosa (Hauhechel),
Opuntia vulgaris (Feigenkaktus),
Orchis morio (Knabenkraut),

Ornithogalum umbellatum (Milchstern),
Orthosiphon stamineus (Katzenbart),
Oxalis acetosella (Sauerklee),
Oxydendron andromeda armorea (Rosmarinheide),
Oxytropis campestris (gemeiner Spitzkiel),
Paeonia officinalis (Pfingstrose),
Papaver rhoeas (Klatschmohn),
Papaver somniferum (Schlafmohn),
Pareira brava (Grießwurz),
Parietaria officinalis (Glaskraut),
Paris quadrifolia (Einbeere),
Paullina sorbus (Guarana pasta),
Petasites officinalis (Pestwurz),
Petroselinum sativum (Petersilie),
Peucedanum officinalis (Haarstrang),
Phaseolus nanus (Buschbohne),
Phaseolus vulgaris (Gartenbohne),
Phellandrium aquaticum (Wasserfenchel),
Physalis alkekengi (Judenkirsche),
 Physostigma venenosum (Kalabarbohne),
Phytolacea decandra (Kermesbeere),
Picea excelsa (Rotfichte),
 Pimpinella saxifraga (Bibernell),
Pinquicula vulgare (Fettkraut),
Pinus pumilio (Latschenkiefer),
Pinus silvestris (Kiefer/Föhre),
Piper methysticum (Kava-Kava),
Piper nigrum (schwarzer Pfeffer),
Pirola rotundifolia (rundblättriges Wintergrün),
Pirus malus (Apfelbaum),
Plantago arenaria (Sandwegerich),
Plantago lanceolata (Spitzwegerich),
Plantage major (Breitwegerich),
Podophyllum (Entenfuß),
Polygala amara (bittere Kreuzblume),
Polygala senega (Senegawurzel),
Polygala vulgaris (gemeine Kreuzblume),
Polygonum aviculare (Vogelknöterich),
Polygonum bistorta (Natterwurz),
Polygonum punctatum (knöterich),
Polypodium vulgare (Engelsüß),
Polyporus pinicola (Löcherpilz),
Potentilla anserine (Gänsefingerkraut),

Potentilla aurea (Goldenfingerkraut),
Potentilla recta (hohes Fingerkraut),
Primula farinosa (Mehlprimel),
Primula obconica (amerikanische Primel),
Prunus avium (Süßkirsche),
Prunus cerasus (Sauerkirsche),
Pulsatilla pratensis (Kuhschelle),
Punica granatum (Granatapfel),
Quassia amara (Bitterholz),
Quebracho blanco (weißer Quebracho),
Quercus robur cortex (Stieleichenrinde),
Ranunculus acris (scharfer Hahnenfuß),
Ranunculus bulbosus (Knollenhahnenfuß),
Raphanus nigra (schwarzer Rettich),
Ratanhia (Ratanhiawurzel),
Rauwolfia serpentina (Schlangenwurz),
Rhamnus cathartica (kreuzdorn),
Rheum palmatum (chinesischer Rhabarber),
Rhododendron ferrugineum (Alpenrose),
Rhus glabra (glatter Sumach),
Ribes nigrum (schwarze Johannisbeere),
Ricinus communis (Rizinus),
Robinia pseudoacacia (Robinie),
Rosa canina (Heckenrose),
Rosa centifolia (Gartenrose),
Rosa damascena (Damaszenerrose),
Rosmarinus officinalis (Rosmarin),
Rubia tinctorum (Färberröte),
Rubus fruticosus (Brombeere),
Rubus idaeus (Himbeere),
Rumex acetosa (kleiner Sauerampfer),
Rumex scutatus (Gartenampfer),
Rumex obtusifolius (Grindwurz),
Ruta graveolens (Weinraute),
Sabadilla officinalis (Läusesamen),
Sabal serrulatum (Sägepalme),
Sabina (Stinkwacholder),
Salix alba (Silberweide),
Salvia officinalis (Salbei),
Sambucus ebulus (Zwergholunder),
Sambucus nigra (schwarzer Holunder),
Sanguinaria canadensis (kanadische Blutwurz),
Sanguisorba officinalis (großer Wiesenkopf),
Sanicula europaea (Heildolde),

Santalum album (weißes Sandelholz),
Saponaria officinalis (Seifenkraut),
Sarsaparilla (Stechweide),
Sassafras officinale (Fenchelholz),
Satureia (Gartenbohne),
Saxifraga granulata (Knollensteinbrech),
Scabiosa arvensis (Honigblume),
Scilla maritima (Meerzwiebel),
Scolopendrium vulgare (Hirschunge),
Scrophularia nodosa (Braunwurz),
Secale cornutum (Mutterkorn),
Sedum acre (Mauerpfeffer),
Sempervivum tectorum (Hauswurz),
Senecio aureus (Sonnen-Kreuzkraut),
Senecio vulgaris (gemeines Kreuzkraut),
Senega (Kreuzblume),
Senna acutifolia (Sennesblätter),
Serphyllum thymus (Quendel),
Sinapis alba (weißer Senf),
Sisymbrium officinale (Hederich),
Solanum pseudocapsicum (Korallenbäumchen),
Solanum tuberosum (Kartoffel),

Sorbus aucuparia (Eberesche),
Spartium scoparium (Besenginster),
Spigelia anthelmia (Wurmkraut),
Spilanthes oleracea (Parakresse),
Spiraea ulmaria (echtes Mädesüß),
Spongia officinalis (Meerschwamm),
Stachys officinalis (echter Ziest),
Stellaria media (Vogelmiere),
Sticta pulmonaria (Lungenflechte),
Stramonium (Stechapfel),
Strophanthus gratus (Strophantus),
Sumbulus moschatus (Moschuswurzel),
Symphytum officinalis (Beinwell),
Syzygium jambolanum (Jambulbaum),
Tabacum (Tabak),
Tamarindus indica (Tamarinde),
Tamarix germanica (deutsche Tamariske),
Taraxacum (Löwenzahn),
Taxus baccata (Beereneibe),
Teucrium (Gamander),
 Thea sinensis (chinesischer Teestrauch),
Thuja occidentalis (Lebensbaum),

Thymus vulgaris (Thymian),
Tilia europaea (Linde),
Tormentilla (Blutwurz),
Trifolium pratense (roter Klee),
Trillium pendulum (Frauenblume),
Triticum repens (gemeine Quecke),
Tussilago farfara (Huflattich),
Urtica dioica (große Brennessel),
Urtica urens (kleine Brennessel),
Ustilago Maydis (Maisbrand),
Uva ursi (Bärentraube),
Vaccinium vitis idaea (Preiselbeere),
Valeriana (Baldrian),
Vanilla planifolia (Vanille),
Veratrum album (weiße Nieswurz),
Veratrum viride (grüne Nieswurz),
Veronica beccabunga (Bachbunge),
Veronica officinalis (echter Ehrenpreis),
Viburnum opulus (gemeiner Schneeball),
Vinca minor (Immergrün),
Vincetoxicum officinale (Hundswürger),
Viola tricolor (Feldstiefmütterchen),

Viscum album (Mistel / in Kombination mit ihren Bäumen entsprechend wirksam),
Vitis vinifera (Weinrebe),
Yagé (Yagé),
Yohimbé (Yohimbé),
Zingiber officinale (Ingwer).

Waage ♎ / 24.09. - 23.10.
Planet: Venus
Körperregion: Leber, Nieren, LWS, Herz.
Steine: Diamant, Edeltopas, Aquamarin, Jaspis
Metall: Kupfer (Cu)
Farben: gelb, braun
Hildegard-Heilmittel:
Afrikanischer Kalk,
Aronstabelexier,
Bachbungensaft,
Beifußelexier,
Bertramwein,
Brennesselsaft,
Bruchkräuter,
Chrysocard-Pulver,
Edelkastanienhonig,
Energiekekse,
Flohsamen,
Galganthonig,
Galgantwein,
Gehörpulver,
Hanffasern,
Mariendisteltinktur,
Muskatpulvermischung,
Petersilienhonigwein,
Rautensalbe,
Schlafkräuter,
Wasserlinsenelexier,
Wermutelexier,
Zitwerpulver.

Pflanzen:
Abies alba (Weißtanne),
Absinthium artemisia (Wermut),
Acer campestre (Feldahorn),
Aconitum napellus (echter Sturmhut),
Adiantum capillus veneris (Frauenhaar),
Aesculus hippocastanum (Roßkastanie),
Aethusa cynapium (Hundspetersilie),
Agaricus muscarius (Fliegenpilz),
Agaricus phalloides (Knollenblätterpilz),
Agnus castus (Keuschlamm),
Agrimonia eupatoria (kleiner Odermennig),
Ailanthus glandulosa (chinesicher Götterbaum),
Ajuga reptans (kriechender Günsel),
Alchemilla vulgaris (Frauenmantel),
Aletris farinosa (Sternwurz),
Allium cepa (Zwiebel),
Allium sativum (Knoblauch),
Allium ursinum (Bärlauch),
Alnus glutinosa (Schwarzerle),
Aloe (Aloe),
Alpinia officinarum (Galgant),
Althaea officinalis (Eibisch),

Amaranthus (Amaranth),
Ammi visnaga (Khella),
Ampelopsis quinquefolia (wilder Wein),
Amygdalae amarae (Bittermandel),
Anacardium orientale (indischer Elefantenlausbaum),
Anacyclus officinale (Bertram),
Anagallis arvense (Acker-Gauchheil),
Anchusa officinale (Ochsenzunge),
Anethum graveolens (Dill),
Angelica archangelica (Engelwurz),
Angustura (Kuspabaum),
Anhalonium lewinii (Peyotl),
Anisum stellatum (Sternanis),
Anthyllis vulneraria (Wundklee),
Antirrhinum (Nabelkraut),
Apium graveolens (Sellerie),
Apocynum cannabinum (hanfartiger Hundswürger),
Aquilegia vulgaris (Akelei),
Aralia racemosa (amerikanische Narde),
Arctium lappa (Klette),
Arenaria lappa (Sandkraut),
Aristolochia clematis (Osterluzei),

Armoracia cochlearia (Meerrettich),
Arnica montana (Bergwohlverleih),
Artemisia vulgaris (Beifuß),
Artemisia dracunculus (Estragon),
Arum maculatum (Aronstab),
Asa foetida (Stinkasant),
Asarum europaea (Haselwurz),
Asclepias tuberosa (Knollen-Seidenpflanze),
Asparagus officinalis (Spargel),
Asperula odorata (Waldmeister),
Avena sativa (Hafer),
Badiaga (Flußschwamm),
Baptistia tinctoria (wilder Indigo),
Basilicum ocimum (Basilienkraut),
Belladonna atropa (Tollkirsche),
Bellis perennis (Gänseblümchen),
Beta vulgaris rubra (rote Beete),
Betonica officinalis (echter Heilziest),
Boldo (Boldobaum),
Boletus laricis (Lärchenschwamm),
Borrago officinalis (Borretsch),
Bovista (Riesenbovist),
Brassa nigra (schwarzer Senf),
Bryonia dioica (Zaunrübe),

Bucco (Buccoblätter),
Cactus grandiflorus (Königin der Nacht),
Calamus aromaticus (Kalmus),
Calendula officinalis (Ringelblume),
Capsella bursa pastoris (Hirtentäschel),
Capsicum annum (spanischer Pfeffer),
Carduus benedictus (Benediktendistel),
Carduus marianus (Mariendistel),
Carlina acaulis (Eberwurz),
Carum carvi (Kümmel),
Caryophyllus (Gewürznelke),
Cascara sagrada (amerikanischer Faulbaum),
Cascarilla (Kaskarillrinde),
Ceanothus americanus (Seckelblume),
Centaura cyanus (Kornblume),
Cetraria islandica (Islandmoos),
Chamomilla romana (römische Kamille),
Cheiranthus cheiri (Goldlack),
Chelidonium majus (Schöllkraut),
Chenopodium ambrosius (wohlriechender Gänsefuß),
Chimaphila umbellata (Wintergrün),

China regia (Chinarinde),
Chionanthus virginica (virginischer Schneeflockenbaum),
Cichorium intybus (Wegwarte),
Cicuta virosa (Wasserschierling),
Cimicifuga racemosa (Wanzenkraut),
Cina (Zitwer),
Cineraria maritima (Aschenpflanze),
Cinnamomum ceylanicum (Ceylonzimt),
Cirsium (Kratzdistel),
Citrus aurantium amara (Pomeranze/Orange),
Citrus medica (Zitrone),
Clematis recta (aufrechte Waldrebe),
Cocculus (Kockelskörner),
Cochlearia officinalis (Löffelkraut),
Coffea arabica (Kaffee),
Collinsonia canadensis (kanadische Grießwurz),
Colocynthis (Koloquinte),
Colombo (Kolombowurzel),
Condurango (Kondurangorinde),
Conium (Schierling),
Convolvulus arvensis (Ackerwinde),
Coriandrum sativum (Koriander),

Coronilla varia (Kornwinde),
Corylus avellana (Haselnuß),
Crataegus oxyacantha (Weißdorn),
Croton eluteria (Kaskarille),
Croton tiglium (Purgierkörner),
Cubeba piper (Kubebenpfeffer),
Cucurbita pepo (Kürbis),
Curcuma longa (Gelbwurz),
Cyclamen europaeum (Alpenveilchen),
Cydonia vulgaris (Quitte),
Cynara scolymus (Artischocke),
Cynoglossum officinale (Hundszunge),
Cynosbastus (Hagebutte),
Cypripedium calceolus (Frauenschuh),
Cytisus laburnum (Goldregen),
Damiana turnera (Damiana),
Daucus carota (Möhre),
Delphinium consolida (Rittersporn),
Dictamus albus (Diptam),
Digitalis purpurea (roter Fingerhut),
Dioscorea villosa (Yamswurzel),
Dolichos pruriens (Juckbohne),
Drosera rotundifolia (Sonnentau),
Dulcamara (Bittersüß),
Echinacea angustifolia (schmalblättriger Sonnenhut),
Echinacea purpurea (purpurfarbener Sonnenhut),
Ephedra vulgaris (Meerträubchen),
Equisetum arvense (Ackerschachtelhalm / Zinnkraut),
Equisetum hiemale (Winterschachtelhalm),
Erigeron canadensis (Dürrwurz),
Eryngium campestre (Männertreu),
Erythraea cenrtaurium (Tausendgüldenkraut),
Eucalyptus globulus (Eukalyptus),
Eupatorium cannabium (gemeiner Wasserdost),
Eupatorium perfoliatum (Wasserhanf),
Eupatorium purpureum (roter Wasserhanf),
Euphorbia (Wolfsmilch),
Euphrasia officinalis (Augentrost),
Exogonium purga (Jalapen-Harz),
Fagopyrum esculentum (Buchweizen),
Foeniculum vulgare (Fenchel),
Foenum graecum (Bockshornklee),
Fragaria vesca (Walderdbeere),
Frangula rhamnus (Faulbaum),

Fraxinus excelsior (Esche),
Fucus amylaceus (Ceylonmoos),
Fucus vesiculosus (Blasentang),
Fumaria officinalis (Erdrauch),
Galega officinalis (Geißraute),
Galeopsis ochroleuca (Hohlzahn),
Galium aparine (klebendes Labkraut),
Galium mollugo (gemeines Labkraut),
Galium verum (echtes Labkraut),
Gaultheria procumbens (amerikanisches Wintergrün),
Gelsemium (wilder Jasmin),
Genista tinctoria (Färberginster),
Gentiana lutea (gelber Enzian),
Geranium maculatum (gefleckter Storchenschnabel),
Geranium robertianum (Ruprechtskraut),
Geum urbanum (echte Nelkenwurz),
Ginkgo biloba (Ginkgobaum),
Ginseng (Ginsengwurzel),
Glycyrrhiza glabra (Süßholzwurzel),
Gnaphalium polycephalum (Katzenpfötchen),
Gossypium herbaceum (Baumwollstaude),
Gratiola officinalis (Gottesgnadenkraut),
Grindelia robusta (Grindeliakraut),
Guajacum officinale (Guajakholz),
Hedera helix (Efeu),
Helianthus annuus (Sonnenblume),
Helichrysum arenarium (Strohblume),
Helleborus niger (schwarze Nieswurz),
Helonias dioica (falsches Einkorn),
Heracleum sphondylium (Bärenklau),
Hernaria glabra (Bruchkraut),
Hydrastis canadensis (kandische Gelbwurz),
Hydrocotyle asiatica (Wassernabel),
Hyoscyamus niger (Bilsenkraut),
Hypericum perforatum (Johanniskraut),
Hyssopus officinalis (Ysop),
Iberis amara (Schleifenblume),
Ignatia strychnos (Ignatiusbohne),
Ilex aquifolium (Stechpalme),
Ilex paraguayensis (Mate Tee),
Imperatoria ostruthium (Meisterwurz),

Inula helenium (Alant),
Ipecacuanha (Brechwurz),
Iris germanica (deutsche Schwertlilie),
Iris versicolor (bunte Schwertlilie),
Jaborandi pilocarpus (Jaborandistrauch),
Juglans regia (Walnuß),
Kalmia latifolia (Berglorbeer),
Kola vera (Kolanuß),
Kosso (Kossobaum),
Lactuca sativa (Kopfsalat),
Lactusa virosa (Giftlattich),
Lamium album (weiße Taubnessel),
Larix decidua (Lärche),
Lathyrus sativus (Platterbse),
Laurocerasus prunus (Kirschlorbeer),
Laurus nobilis (Lorbeer),
Lavendula officinalis (Lavendel),
Ledum palustre (Sumpfporst),
Leonurus cardiaca (Herzgespann),
Leonurus nigra (schwarzer Andorn),
Leptandra virginica (virginischer Ehrenpreis),
Levisticum officinale (Liebstöckel),
Lichen pulmonarius (Lungenmoos),
Lilium alba (weiße Lilie),
Lilium tigrinum (Tigerlilie),
Linaria vulgaris (gemeines Leinkraut),
Linum cartharticum (Wiesenlein),
Linum officinalis (Flachs),
Lupulus humulus (Hopfen),
Lycopodium (Bärlapp),
Lycopus virginicus (virginischer Wolfstrapp),
Lythrum salicaria (Weiderich),
Majorana (Majoran),
Malva silvestris (wilde Malve),
Mandragora officinarum (Alraune),
Marrubium album (weißer Andorn),
Matico piper (Matico-Pfeffer),
Melilotus (Steinklee),
Melissa (Melisse),
Mentha aquatica (Wasserminze),
Mentha crispa (Krauseminze),
Mentha Piperita (Pfefferminze),
Mentha pulegium (Poleiminze),
Menyanthes (Bitterklee),
Meum athamanticum (Bärenfenchel),
Millefolium (Schafgarbe),
Muira puama (Potenzholz),

Myosotis arvensis (Ackervergißmeinnicht),
Myrica cerifera (Wachsbeere),
Myristica fragans (Muskatbaum),
Myristica sebifera (Muskatgewächse),
Myrrha (Myrrhe),
Myroxilon balsamum pereirae (Perubalsam),
Myrtillocactus (Cactaceae),
Myrtillus vaccinium (Heidelbeere),
Myrtus communis (Myrte),
Nasturtium officinale (Brunnenkresse),
Nigella sativa (Schwarzkümmel),
Nuphar luteum (gelbe Teichrose),
Nux moschata (Muskatnuß),
Nux vomica (Brechnuß),
Oenanthe crocata (Rebendolde),
Oleander nerium (Oleander),
Olea europaea (Olive),
Ononis spinosa (Hauhechel),
Opuntia vulgaris (Feigenkaktus),
Orchis morio (Knabenkraut),
Origanum vulgare (Süßer Majoran),
Ornithogalum umbellatum (Milchstern),

Orthosiphon stamineus (Katzenbart),
Oxydendron andromeda armorea (Rosmarinheide),
Oxytropis campestris (gemeiner Spitzkiel),
Paeonia (Pfingsrose),
Papaver rhoeas (Klatschmohn),
Papaver somniferum (Schlafmohn),
Pareira brava (Grießwurz),
Parietaria officinalis (Glaskraut),
Paris quadrifolia (Einbeere),
Passiflora (Passionsblume),
Pastinaca sativa (Pastinak),
Paullina sorbus (Guarana pasta),
Petasites officinalis (Pestwurz),
Petroselinum sativum (Petersilie),
Peucedanum officinalis (Haarstrang),
Phaseolus nanus (Buschbohne),
Phaseolus vulgaris (Gartenbohne),
Phellandrium aquaticum (Wasserfenchel),
Physalis alkekengi (Judenkirsche),
Physostigma venenosum (Kalabarbohne),
Phytolacea decandra (Kermesbeere),
Picea excelsa (Rotfichte),

Pimpinella anisum (Anis),
Pimpinella saxifraga (Bibernell),
Pinus pumilio (Latschenkiefer),
Pinus silvestris (Kiefer/Föhre),
Piper methysticum (Kava-Kava),
Piper nigrum (schwarzer Pfeffer),
Pirola rotundifolia (rundblättriges Wintergrün),
Pirus malus (Apfelbaum),
Plantago arenaria (Sandwegerich),
Plantago lanceolata (Spitzwegerich),
Plantago major (Breitwegerich),
Podophyllum (Entenfuß),
Polygala senega (Senegawurzel),
Polygonum aviculare (Vogelknöterich),
Polygonum bistorta (Natterwurz),
Polygonum hydropiper (Knöterich),
Polypodium vulgare (Engelsüß),
Polyporus pinicola (Löcherpilz),
Potentilla anserine (Gänsefingerkraut),
Potentilla aurea (Goldenfingerkraut),
Potentilla recta (hohes Fingerkraut),
Primula farinosa (Mehlprimel),
Primula obconica (amerikanische Primel),
Pulsatilla pratensis (Kuhschelle),
Quassia amara (Bitterholz),
Quebracho blanco (weißer Quebracho),
Quercus robur cortex (Stieleichenrinde),
Quercus robur glandes (Stieleicheneichel),
Ranunculus acris (scharfer Hahnenfuß),
Ranunculus bulbosus (Knollenhahnenfuß),
Raphanus nigra (schwarzer Rettich),
Ratanhia (Ratanhiawurzel),
Rauwolfia serpentina (Schlangenwurz),
Rhamnus cathartica (Kreuzdorn),
Rheum palmatum (chinesischer Rhabarber),
Rhododendron ferrugineum (Alpenrose),
Rhus glabra (glatter Sumach),
Ribes nigrum (schwarze Johannisbeere),
Ricinus communis (Rizinus),
Robinia pseudoacacia (Robinie),
Rosa canina (Heckenrose),
Rosa centifolia (Gartenrose),

Rosa damascena (Damaszenerrose),
Rosmarinus officinalis (Rosmarin),
Rubia tinctorum (Färberröte),
Rubus fructicosus (Brombeere),
Rubus idaeus (Himbeere),
Rumex acetosa (kleiner Sauerampfer),
Rumex scutatus (Gartenampfer),
Rumex crispus (krausblättriger Ampfer),
Rumex obtusifolius (Grindwurz),
Ruta graveolens (Weinraute),
Sabadilla officinalis (Läusesamen),
Sabal serrulatum (Sägepalme),
Sabina (Stinkwacholder),
Salix alba (Silberweide),
Salvia officinalis (Salbei),
Sambucus ebulus (Zwergholunder),
Sambucus nigra (schwarzer Holunder),
Sanguinaria canadensis (kanadische Blutwurz),
Sanguisorba officinalis (großer Wiesenkopf),
Sanicula europaea (Heildolde),
Santalum album (weißes Sandelholz),
Saponaria officinalis (Seifenkraut),
Sarsaparilla (Stechweide),
Sassafras officinale (Fenchelholz),
Satureja hortensis (Bohnenkraut),
Scabiosa arvensis (Honigblume),
Scilla maritima (Meerzwiebel),
Scolopendrium vulgare (Hirschzunge),
Scrophularia nodosa (Braunwurz),
Secale cornutum (Mutterkorn),
Sedum acre (Mauerpfeffer),
Sempervivum (Hauswurz),
Senecio aureus (Sonnen-Kreuzkraut),
Senecio fuchsii (Fuchs-Kreuzkraut),
Senecio jacobaea (Jacobskraut),
Senecio vulgaris (gemeines Kreuzkraut),
Senega (Kreuzblume),
Senna acutifolia (Sennesblättter),
Serphyllum thymus (Quendel),
Sinapis alba (weißer Senf),
Solanum nigrum (Nachtschatten),
Solanum pseudocapsicum (Korallenbäumchen),
Solanum tuberosum (Katoffel),

Solidago (Goldrute),
Sorbus aucuparia (Eberesche),
Spartium scoparium (Besenginster),
Spigelia anthelmia (Wurmkraut),
Spilanthes oleracea (Parakresse)
Spiraea ulmaria (echtes Mädesüß),
Spongia officinalis (Meerschwamm),
Stellaria media (Vogelmiere),
Sticta pulmonaria (Lungenflechte),
Stigmata Maydis (Maisnarben),
Stramonium (Stechapfel),
Strophanthus gratus (Strophanthus),
Sumbulus moschatus (Moschuswurzel),
Symphytum (bcinwell),
Syzygium jambolanum (Jambulbaum),
Tabacum (Tabak),
Tamarindus indica (Tamarinde),
Tamarix germanica (deutsche Tamariske),
Tanacetum vulgare (Rainfarn),
Taraxacum (Löwenzahn),
Taxus baccata (Beereneibe),
Teucrium (Gamander),
Thea sinensis (chinesischer Teestrauch),
Thuja occidentalis (Lebensbaum),
Thymus vulgaris (Thymian),
Tilia europaea (Linde),
Tormentilla (Blutwurz),
Trifolium pratense (roter Klee),
Trillium pendulum (Frauenblume),
Triticum repens (gemeine Quecke),
Tropaeolum majus (Kapuzinerkresse),
Tussilago farfara (Huflattich),
Urtica dioica (große Brennessel),
Urtica urens (kleine Brennessel),
Usnea barbata (Bartflechte),
Ustilago maydis (Maisbrand),
Uva ursi (Bärentraube),
Vaccinium vitis idaea (Preiselbeere),
Valeriana celtica (Speik),
Valeriana officinalis (Baldrian),
Vanilla planifolia (Vanille),
Veratrum album (weiße Nieswurz),
Veratrum viride (grüne Nieswurz),
Verbascum (Königskerze),
Verbena officinalis (Eisenkraut),
Veronica beccabunga (Bachbunge),
Veronica officinalis (echter Ehrenpreis),

Vincetoxicum (Schwalbenwurz),
Viola tricolor (Feldstiefmütterchen),
Viscum album (Mistel / in Kombination mit ihren Bäumen entsprechend wirksam),
Vitis vinifera (Weinrebe),
Yagé (Yagé),
Yohimbé (Yohimbé),
Yucca filamentosa (Palmlilie),
Zingiber officinale (Ingwer).

Skorpion ♏ / 24.10. - 22.11.
Planet: Mars
Tag: Dienstag
Körperregion: Leber, Galle, Geschlechtsorgane, Nieren, Kopf
Steine: Malachit, Topas, Turmalin, Sardonyx
Metalle: Eisen (Fe), Kupfer (Cu)
Farben: rot, orange
Hildegard-Heilmittel:
Arthritissalbe,
Bachbungensaft,
Bertramwein,
Brennesselsaft,
Bruchkräuter,
Chrysocard-Pulver,
Dinkel,
Durchfallei-Pulver,
Edelkastanienbad,
Edelkastanienhonig,
Edelkastanienmehl,
Energiekekse,
Farnbad,
Flohsamen,
Galganttabletten,
Gedächtnisöl,
Gehörpulver,
Goldkur,
Hanffasern,
Mariendisteltinktur,
Petersilienhonigwein,
Preiselbeerelexier,
Rainfarnsaft,
Rainfarnwein,
Rautensalbe,
Selleriemischpulver,
Wasserlinsenelexier,
Wermutelexier.
Pflanzen:
Abrotanum (Eberraute),
Aesculus hippocastanum (Roßkastanie),
Aethusa cynapium (Hundspetersilie),
Agaricus muscarius (Fliegenpilz),
Agaricus phalloides (Knollenblätterpilz),
Ajuga reptans (kriechender Günsel),
Aletris farinosa (Sternwurz),
Allium cepa (Zwiebel),
Allium sativum (Knoblauch),
Alnus glutinosa (Schwarzerle),
Aloe (Aloe),
Alpinia officinarum (Galgant),
Ammi visnaga (Khella),
Amygdalae amarae (Bittermandel),
Anacardium orientale (indischer Elefantenlausbaum),
Anacyclus officinarum (Bertram),

Anagallis arvensis (Acker-Gauchheil),
Anchusa officinale (Ochsenzunge),
Angelica archangelica (Engelwurz),
Angustura (Kuspabaum),
Anhalonium lewinii (Peyotl),
Anisum stellatum (Sternanis),
Aralia racemosa (amerikanische Narde),
Arctium lappa (Klette),
Aristolochia clematis (Osterluzei),
Armoracia cochlearia (Meerrettich),
Arnica monatna (Bergwohlverleih),
Artemisia vulgaris (Beifuß),
Arum maculatum (Aronstab),
Asa foetida (Stinkasant),
Asarum europaeum (Haselwurz),
Asclepias tuberosa (Knollenseidenpflanze),
Avena sativa (Hafer),
Badiaga (Flußschwamm),
Baptistia tinctoria (wilder Indigo),
Basilicum ocimum (Basilienkraut),
Bellis perennis (Gänseblümchen),

Berberis vulgaris (Sauerdorn),
Beta vulgaris rubra (rote Beete),
Boldo (Boldobaum),
Bovista (Riesenbovist),
Bryonia dioica (Zaunrübe),
Bucco (Buccoblätter),
Cactus grandiflorus (Königin der Nacht),
Calendula officinalis (Ringelblume),
Capsella bursa pastoris (Hirtentäschel),
Capsicum annum (spanischer Pfeffer),
Carduus benedictus (Benediktendistel),
Carduus marianus (Mariendistel),
Carlina acaulis (Eberwurz),
Carum carvi (Kümmel),
Caryophyllus (Gewürznelke),
Cascara sagrada (amerikanischer Faulbaum),
Cascarilla (Kaskarillrinde),
Cetraria islandica (Islandmoos),
China regia (Chinarinde),
Chionanthus virginica (virginischer Schneeflockenbaum),
Cichorium intybus (Wegwarte),
Cimicifuga racemosa (Wanzenkraut),
Cina (Zitwer),

Cineraria maritima (Aschenpflanze),
Cinnamomum ceylanicum (Ceylonzimt),
Citrus aurantium amara (Pomeranze/Orange),
Citrus medica (Zitrone),
Cocculus (Kockelskörner),
Coffea arabica (Kaffee),
Colchicum autumnale (Herbstzeitlose),
Collinsonia canadensis (kanadische Grießwurz),
Colocynthis (Koloquinte),
Colombo (Kolombowurzel),
Condurango (Kondurangorinde),
Convolvulus arvensis (Ackerwinde),
Coriandrum sativum (Koriander),
Crataegus oxyacantha (Weißdorn),
Crocus sativus (Safran),
Croton eluteria (Kaskarille),
Croton tiglium (Purgierkörner),
Cubeba piper (Kubebenpfeffer),
Cucurbita pepo (Kürbis),
Curcuma longa (Gelbwurz),
Cydonia vulgaris (Quitte),
Cynosbastus (Hagebutte),
Damiana turnera (Damiana),
Daucus carota (Möhre),
Dictamus albus (Diptam),

Dolichos pruriens (Juckbohne),
Dulcamara (Bittersüß),
Echinacea angustifolia (schmalblättriger Sonnenhut),
Echinacea purpurea (purpurfarbener Sonnenhut),
Equisetum hiemale (Winterschachtelhalm),
Erica vulgaris (Heidekraut),
Eryngium campestre (Männertreu),
Eucalyptus globulus (Eukalyptus),
Eupatorium purpureum (roter Wasserhanf),
Euphrasia officinalis (Augentrost),
Exogonium purga (Jalapen-Harz),
Filix mas (Wurmfarn),
Foeniculum vulgare (Fenchel),
Foenum graecum (Bockshornklee),
Frangula rhamnus (Faulbaum),
Fucus amylaceus (Ceylonmoos),
Fucus vesiculosus (Blasentang),
Galium aparine (klebendes Labkraut),
Galium verum (echtes Labkraut),
Gaultheria procumbens (amerikanisches Wintergrün),
Gelsemium (wilder Jasmin),

Gentiana lutea (gelber Enzian),
Geranium robertianum (Ruprechtskraut),
Ginkgo biloba (Ginkgobaum),
Ginseng (Ginsengwurzel),
Glycyrrhiza glabra (Süßholzwurzel),
Gossypium herbaceum (Baumwollstaude),
Grindelia robusta (Grindeliakraut),
Guajacum officinale (Guajakholz),
Hamamelis virginicus (virginischer Zauberstrauch),
Hedera helix (Efeu),
Helleborus niger (schwarze Nieswurz),
Helonias dioica (falsches Einkorn),
Hieracium umbellatum (Dolden-Habichtskraut),
Hydrastis canadensis (kanadische Gelbwurz),
Hydrocotyle asiatica (Wassernabel),
Iberis amara (Schleifenblume),
Ignatia strychnos (Ignatiusbohne),
Ilex paraguayensis (Mate Tee),
Imperatoria ostruthium (Meisterwurz),
Inula helenium (Alant),

Ipecacuanha (Brechwurz),
Iris versicolor (bunte Schwertlilie),
Jaborandi pilocarpus (Jaborandistrauch),
Juglans regia (Walnuß),
Kalmia latifolia (Berglorbeer),
Kola vera (Kolanuß),
Kosso (Kossobaum),
Lamium album (weiße Taubnessel),
Larix decidua (Lärche),
Lathyrus sativus (Platterbse),
Laurocerasus prunus (Kirschlorbeer),
Laurus nobilis (Lorbeer),
Lichen pulmonarius (Lungenmoos),
Linaria vulgaris (gemeines Leinkraut),
Linum officinalis (Flachs),
Matico piper (Matico-Pfeffer),
Menyanthes (Bitterklee),
Meum athamanticum (Bärenfenchel),
Muira puama (Potenzholz),
Myristica fragans (Muskatbaum),
Myristica sebifera (Muskatgewächse),
Myrrha (Myrrhe),
Myroxilon balsamum pereirae (Perubalsam),

Myrtillocactus (Cactaceae),
Myrtillus vaccinium (Heidelbeere),
Myrtus communis (Myrte),
Nigella sativa (Schwarzkümmel),
Nux moschata (Muskatnuß),
Nux vomica (Brechnuß),
Oleander nerium (Oleander),
Olea europaea (Olive),
Ononis spinosa (Hauhechel),
Opuntia vulgaris (Feigenkaktus),
Origanum vulgaris (süßer Majoran),
Orthosiphon stamineus (Katzenbart),
Oxydendron andromeda armorea (Rosmarinheide),
Paeonia (Pfingsrose),
Papaver somniferum (Schlafmohn),

Pareira brava (Grießwurz),
Parietaria officinalis (Glaskraut),
Paullina sorbus (Guarana pasta),
Petroselinum sativum (Petersilie),
Physalis alkekengi (Judenkirsche),
Physostigma venenosum (Kalabarbohne),
Picea excelsa (Rotfichte),
Pimpinella saxifraga (Bibernell),

Pinus pumilio (Latschenkiefer),
Pinus silvestris (Kiefer/Föhre),
Piper methysticum (Kava-Kava),
Piper nigrum (schwarzer Pfeffer),
Pirola rotundifolia (rundblättriges Wintergrün),
Pirus malus (Apfelbaum),
Plantago arenaria (Sandwegerich),
Plantago lanceolata (Spitzwegerich),
Plantago major (Breitwegerich),
Podophyllum (Entenfuß),
Polygala senega (Senegawurzel),
Polygonium hydropiper (Knöterich),
Polypodium vulgare (Engelsüß),
Polyporus pinicola (Löcherpilz),
Potentilla anserine (Gänsefingerkraut),
Potentilla aurea (Goldenfingerkraut),
Potentilla recta (hohes Fingerkraut),
Prunus spinosa (Schlehe),
Punica granatum (Granatapfel),
Quassia amara (Bitterholz),
Quebracho blanco (weißer Quebracho),
Quercus robur cortex (Stieleichenrinde),

Quercus robur glandes (Stieleicheneichel),
Ratanhia (Ratanhiawurzel),
Rauwolfia serpentina (Schlangenwurz),
Rhododendron ferrugineum (Alpenrose),
Rhus glabra (glatter Sumach),
Ribes nigra (schwarze Johannisbeere),
Ricinus communis (Rizinus),
Rosa canina (Heckenrose),
Rosa centifolia (Gartenrose),
Rosa damascena (Damaszenerrose),
Rubia tinctorium (Färberröte),
Sabadilla officinalis (Läusesamen),
Sabal serrulatum (Sägepalme),
Sambucus ebulus (Zwergholunder),
Sambucus nigra (schwarzer Holunder),
Sanguinaria canadensis (kanadische Blutwurz),
Sanicula europaea (Heildolde),
Santalum album (weißes Sandelholz),
Sarsaparilla (Stechweide),
Sassafras officinale (Fenchelholz),
Satureja hortensis (Bohnenkraut),
Scabiosa arvensis (Honigblume),
Scilla maritima (Meerzwiebel),
Scolopendrium vulgare (Hirschzunge),
Secale cornutum (Mutterkorn),
Sempervivum tectorum (Hauswurz),
Senecio vulgaris (gemeines Kreuzkraut),
Senna acutifolia (Sennesblätter),
Solanum nigra (Nachtschatten),
Solidago (Goldrute),
Sorbus aucuparia (Eberesche),
Spigelia anthelmia (Wurmkraut),
Spiraea ulmaria (echtes Mädesüß),
Spongia officinalis (Meerschwamm),
Stellaria media (Vogelmiere),
Sticta pulmonaria (Lungenflechte),
Sumbulus moschatus (Moschuswurzel),
Syzygium jambolanum (Jambulbaum),
Tamarindus indica (Tamarinde),
Tanacetum balsamita (Frauenminze),
Tanacetum vulgare (Rainfarn),
Taraxacum officinale (Löwenzahn),
Taxus baccata (Beereneibe),
Teucrium (Gamander),

Thea sinensis (chinesischer Teestrauch),
Thuja occidentalis (Lebensbaum),
Tormentilla potentilla (Blutwurz),
Trillium pendulum (Frauenblume),
Triticum repens (gemeine Quecke),
Tussilago farfara (Huflattich),
Urtica dioica (große Brennessel),
Urtica urens (kleine Brennessel),
Usnea barbata (Bartflechte),
Uva ursi (Bärentraube),
Valeriana Officinalis (Baldrian),
Vanilla planifolia (Vanille),
Veratrum album (weiße Nieswurz),
Veronica officinalis (echter Ehrenpreis),
Viscum album (Mistel / in Kombination mit ihren Bäumen entsprechend wirksam),
Vitis vinifera (Weinrebe),
Yagé (Yagé),
Yohimbé (Yohimbé).

Schütze ♐ **/ 23.11. - 21.12.**
Planet: Jupiter
Tag: Donnerstag
Körperregion: Hüften, Bronchien, Lunge, Leber, Herz
Steine: Granat, Türkis, Obsidian
Farben: blau, schwarz
Hildegard-Heilmittel:
Akeleihonig,
Aronstabelexier,
Bärenfettasche,
Bertramwein,
Bronchialpaste,
Edelkastanienhonig,
Edelkastanienmehl,
Galganthonig,
Galganttabletten,
Grippepulver,
Heckenrosenelexier,
Herzpillen,
Herzsaft,
Hirschzungenelexier,
Rautegranulat,
Schlafkräuter,
Stimmkräuter,
Strumakräuter,
Wasserlinsenelexier,
Wermutelexier,
Wollblumenelexier,
Zitwerpulver.
Pflanzen:
Abrotanum (Eberraute),
Acer campestre (Ahorn),
Aesculus hippocastanum (Roßkastanie),
Agaricus muscarius (Fliegenpilz),
Agaricus phalloides (Knollenblätterpilz),
Agrimonia (Odermennig),
Aletris farinosa (Sternwurz),
Allium cepa (Zwiebel),
Allium sativum (Knoblauch),
Alnus glutinosa (Schwarzerle),
Aloe (Aloe),
Alpinia officinarum (Galgant),
Ammi visnaga (Khella),
Amygdalae amarae (Bittermandel),
Anacardium orientale (indischer Elefantenlausbaum),
Angelica archangelica (Engelwurz),
Angustura (Kuspabaum),
Anhalonium lewinii (Peyotl),
Anisum stellatum (Sternanis),
Aralia racemosa (amerikanische Narde),
Aristolochia clematis (Osterluzei),
Arnica montana (Bergwohlverleih),
Asa foetida (Stinkasant),
Asparagus officinalis (Spargel),
Avena sativa (Hafer),
Badiaga (Flußschwamm),

Baptistia tinctoria (wilder Indigo),
Basilicum ocimum (Basilienkraut),
Bellis perennis (Gänseblümchen),
Beta vulgaris (Runkelrübe),
Beta vulgaris rubra (rote Beete),
Betonica officinalis (Betonika),
Boldo (Boldobaum),
Borago officinalis (Borretsch),
Bovista (Riesenbovist),
Bucco (Buccoblätter),
Cactus grandiflorus (Königin der Nacht),
Capsella bursa pastoris (Hirtentäschel),
Capsicum annum (spanischer Pfeffer),
Carum carvi (Kümmel),
Caryophyllus (Gewürznelke),
Cascara sagrada (amerikanischer Faulbaum),
Cascarilla (Kaskarillrinde),
Castanea vesca (Eßkastanie),
Chaerophyllum sativum (Kälberkropf),
China regia (Chinarinde),
Chionanthus virginica (virginischer Schneeflockenbaum),
Cichorium intybus (Wegwarte),
Cimicifuga racemosa (Wanzenkraut),
Cina (Zitwer),
Cineraria maritima (Aschenpflanze),
Cinnamomum ceylanicum (Ceylonzimt),
Citrus aurantium amara (Pomeranze/Orange),
Citrus medica (Zitrone),
Cocculus (Kockelskörner),
Coffea arabica (Kaffee),
Colchicum autumnale (Herbstzeitlose),
Collinsonia canadensis (kanadische Grießwurz),
Colocynthis (Koloquinte),
Colombo (Kolombowurzel),
Condurango (Kondurangorinde),
Coriandrum sativum (Koriander),
Crocus sativus (Safran),
Croton eluteria (Kaskarille),
Croton tiglium (Purgierkörner),
Cubeba piper (Kubebenpfeffer),
Cucurbita pepo (Kürbis),
Curcuma longa (Gelbwurz),
Cynosbastus (Hagebutte),
Damiana turnera (Damiana),
Daucus carota (Möhre),
Dictamus albus (Diptam),
Dolichos pruriens (Juckbohne),
Dulcamara (Bittersüß),
Echinacea angustifolia (schmalblättriger Sonnenhut),

Echinacea purpurea (purpurfarbener Sonnenhut),
Equisetum hiemale (Winterschachtelhalm),
Erica vulgaris (Heidekraut),
Eucalyptus globulus (Eukalyptus),
Eupatorium purpureum (roter Wasserhanf),
Exogonium purga (Jalapen-Harz),
Filix mas (Wurmfarn),
Foeniculum vulgare (Fenchel),
Frangula rhamnus (Faulbaum),
Fucus amylaceus (Ceylonmoos),
Fucus vesiculosus (Blasentang),
Galium aparine (klebendes Labkraut),
Galium verum (echtes Labkraut),
Gaultheria procumbens (amerikanisches Wintergrün),
Gelsemium (wilder Jasmin),
Geum urbanum (echte Nelkenwurz),
Ginkgo biloba (Ginkgobaum),
Ginseng (Ginsengwurzel),
Glycyrrhiza glabra (Süßholzwurzel),
Gossypium herbaceum (Baumwollstaude),
Grindelia robusta (Grindeliakraut),

Guajacum officinale (Guajakholz),
Hamamelis virginica (virginischer Zauberstrauch),
Hedera helix (Efeu),
Helonias dioica (falsches Einkorn),
Hydrastis canadensis (kanadische Gelbwurz),
Hydrocotyle asiatica (Wassernabel),
Ignatia strychnos (Ignatiusbohne),
Ilex paraguayensis (Mate Tee),
Inula helenium (Alant),
Ipecacuanha (Brechwurz),
Iris versicolor (bunte Schwertlilie),
Jaborandi pilocarpus (Jaborandistrauch),
Juglans regia (Walnuß),
Kalmia latifolia (Berglorbeer),
Kola vera (Kolanuß),
Kosso (Kossobaum),
Lapsana communis (Rainkohl),
Larix decidua (Lärche),
Laurocerasus prunus (Kirschlorbeer),
Laurus nobilis (Lorbeer),
Lichen pulmonarius (Lungenmoos),
Marchantia polymorpha (Lebermoos),

Matico piper (Matico-Pfeffer),
Melilotus (Steinklee),
Muira puama (Potenzholz),
Myristica fragans (Muskatbaum),
Myristica sebifera (Muskatgewächse),
Myrrha (Myrrhe),
Myroxilon balsamum pereirae (Perubalsam),
Myrtillocactus (Cactaceae),
Myrtillus vaccinium (Heidelbeere),
Myrtus communis (Myrte),
Nux moschata (Muskatnuß),
Nux vomica (Brechnuß),
Oleander nerium (Oleander),
Olea europaea (Olive),
Opuntia vulgaris (Feigenkaktus),
Orthosiphon stamineus (Katzenbart),
Oxydendron andromeda armorea (Rosmarinheide),
Paeonia (Pfingsrose),
Pareira brava (Grießwurz),
Paullina sorbus (Guarana pasta),
Physostigma venenosum (Kalabarbohne),
Picea excelsa (Rotfichte),
Pinus pumilio (Latschenkiefer),
Pinus silvestris (Kiefer/Föhre),
Piper methysticum (Kava-Kava),

Piper nigrum (schwarzer Pfeffer),
Pirola rotundifolia (rundblättriges Wintergrün),
Pirus malus (Apfelbaum),
Plantago arenaria (Sandwegerich),
Plantago lanceolata (Spitzwegerich),
Plantago major (Breitwegerich),
Podophyllum (Entenfuß),
Polygala senega (Senegawurzel),
Polypodium vulgare (Engelsüß),
Polyporus pinicola (Löcherpilz),
Potentilla anserine (Gänsefingerkraut),
Potentilla aurea (Goldenfingerkraut),
Potentilla recta (hohes Fingerkraut),
Prunus spinosa (Schlehe),
Quassia amara (Bitterholz),
Quebracho blanco (weißer Quebracho),
Quercus robur cortex (Stieleichenrinde),
Ratanhia (Ratanhiawurzel),
Rauwolfia serpentina (Schlangenwurz),
Rhododendron ferrugineum (Alpenrose),
Rhus glabra (glatter Sumach),

Ribes nigra (schwarze Johannisbeere),
Ricinus communis (Rizinus),
Rosa canina (Heckenrose),
Rubia tinctorum (Färberröte),
Sabadilla officinalis (Läusesamen),
Sabal serrulatum (Sägepalme),
Sambucus ebulus (Zwergholunder),
Sambucus nigra (schwarzer Holunder),
Sanguinaria canadensis (kanadische Blutwurz),
Santalum album (weißes Sandelholz),
Sarsaparilla (Stechweide),
Sassafras officinale (Fenchelholz),
Scilla maritima (Meerzwiebel),
Secale cornutum (Mutterkorn),
Sempervivum tectorum (Hauswurz),
Senecio vulgaris (gemeines Kreuzkraut),
Senna acutifolia (Sennesblätter),
Spigelia anthelmia (Wurmkraut),
Spiraea ulmaria (echtes Mädesüß),
Spongia officinalis (Meerschwamm),
Stellaria media (Vogelmiere),
Sticta pulmonaria (Lungenflechte),
Sumbulus moschatus (Moschuswurzel),
Syzygium jambolanum (Jambulbaum),
Tamarindus indica (Tamarinde),
Taraxacum officinale (Löwenzahn),
Taxus baccata (Beereneibe),
Thea sinensis (chinesischer Teestrauch),
Thuja occidentalis (Lebensbaum),
Trillium pendulum (Frauenblume),
Vanilla planifolia (Vanille),
Veratrum album (weiße Nieswurz),
Viscum album (Mistel / in Kombination mit ihren Bäumen entsprechend wirksam),
Vitis vinifera (Weinrebe),
Yagé (Yagé),
Yohimbé (Yohimbé).

Steinbock ♑ / 22.12 - 20.01.
Planet: Saturn
Tag: Samstag
Körperregion: Leber, Nieren, Knie, Bindegewebe
Steine: Bergkristall, Quarz, Onyx, Chalcedon
Metall: Blei (Pb)
Farben: indigo, weiß
Hildegard-Heilmittel:
Afrikanischer Kalk,
Arthritissalbe,
Bachbungensaft,
Bertramwein,
Bruchkräuter,
Edelkastanienbad,
Edelkastanhonig,
Farnbad,
Goldkur,
Muskatpulvermischung,
Nervenkräuter,
Pfirsichblätterelexier,
Rautensalbe,
Selleriemischpulver,
Stabwurzsaft,
Veilchensalbe,
Wasserlinsenelexier,
Wermutelexier,
Zitwerelexier.
Pflanzen:
Aconitum napellus (echter Eisenhut),
Aesculus hippocastanum (Roßkastanie),
Agaricus muscarius (Fliegenpilz),
Agaricus phalloides (Knollenblätterpilz),
Aletris farinosa (Sternwurz),
Allium cepa (Zwiebel),
Allium sativum (Knoblauch),
Alnus glutinosa (Schwarzerle),
Aloe (Aloe),
Alpinia officinarum (Galgant),
Amaranthus (Samtblume),
Ammi visnaga (Khella),
Amygdalae amarae (Bittermandel),
Anacardium orientale (indischer Elefantenlausbaum),
Angelica archangelica (Engelwurz),
Angustura (Kuspabaum),
Anhalonium lewinii (Peyotl),
Anisum stellatum (Sternanis),
Aralia racemosa (amerikanische Narde),
Aristolochia clematis (Osterluzei),
Asa foetida (Stinkasant),
Asplenium ceterach (Streifenfarn),
Avena sativa (Hafer),
Badiaga (Flußschwamm),

Baptistia tinctoria (wilder Indigo),
Basilicum ocimum (Basilienkraut),
Belladonna atropa (Tollkirsche),
Beta vulgaris rubra (rote Beete),
Boldo (Boldobaum),
Bovista (Riesenbovist),
Bucco (Buccoblätter),
Cactus grandiflorus (Königin der Nacht),
Cannabis sativa (gemeiner Hanf),
Capsella bursa pastoris (Hirtentäschel),
Capsicum annum (spanischer Pfeffer),
Carum carvi (Kümmel),
Caryophyllus (Gewürznelke),
Cascarilla (Kaskarillrinde),
Centaurea nigra (schwarze Flockeblume),
China regia (Chinarinde),
Chionanthus virginica (virginischer Schneeflockenbaum),
Chrysoplenium (Milzkraut),
Cimicifuga racemosa (Wanzenkraut),
Cina (Zitwer),
Cineraria maritima (Aschenpflanze),
Cinnamomum ceylanicum (Ceylonzimt),

Citrus aurantium amara (Pomeranze/Orange),
Citrus medica (Zitrone),
Cocculus (Kockelskörner),
Coffea arabica (Kaffee),
Collinsonia canadensis (kanadische Grießwurz),
Colocynthis (Koloquinte),
Colombo (Kolombowurzel),
Condurango (Kondurangorinde),
Conium maculatum (gefleckter Schierling),
Coriandrum sativum (Koriander),
Croton eluteria (Kaskarille),
Croton tiglium (Purgierkörner),
Cubeba piper (Kubebenpfeffer),
Cucurbita pepo (Kürbis),
Curcuma longa (Gelbwurz),
Cydonia vulgaris (Quitte),
Cynosbastus (Hagebutte),
Damiana turnera (Damiana),
Dolichos pruriens (Juckbohne),
Echinacea angustifolia (schmalblättriger Sonnenhut),
Echinacea purpurea (purpurfarbener Sonnenhut),
Equisetum hiemale (Winterschachtelhalm),
Eucalyptus globulus (Eukalyptus),
Eupatorium purpureum (roter Wasserhanf),

Exogonium purga (Jalapen-Harz),
Fagus sylvatica (Buche),
Fucus amylaceus (Ceylonmoos),
Fucus vesiculosus (Blasentang),
Gaultheria procumbens (amerikanisches Wintergrün),
Gelsemium (wilder Jasmin),
Ginkgo biloba (Ginkgobaum),
Ginseng (Ginsengwurzel),
Glycyrrhiza glabra (Süßholzwurzel),
Gossypium herbaceum (Baumwollstaude),
Grindelia robusta (Grindeliakraut),
Guajacum officinale (Guajakholz),
Hamamelis virginica (virginischer Zauberstrauch),
Hedera helix (Efeu),
Helonias dioica (falsches Einkorn),
Hydrocotyle asiatica (Wassernabel),
Hyoscyamus niger (Bilsenkraut),
Ignatia strychnos (Ignatiusbohne),
Ilex paraguayensis (Mate Tee),
Inula helenium (Alant),
Ipecacuanha (Brechwurz),
Iris versicolor (bunte Schwertlilie),

Jaborandi pilocarpus (Jaborandistrauch),
Juglans regia (Walnuß),
Kalmia latifolia (Berglorbeer),
Kola vera (Kolanuß),
Kosso (Kossobaum),
Larix decidua (Lärche),
Laurocerasus prunus (Kirschlorbeer),
Lichen pulmonarius (Lungenmoos),
Lolium tremulentum (Taumellolch) Matico piper (Matico-Pfeffer),
Mespilus germanica (deutsche Mispel),
Muira puama (Potenzholz),
Myristica fragans (Muskatbaum),
Myristica sebifera (Muskatgewächse),
Myrrha (Myrrhe),
Myroxilon balsamum pereirae (Perubalsam),
Myrtillocactus (Cactaceae),
Myrtillus vaccinium (Heidelbeere),
Myrtus communis (Myrte),
Nux moschata (Muskatnuß),
Nux vomica (Brechnuß),
Oleander nerium (Oleander),
Olea europaea (Olive),
Opuntia vulgaris (Feigenkaktus),

Orthosiphon stamineus (Katzenbart),
Ovinthum Perpeduum (Vogelfuß),
Oxydendron andromeda armorea (Rosmarinheide),
Pareira brava (Grießwurz),
Paullina sorbus (Guarana pasta),
Physostigma venenosum (Kalabarbohne),
Picea excelsa (Rotfichte),
Pinus pumilio (Latschenkiefer),
Pinus silvestris (Kiefer/Föhre),
Piper methysticum (Kava-Kava),
Piper nigrum (schwarzer Pfeffer),
Pirola rotundifolia (rundblättriges Wintergrün),
Plantago arenaria (Sandwegerich),
Podophyllum (Entenfuß),
Polygala senega (Senegawurzel),
Polypodium vulgare (Engelsüß),
Polyporus pinicola (Löcherpilz),
Populus nigra (Schwarzpappel),
Prunus spinosa (Schlehe),
Quassia amara (Bitterholz),
Quebracho blanco (weißer Quebracho),
Quercus robur cortex (Stieleichenrinde),
Ratanhia (Ratanhiawurzel),

Rauwolfia serpentina (Schlangenwurz),
Rhododendron ferrugineum (Alpenrose),
Rhus glabra (glatter Sumach),
Ricinus communis (Rizinus),
Sabadilla officinalis (Läusesamen),
Sabal serrulatum (Sägepalme),
Sambucus nigra (schwarzer Holunder),
Sanguinaria canadensis (kanadische Blutwurz),
Santalum album (weißes Sandelholz),
Saponaria (Seifenrindenbaum),
Sarsaparilla (Stechweide),
Sassafras officinale (Fenchelholz),
Scilla maritima (Meerzwiebel),
Secale cornutum (Mutterkorn),
Sempervivum tectorum (Hauswurz),
Senna acutifolia (Sennesblätter),
Spigelia anthelmia (Wurmkraut),
Spiraea ulmaria (echtes Mädesüß),
Spongia officinalis (Meerschwamm),
Stellaria media (Vogelmiere),
Sticta pulmonaria (Lungenflechte),

Sumbulus moschatus (Moschuswurzel),
Symphytum officinalis (Beinwell),
Syzygium jambolanum (Jambulbaum),
Tamarindus indica (Tamarinde),
Taxus baccata (Beereneibe),
Thea sinensis (chinesischer Teestrauch),
Thuja occidentalis (Lebensbaum),
Trillium pendulum (Frauenblume),
Vanilla planifolia (Vanille),
Viscum album (Mistel / in Kombination mit ihren Bäumen entsprechend wirksam),
Vitis vinifera (Weinrebe),
Yagé (Yagé),
Yohimbé (Yohimbé).

Wassermann ♒ / 21.01. - 19.02.
Planeten: Saturn / Uranus
Tag: Samstag
Körperregion: Niere, Blase, untere Extremitäten
Steine: Aquamarin, Beryll, Saphir
Metalle: Blei (Pb), Silber (Ag)
Farben: indigo, silber
Hildegard-Heilmittel:
Afrikanischer Kalk,
Arthritissalbe,
Bachbungensaft,
Bertramwein,
Bruchkräuter,
Edelkastanienbad,
Edelkastanhonig,
Farnbad,
Goldkur,
Muskatpulvermischung,
Nervenkräuter,
Pfirsichblätterelexier,
Rautensalbe,
Selleriemischpulver,
Stabwurzsaft,
Veilchensalbe,
Wasserlinsenelexier,
Wermutelexier,
Zitwerelexier.
Pflanzen:
Aconitum napellus (echter Eisenhut),
Aegopodium (Heckennüßchen),
Aesculus hippocastanum (Roßkastanie),
Agaricus muscarius (Fliegenpilz),
Agaricus phalloides (Knollenblätterpilz),
Aletris farinosa (Sternwurz),
Allium cepa (Zwiebel),
Allium sativum (Knoblauch),
Alnus glutinosa (Schwarzerle),
Aloe (Aloe),
Alpinia officinarum (Galgant),
Amaranthus (Samtblume),
Ammi visnaga (Khella),
Amygdalae amarae (Bittermandel),
Anacardium orientale (indischer Elefantenlausbaum),
Angelica archangelica (Engelwurz),
Angustura (Kuspabaum),
Anhalonium lewinii (Peyotl),
Anisum stellatum (Sternanis),
Aralia racemosa (amerikanische Narde),
Aristolochia clematis (Osterluzei),
Asa foetida (Stinkasant),
Asplenium ceterach (Streifenfarn),
Avena sativa (Hafer),
Badiaga (Flußschwamm),

Baptistia tinctoria (wilder Indigo),
Basilicum ocimum (Basilienkraut),
Belladonna atropa (Tollkirsche),
Beta vulgaris rubra (rote Beete),
Boldo (Boldobaum),
Bovista (Riesenbovist),
Bucco (Buccoblätter),
Cactus grandiflorus (Königin der Nacht),
Cannabis sativa (gemeiner Hanf),
Capsella bursa pastoris (Hirtentäschel),
Capsicum annum (spanischer Pfeffer),
Carum carvi (Kümmel),
Caryophyllus (Gewürznelke),
Cascarilla (Kaskarillrinde),
Centaurea nigra (schwarze Flockeblume),
China regia (Chinarinde),
Chionanthus virginica (virginischer Schneeflockenbaum),
Chrysoplenium (Milzkraut),
Cimicifuga racemosa (Wanzenkraut),
Cina (Zitwer),
Cineraria maritima (Aschenpflanze),
Cinnamomum ceylanicum (Ceylonzimt),
Citrus aurantium amara (Pomeranze/Orange),
Citrus medica (Zitrone),
Cocculus (Kockelskörner),
Coffea arabica (Kaffee),
Collinsonia canadensis (kanadische Grießwurz),
Colocynthis (Koloquinte),
Colombo (Kolombowurzel),
Condurango (Kondurangorinde),
Conium maculatum (gefleckter Schierling),
Coriandrum sativum (Koriander),
Croton eluteria (Kaskarille),
Croton tiglium (Purgierkörner),
Cubeba piper (Kubebenpfeffer),
Cucurbita pepo (Kürbis),
Curcuma longa (Gelbwurz),
Cydonia vulgaris (Quitte),
Cynosbastus (Hagebutte),
Damiana turnera (Damiana),
Dolichos pruriens (Juckbohne),
Echinacea angustifolia (schmalblättriger Sonnenhut),
Echinacea purpurea (purpurfarbener Sonnenhut),
Equisetum hiemale (Winterschachtelhalm),
Eucalyptus globulus (Eukalyptus),
Eupatorium purpureum (roter Wasserhanf),

Exogonium purga (Jalapen-Harz),
Fagus sylvatica (Buche),
Fucus amylaceus (Ceylonmoos),
Fucus vesiculosus (Blasentang),
Gaultheria procumbens (amerikanisches Wintergrün),
Gelsemium (wilder Jasmin),
Ginkgo biloba (Ginkgobaum),
Ginseng (Ginsengwurzel),
Glycyrrhiza glabra (Süßholzwurzel),
Gossypium herbaceum (Baumwollstaude),
Grindelia robusta (Grindeliakraut),
Guajacum officinale (Guajakholz),
Hamamelis virginica (virginischer Zauberstrauch),
Hedera helix (Efeu),
Helonias dioica (falsches Einkorn),
Hieracium (Habichtskraut),
Hydrocotyle asiatica (Wassernabel),
Hyoscyamus niger (Bilsenkraut),
Ignatia strychnos (Ignatiusbohne),
Ilex aquifolium Stechpalme),
Ilex paraguayensis (Mate Tee),
Inula helenium (Alant),
Ipecacuanha (Brechwurz),

Iris versicolor (bunte Schwertlilie),
Jaborandi pilocarpus (Jaborandistrauch),
Juglans regia (Walnuß),
Kalmia latifolia (Berglorbeer),
Kola vera (Kolanuß),
Kosso (Kossobaum),
Larix decidua (Lärche),
Laurocerasus prunus (Kirschlorbeer),
Lichen pulmonarius (Lungenmoos),
Lolium tremulentum (Taumellolch) Matico piper (Matico-Pfeffer),
Mespilus germanica (deutsche Mispel),
Muira puama (Potenzholz),
Myristica fragans (Muskatbaum),
Myristica sebifera (Muskatgewächse),
Myrrha (Myrrhe),
Myroxilon balsamum pereirae (Perubalsam),
Myrtillocactus (Cactaceae),
Myrtillus vaccinium (Heidelbeere),
Myrtus communis (Myrte),
Nux moschata (Muskatnuß),
Nux vomica (Brechnuß),
Oleander nerium (Oleander),

Olea europaea (Olive),
Opuntia vulgaris (Feigenkaktus),
Orthosiphon stamineus (Katzenbart),
Ovinthum Perpeduum (Vogelfuß),
Oxydendron andromeda armorea (Rosmarinheide),
Pareira brava (Grießwurz),
Paullina sorbus (Guarana pasta),
Physostigma venenosum (Kalabarbohne),
Picea excelsa (Rotfichte),
Pinus pumilio (Latschenkiefer),
Pinus silvestris (Kiefer/Föhre),
Piper methysticum (Kava-Kava),
Piper nigrum (schwarzer Pfeffer),
Pirola rotundifolia (rundblättriges Wintergrün),
Plantago arenaria (Sandwegerich),
Podophyllum (Entenfuß),
Polygala senega (Senegawurzel),
Polypodium vulgare (Engelsüß),
Polyporus pinicola (Löcherpilz),
Populus nigra (Schwarzpappel),
Prunus spinosa (Schlehe),
Quassia amara (Bitterholz),
Quebracho blanco (weißer Quebracho),
Quercus robur cortex (Stieleichenrinde),
Ratanhia (Ratanhiawurzel),
Rauwolfia serpentina (Schlangenwurz),
Rhododendron ferrugineum (Alpenrose),
Rhus glabra (glatter Sumach),
Ricinus communis (Rizinus),
Sabadilla officinalis (Läusesamen),
Sabal serrulatum (Sägepalme),
Sambucus nigra (schwarzer Holunder),
Sanguinaria canadensis (kanadische Blutwurz),
Santalum album (weißes Sandelholz),
Saponaria (Seifenrindenbaum),
Sarsaparilla (Stechweide),
Sassafras officinale (Fenchelholz),
Scilla maritima (Meerzwiebel),
Secale cornutum (Mutterkorn),
Sempervivum tectorum (Hauswurz),
Senna acutifolia (Sennesblätter),
Spigelia anthelmia (Wurmkraut),
Spiraea ulmaria (echtes Mädesüß),
Spongia officinalis (Meerschwamm),
Stellaria media (Vogelmiere),
Sticta pulmonaria (Lungenflechte),

Sumbulus moschatus (Moschuswurzel),
Symphytum officinalis (Beinwell),
Syzygium jambolanum (Jambulbaum),
Tamarindus indica (Tamarinde),
Taxus baccata (Beereneibe),
Thea sinensis (chinesischer Teestrauch),
Thuja occidentalis (Lebensbaum),
Trillium pendulum (Frauenblume),
Vanilla planifolia (Vanille),
Viscum album (Mistel / in Kombination mit ihren Bäumen entsprechend wirksam),
Vitis vinifera (Weinrebe),
Yagé (Yagé),
Yohimbé (Yohimbé).

Fische ♓ / 20.02. - 20.03.
Planeten: Jupiter, Neptun
Tag: Donnerstag
Körperregion: untere Extremitäten, Füße, Leber, Magen
Steine: Türkis, Saphir, Mondstein
Metall: Zinn (Sn)
Farben: grün, blau
Hildegard-Heilmittel:
Afrikanischer Kalk,
Ambrosiustee,
Aronstabelexier,
Bachbungensaft,
Beifußelexier,
Brennesselsaft,
Chrysocard-Pulver,
Edelkastanienhonig,
Edelkastanienmehl,
Engelsüßpulvermischung,
Fenchelgranulat,
Ingwerpulvermischung,
Mariendisteltinktur,
Mutterkümmelmischpulver,
Pfirsichblätterelexier,
Preiselbeerelexier,
Raute-Fenchelgranulat,
Sclareaelexier,
Sivesan-Pulver,
Wasserlinsenelexier,
Wermutelexier,
Zitwerpulver.

Pflanzen:
Acer campestre (Ahorn),
esculus hippocastanum (Roßkastanie),
Agaricus muscarius (Fliegenpilz),
Agaricus phalloides (Knollenblätterpilz),
Agrimonia (Odermennig),
Aletris farinosa (Sternwurz),
Allium cepa (Zwiebel),
Allium sativum (Knoblauch),
Alnus glutinosa (Schwarzerle),
Aloe (Aloe),
Alpinia officinarum (Galgant),
Althaea officinalis (Eibisch),
Ammi visnaga (Khella),
Amygdalae amarae (Bittermandel),
Anacardium orientale (indischer Elefantenlausbaum),
Anemona nemorosa (Buschwindröschen),
Angustura (Kuspabaum),
Anhalonium lewinii (Peyotl),
Anisum stellatum (Sternanis),
Apocynum cannabium (hanfartiger Hundswürger),
Aralia racemosa (amerikanische Narde),
Aristolochia clematis (Osterluzei),
Asa foetida (Stinkasant),

Asparagus officinalis (Spargel),
Avena sativa (Hafer),
Badiaga (Flußschwamm),
Baptistia tinctoria (wilder Indigo),
Basilicum ocimum (Basilienkraut),
Bellis perennis (Gänseblümchen),
Berberis vulgaris (Sauerdorn),
Beta vulgaris (Runkelrübe),
Beta vulgaris rubra (rote Beete),
Betonica officinalis (gemeine Betonie),
Betula alba (weiße Birke),
Boldo (Boldobaum),
Boletus laricis (Lärchenschwamm),
Bovista (Riesenbovist),
Bucco (Buccoblätter),
Cactus grandiflorus (Königin der Nacht),
Caltha palustris (Sumpfdotterblume),
Capsella bursa pastoris (Hirtentäschel),
Capsicum annum (spanischer Pfeffer),
Carum carvi (Kümmel),
Caryophyllus (Gewürznelke),
Cascarilla (Kaskarillrinde),
Caulophyllum thalictroides (Frauenwurz),

Chaerophyllum sativum (Kälberkropf),
Chelidonium majus (Schöllkraut),
China regia (Chinarinde),
Chionanthus virginica (virginischer Schneeflockenbaum),
Cimicifuga racemosa (Wanzenkraut),
Cina (Zitwer),
Cineraria maritima (Aschenpflanze),
Cinnamomum ceylanicum (Ceylonzimt),
Citrus aurantium amara (Pomeranze/Orange),
Citrus medica (Zitrone),
Cocculus (Kockelskörner),
Coffea arabica (Kaffee),
Collinsonia canadensis (kanadische Grießwurz),
Colocynthis (Koloquinte),
Colombo (Kolombowurzel),
Condurango (Kondurangorinde),
Coriandrum sativum (Koriander),

Corydalis cava (Lerchensporn),
Corylus avellana (Haselnuß),
Croton eluteria (Kaskarille),
Croton tiglium (Purgierkörner),
Cubeba piper (Kubebenpfeffer),
Cucurbita pepo (Kürbis),

Curcuma longa (Gelbwurz),
Cynosbastus (Hagebutte),
Damiana turnera (Damiana),
Dolichos pruriens (Juckbohne),
Echinacea angustifolia (schmalblättriger Sonnenhut),
Echinacea purpurea (purpurfarbener Sonnenhut),
Equisetum hiemale (Winterschachtelhalm),
Eucalyptus globulus (Eukalyptus),
Eupatorium purpureum (roter Wasserhanf),
Exogonium purga (Jalapen-Harz),
Ficus carica (gemeine Feige),
Fucus amylaceus (Ceylonmoos),
Fucus vesiculosus (Blasentang),
Gaultheria procumbens (amerikanisches Wintergrün),
Gelsemium (wilder Jasmin),
Geum urbanum (echte Nelkenwurz),
Ginkgo biloba (Ginkgobaum),
Ginseng (Ginsengwurzel),
Glechoma hederacea (Gundelrebe),
Glycyrrhiza glabra (Süßholzwurzel),
Gossypium herbaceum (Baumwollstaude),
Grindelia robusta (Grindeliakraut),
Guajacum officinale (Guajakholz),
Hamamelis virginica (virginischer Zauberstrauch),
Hedera helix (Efeu),
Helleborus niger (schwarze Nieswurz),
Helonias dioica (falsches Einkorn),
Hepatica triloba (Leberblümchen),
Hydrocotyle asiatica (Wassernabel),
Hyssopus officinalis (Ysop),
Ignatia strychnos (Ignatiusbohne),
Ilex paraguayensis (Mate Tee),
Inula helenium (Alant),
Ipecacuanha (Brechwurz),
Iris germanica (deutsche Schwertlilie),
Iris versicolor (bunte Schwertlilie),
Jaborandi pilocarpus (Jaborandistrauch),
Jasminum (Jasmin),
Juglans regia (Walnuß),
Kalmia latifolia (Berglorbeer),
Kola vera (Kolanuß),
Kosso (Kossobaum),

Lamium album (weiße Taubnessel),
Lapsana communis (Rainkohl),
Larix decidua (Lärche),
Laurocerasus prunus (Kirschlorbeer),
Lichen caninus (Schwindflechte),
Lichen pulmonarius (Lungenmoos),
Marchantia polymorpha (Lebermoos),
Matico piper (Matico-Pfeffer),
Melilotus (Steinklee),
Mercurialis perennis (Bingelkraut),
Mezereum daphne (Seidelbast),
Muira puama (Potenzholz),
Myristica fragans (Muskatbaum),
Myristica sebifera (Muskatgewächse),
Myrrha (Myrrhe),
Myroxilon balsamum pereirae (Perubalsam),
Myrtillocactus (Cactaceae),
Myrtillus vaccinium (Heidelbeere),
Myrtus communis (Myrte),
Nux moschata (Muskatnuß),
Nux vomica (Brechnuß),
Oleander nerium (Oleander),
Olea europaea (Olive),

Ononis spinosa (Hauhechel),
Opuntia vulgaris (Feigenkaktus),
Orchis morio (Knabenkraut),
Orthosiphon stamineus (Katzenbart),
Oxydendron andromeda armorea (Rosmarinheide),
Papaver rhoeas (Klatschmohn),
Pareira brava (Grießwurz),
Paullina sorbus (Guarana pasta),
Petasites officinalis (Pestwurz),
Physostigma venenosum (Kalabarbohne),
Picea excelsa (Rotfichte),
Pimpinella saxifraga (Bibernell),
Pinus pumilio (Latschenkiefer),
Pinus silvestris (Kiefer/Föhre),
Piper methysticum (Kava-Kava),
Piper nigrum (schwarzer Pfeffer),
Plantago arenaria (Sandwegerich),
Plantago lanceolata (Spitzwegerich),
Podophyllum (Entenfuß),
Polygala senega (Senegawurzel),
Polypodium vulgare (Engelsüß),
Polyporus pinicola (Löcherpilz),
Populus alba (Silberpappel),
Populus candicans (Ontario-Pappel),
Populus nigra (Schwarzpappel),
Populus tremulo (Zitterpappel),

Primula veris (Schlüsselblume),
Prunus armenica (Aprikose),
Prunus spinosa (Schlehe),
Pulmonaria (Lungenkraut),
Quassia amara (Bitterholz),
Quebracho blanco (weißer Quebracho),
Quercus robur cortex (Stieleichenrinde),
Ratanhia (Ratanhiawurzel),
Rauwolfia serpentina (Schlangenwurz),
Rhamnus cathartica (Kreuzdorn),
Rheum palmatum (chinesicher Rhabarber),
Rhododendron ferrugineum (Alpenrose),
Rhus glabra (glatter Sumach),
Rhus toxicodendron (Giftsumach),
Ricinus communis (Rizinus),
Rosa canina (Heckenrose),
Sabadilla officinalis (Läusesamen),
Sabal serrulatum (Sägepalme),
Saccharum officinalis (Zuckerrohr),
Salvia officinalis (Salbei),
Salix alba (Silberweide),
Salix nigra (Schwarzweide),
Salix purpurea (Purpurweide),
Ambucus ebulus (Zwergholunder),
Sanguinaria canadensis (kanadische Blutwurz),
Santalum album (weißes Sandelholz),
Saponaria (Seifenrindenbaum),
Sarsaparilla (Stechweide),
Sassafras officinale (Fenchelholz),
Scilla maritima (Meerzwiebel),
Secale cornutum (Mutterkorn),
Senecio vulgaris (gemeines Kreuzkraut),
Spigelia anthelmia (Wurmkraut),
Spiraea ulmaria (echtes Mädesüß),
Spongia officinalis (Meerschwamm),
Stellaria media (Vogelmiere),
Sticta pulmonaria (Lungenflechte),
Sumbulus moschatus (Moschuswurzel),
Syzygium jambolanum (Jambulbaum),
Tamarindus indica (Tamarinde),
Taraxacum officinale (Löwenzahn),
Taxus baccata (Beereneibe),
Thea sinensis (chinesischer Teestrauch),

Thuja occidentalis (Lebensbaum),
Tormentilla potentilla (Blutwurz),
Trillium pendulum (Frauenblume),
Tussilago farfara (Huflattich),
Ulmus campestris (Ulme),
Uva ursi (Bärentraube),
Vanilla planifolia (Vanille),
Viola odorata (wohlriechendes Veilchen),
Viscum album (Mistel / in Kombination mit ihren Bäumen entsprechend wirksam),
Vitis vinifera (Weinrebe),
Yagé (Yagé),
Yohimbé (Yohimbé).

Die einzelnen Wochentage, ihre Tyrkreiszeichen, Planeten und deren Tagesstunden:

Alle in nachfolgender Tabelle aufgeführten *Tagesstundenentsprechungen* der einzelnen Planeten und ihren Tyrkreiszeichen sollten bei Diagnose, Austestung *passender* Heilmittel als auch im nachfolgenden abgesteckten *Therapierahmen* weitestgehend Berücksichtigung finden.

Beispiel: Erkrankungen an Kopf oder Geschlechtsorganen = Tyrkreiszeichen Widder ♈ oder Skorpion ♏ = Planet Mars = günstigster Wochentag Dienstag = günstigste Tagesstunden 06.00 - 07.00 Uhr / 13.00 - 14.00 Uhr / 20.00 - 21.00Uhr / 03.00 - 04.00 Uhr.

An allen anderen Wochentagen sind für das gegebene Beispiel ebenfalls die *Marsstunden* als günstig anzusehen. Für die anderen Tyrkreiszeichen und Planten gilt die Regel entsprechend.

Stunde	Sonntag	Montag	Dienstag	Mittwoch	Donnersag	Freitag	Samstag
	Sonne	Mond	Mars	Merkur	Jupiter	Venus	Saturn
					(Neptun)		(Uranus)
	Löwe	Krebs	Widder	Zwilling	Schütze	Stier	Steinbock
			Skorpion	Jungfrau	Fische	Waage	Wasserm.
06 - 07	Sonne	Mond	Mars	Merkur	Jupitter	Venus	Saturn
07 - 08	Venus	Saturn	Sonne	Mond	Mars	Merkur	Jupiter
08 - 09	Merkur	Jupiter	Venus	Saturn	Sonne	Mond	Mars
09 - 10	Mond	Mars	Merkur	Jupiter	Venus	Saturn	Sonne
10 - 11	Saturn	Sonne	Mond	Mars	Merkur	Jupiter	Venus
11 - 12	Jupiter	Venus	Saturn	Sonne	Mond	Mars	Merkur
12 - 13	Mars	Merkur	Jupiter	Venus	Saturn	Sonne	Mond
13 - 14	Sonne	Mond	Mars	Merkur	Jupiter	Venus	Saturn
14 - 15	Venus	Saturn	Sonne	Mond	Mars	Merkur	Jupiter
15- 16	Merkur	Jupiter	Venus	Saturn	Sonne	Mond	Mars

Stunde	Sonntag	Montag	Dienstag	Mittwoch	Donnersag	Freitag	Samstag
	Sonne	Mond	Mars	Merkur	Jupiter	Venus	Saturn
					(Neptun)		(Uranus)
	Löwe	Krebs	Widder	Zwilling	Schütze	Stier	Steinbock
			Skorpion	Jungfrau	Fische	Waage	Wasserm.
16 - 17	Mond	Mars	Merkur	Jupiter	Venus	Saturn	Sonne
17 - 18	Saturn	Sonne	Mond	Mars	Merkur	Jupiter	Venus
18 - 19	Jupiter	Venus	Saturn	Sonne	Mond	Mars	Merkur
19 - 20	Mars	Merkur	Jupiter	Venus	Saturn	Sonne	Mond
20 - 21	Sonne	Mond	Mars	Merkur	Jupiter	Venus	Saturn
21 - 22	Venus	Saturn	Sonne	Mond	Mars	Merkur	Jupiter
22 - 23	Merkur	Jupiter	Venus	Saturn	Sonne	Mond	Mars
23 - 24	Mond	Mars	Merkur	Jupiter	Venus	Saturn	Sonne
24 - 01	Saturn	Sonne	Mond	Mars	Merkur	Jupiter	Venus
01- 02	Jupiter	Venus	Saturn	Sonne	Mond	Mars	Merkur
02 - 03	Mars	Merkur	Jupiter	Venus	Saturn	Sonne	Mond
03 - 04	Sonne	Mond	Mars	Merkur	Jupiter	Venus	Saturn
04 - 05	Venus	Saturn	Sonne	Mond	Mars	Merkur	Jupiter
05 - 06	Merkur	Jupiter	Venus	Saturn	Sonne	Mond	Mars

Auf den folgenden acht Seiten finden Sie den Mondlaufkalender für die Jahre 1993 und 1994.

Alle Kalender für die nachfolgenden Jahre können jeweils ab August des vorangehenden Jahres vom Licht-Quell-Verlag, Postfach 101020, 93010 Regensburg, Tel. 0941 / 74915 und 793842 bezogen werden.

Zeichenerklärung:

Neumond = (●) zunehmender Mond = (←); Vollmond = O; abnehmender Mond = (→); aufsteigender Mond = (↑); absteigender Mond = (↓)

Bei den nachfolgend aufgeführten Heilmitteln konnte deren *Wirksamkeit* bei Krebserkrankungen in der Praxis bestätigt werden. Auch hier ist es *unerläßlich*, die einzelnen Substanzen an jedem Patienten speziell auszutesten, da nicht nur das für den jeweiligen Menschen *optimale* Mittel von entscheidender Bedeutung für den Erfolg ist, sondern auch auch dessen *homöopathische Potenzierungsstufe*. Gleichzeitig sind die Ernährungs- und Lebensgewohnheiten grundlegend zu ändern.

Krebspatienten müssen auf jegliches Tierfleisch, sämtliche Kohlgerichte und weißen Zucker vollständig verzichten. Dies gilt auch für alle Nachtschattengewächse (Gurken, Paprika, Tomaten usw.), ganz besonders für die Küchengifte der Hildegard von Bingen (Erdbeere, Stangenlauch, Pfirsich und Pflaume). Alkohol, Graupen, Knoblauch, Linsen, Mandeln und Tabak sollten weitestgehend gemieden werden. Kartoffeln sind keine reinen Nachtschattengewächse und können den täglichen Speiseplan ergänzen. Tierische Eiweiße in Form von Milchprodukten mit rechtsdrehender Milchsäure dürfen in geringen Mengen nur von 03.00 - 14.00 Uhr verzehrt werden. Als Hauptnahrungsmittel sind alle Dinkelprodukte, zubereitete Grünsalate und abgelagertes Obst vorzuziehen.

Grundsätzlich ist eine intensive Orgon-Therapie durchzuführen!

Hildegard-Heilmittel: Anguillan, Wasserlinsenelexier, Veilchensalbe.
Steine: Amethyst, Rubin, Turmalin (schwarz-grün).
Homöopathische Heilmittel:
Abrotanum (Eberraute),
Acer campestre (Ahorn),
Allium sativum (Knoblauch),
Alnus glutinosa (Schwarzerle),
Calamus aromaticus (Kalmuswurzel),
Calendula (Ringelblume),
Clematis recta (aufrechte Waldrebe),
Colchicum (Herbstzeitlose),
Condurango (Kondurangorinde),
Crataegus (Weißdorn),
Ginkgo biloba (Ginkgobaum),
Juglans regia (Walnuss),
Kreosotum (Buchenholzdestillat),
Mercurius (Quecksilber),
Millefolium (Schafgarbe),
Petasites (Pestwurz),
Populus nigra (Schwarzpappel),
Populus tremulo (Zitterpappel),
Quercus (Eiche),
Sedum acre (Fetthenne),
Sempervivum (Hauswurz),
Saccharum (Zucker),
Tabacum (Tabak),
Taraxacum (Löwenzahn),
Taxus baccata (Beereneibe),
Viola odorata.
Viscum album (weiße Mistel),
Viscum album gewachsen auf Acer (Ahorn),
Viscum album gewachsen auf Malus (Apfelbaum),
Viscum album gewachsen auf Populus nigra (Schwarzpappel),
Viscum album gewachsen auf Populus tremulo (Zitterpappel),
Viscum album gewachsen auf Quercus (Eiche).

Quellennachweis

Bingen, Hildegard von; Ursachen und Behandlung der Krankheiten / Heidelberg 1985
Das Buch der göttlichen Werke / Basel 1989
Scivias / Augsburg 1990
Dahn, C. G.; Sinn und Unsinn in der Medizin / München 1972
Ebertin, Reinhold; Sterne helfen heilen / Freiburg 1981
Gorsleben, Rudolf John; Hoch-Zeit der Menschheit / Freiburg 1971
Hohenheim, Philippus Theophrastus Bombastus von (Paracelsus); OPERA, Bücher und Schriften so viel deren zur Hand gebracht / Straßburg 1616
Magische Unterweisungen / Leipzig 1923
Jockel, Rudolf; Mythen der Menschheit / Augsburg 1990
Kostenzer, Helene und Otto; Alte Bauernweisheit / Rosenheim 1975
Lorber, Jakob;
Himmelsgaben - Band 1 / Bietigheim 1990
Himmelsgaben - Band 2 / Bietigheim 1990
Die Heilkraft des Sonnenlichtes / Bietigheim 1985
Paungger, Johanna - Poppe, Thomas; Vom richtigen Zeitpunkt / München 1992
Peukert, Will-Erich; Paracelsus - Die Geheimnisse / München 1990
Reich, Wilhelm; Die Entdeckung des Orgons - Der Krebs / Frankfurt - M. 1976
Schiegl, Heinz; Color-Therapie, Heilung durch Farbenkraft / Freiburg 1979
Schlegel, Emil; Religion der Arznei / Regensburg 1986
Die Krebskrankheit / Stuttgart 1927
Sterneder, Hans; Tierkreisgeheimnis und Menschenleben / Pfullingen 1964
Stöber, Harald; Herr der Götter / Düsseldorf 1987

Surya, G. W.; Die verborgenen Heilkräfte der Pflanzen / Freiburg 1978
Paracelsus - richtig gesehen / Bietigheim 1980
Astrologie und Medizin / Bietigheim 1980
Taniguchi, Masaharu Dr.; Die geistige Heilkraft in uns / Freiburg 1976
Weidlinger, Erich; Die Apokryphen - verborgene Bücher der Bibel / Aschaffenburg 1985
White Eagle; Das große Heilungsbuch / Grafing 1990

Die Einsatzmöglichkeiten und der richtige Umgang mit dem Orgonstrahler

Lena Lieblich

> **Die Einsatzmöglichkeiten und der richtige Umgang mit dem Orgonstrahler**
>
> **Lena Lieblich**
>
> **Licht-Quell-Verlag**

Lena Lieblich beschreibt in diesem Buch die Einsatzmöglichkeiten des Orgonstrahlers. Außerdem wird der richtige Umgang und die genaue Handhabung des Orgonstrahlers geschildert.

Viele Erfahrungsberichte und praktische Tips machen das Buch zu einem wertvollen Ratgeber für alle, die mit dem Orgonstrahler arbeiten.

Bestell Nr. 59010   DM 24,80

Erschienen im Licht-Quell-Verlag-Regensburg; Tel. 0941/ 7 49 15

Die kleine Pendelschule

Lena Lieblich

Die kleine Pendelschule

Lena Lieblich

Licht-Quell-Verlag

Die kleine Pendelschule enthält einen wertvollen, 20g Messingpendel

Lena Lieblich ist der Ansicht, daß jeder das Pendeln lernen kann, wenn es um die Verträglichkeit von Nahrungsmittel, Medikamente oder z.B. die Bestrahlungsdauer mit dem Orgonstrahler geht. Mit 10 Arbeitskarten lernen Sie in einfachen Schritten den Umgang mit dem Pendel. Sie lernen, einfache Aufgaben zu lösen und gewinnen schnell Sicherheit im Umgang mit dem Pendel.

Bestell Nr. 59060   DM 19,80

Erschienen im Licht-Quell-Verlag-Regensburg; Tel. 0941/ 7 49 15